dtv

Der Trend der Unternehmenskommunikation heißt: weg von Infoflut und Appellen hin zu begeisternden, motivierenden Erzählungen. Storytelling ist dabei eine vielseitig einsetzbare Managementmethode, die Erfolg verspricht. Sie wirkt nach innen und nach außen: Mitarbeiter lernen mehr über die Kultur des Unternehmens, wenn Manager nicht nur mit Monatsberichten und Zielsystemen operieren, sondern Strategie und Vision in gut erzählten Geschichten für alle spürbar machen. Und Kunden begeistern sich für Unternehmen, die in spannenden Geschichten leben.

Karolina Frenzel, Dr. Michael Müller und *Dr. Hermann Sottong* gründeten 1997 in München »System + Kommunikation« und wenden seither Storytelling erfolgreich in der Organisations- und Kommunikationsberatung an.

Karolina Frenzel · Michael Müller
Hermann Sottong

Storytelling

Das Harun-al-Raschid-Prinzip

Die Kraft des Erzählens
fürs Unternehmen nutzen

Deutscher Taschenbuch Verlag

Ungekürzte Ausgabe
Juli 2006
Deutscher Taschenbuch Verlag GmbH & Co. KG,
München
www.dtv.de

Umschlagkonzept: Balk & Brumshagen
Umschlagbild: Jan Dühring/Jutta Fricke Illustrators
www.jutta-fricke.de
Satz: Kösel, Krugzell
Druck und Bindung: Druckerei C. H. Beck, Nördlingen
Gedruckt auf chlorfrei gebleichtem Papier
Printed in Germany
ISBN-13: 978-3-423-34325-1
ISBN-10: 3-423-34325-7

Inhalt

Viele der Anwendungsmöglichkeiten von Storytelling, die wir in diesem Buch beschreiben, verdanken wir auch der Zusammenarbeit mit unseren Kunden: Ihre Anregungen und Anforderungen haben häufig den Anstoß gegeben, neue Methoden rund um das Erzählen zu entwickeln und zu erproben.

All diesen Menschen, die der Kraft des Erzählens intuitiv vertraut haben, gilt unser besonderer Dank.

Eine kleine Geschichte über das Erzählen...

Stellen Sie sich vor, Sie wachen eines Morgens aus einem Albtraum auf. Sie schlagen die Augen auf, und der Albtraum geht weiter: Langsam zeichnen sich im Halbdunkel vor Ihren Augen die Konturen einer furchterregenden Gestalt ab, die aus schwarzem Nebel auftaucht: ein Dämon, ein grimmiger Erzengel, der Sensenmann – was immer Sie bevorzugen. Der kalte Schweiß tritt Ihnen auf die Stirn. Sie reiben sich die Augen, Ihre Hand tastet nach dem Lichtschalter. Es hilft nichts, die Gestalt bleibt. Sie versuchen aufzustehen, die Bettdecke zurückzuschlagen, Sie wollen flüchten, aber Sie sind wie gelähmt. »Was willst du von mir?«, fragen Sie die Gestalt mit brüchiger Stimme. »Ich bin gekommen, dich zu holen!«, hallt es Ihnen entgegen.

Sie fangen an zu betteln, zu argumentieren, zu verhandeln, zu drohen – das hängt davon ab, was für ein Typ Sie sind. Und tatsächlich: Es scheint zu helfen. Die Gestalt hält inne, nachdenklich zieht sie die Stirn in Falten, sie fängt sichtlich an zu überlegen. »Gut«, spricht es aus der unheimlichen Gestalt. »Ich werde dich diesmal noch verschonen. Aber es gibt eine Bedingung: Von heute an darfst du nie wieder erzählen: kein Erlebnis und keine Erfahrung, keine Anekdote und keinen Witz, keine Geschichte und keine Episode. Du darfst befehlen und beschreiben, du darfst feststellen und fragen, aber sobald du etwas erzählst, werde ich da sein, und dann werde ich dich holen und kein Jammern und Flehen, kein Feilschen und Drohen werden dir diesmal helfen!«

Sie atmen auf. »Das soll alles sein?«, denken Sie. Sie hatten mit dem Schlimmsten gerechnet: Dass Sie Ihre Seele verkaufen müssen, oder – noch schrecklicher – dass Sie nie wieder Golf spielen dürfen oder das Abitur wiederholen müssen auf Ihre alten Tage. Solche Sachen eben, wie sie sich Geister nun mal so ausdenken. Aber das hier sollte eigentlich machbar sein. »Einverstanden!«, sagen Sie und sind schon wieder so frech geworden, dass Sie der Gestalt die Hand zum Einschlagen hinstrecken. Doch der Geist ist schon auf dem Rückzug, in einem Wirbel aus schwarzem Rauch verschwindet er im Morgengrauen und hinterlässt nicht mehr als einen kalten Hauch.

Natürlich wird Ihnen sehr schnell schmerzlich bewusst, dass der Geist Sie reingelegt hat. Schon am ersten Abend sehen Sie aus wie ein Boxer nach dem Kampf, weil Sie sich im Laufe des Tages so oft auf die Lippen gebissen haben. Nein, Sie können nicht sagen, wie die Sitzung am Vorabend gelaufen ist, nur, dass es schwierig war, aber man wird eine Lösung finden. Sie stehen daneben, als in der Kaffeepause die Rede auf das neue Projekt kommt und die Geschichten darüber ausgetauscht werden, wie die Frau Strume das wieder gedeichselt hat. Das Gerücht, dass Ihre Abteilung mit der Ihres Kollegen zusammengelegt werden soll, können Sie nicht überzeugend entkräften: Sie sagen zwar, dass da nichts dran sei, und erläutern einige Gründe, aber auf die Frage, woher Sie die Information haben, können Sie nur ausweichend antworten. Überhaupt dauernd diese Fragen: »Sagen Sie doch mal ein Beispiel!«, »Wie war das damals noch? Ihr habt das doch schon mal ähnlich gemacht?« Sie beginnen, Ihre Gesprächspartner dafür zu hassen. In den ersten Tagen heißt es noch, dass Sie wohl schlecht drauf seien, Ihnen müsse eine Laus über die Leber gelaufen sein. Bald aber wird schon rumerzählt, dass Sie sich verändert haben. Besorgte Bekannte und Kollegen bedrängen Sie: »Was ist denn los mit dir? Erzähl doch mal, was passiert ist!« Die Wahnsinnigen! Sie sehen es regelrecht vor Augen: Sie machen den Mund auf: »Du wirst nicht glauben, was mir vor einer Woche passiert ist. Ich wache morgens auf, da sehe ich einen…« PUFF! Blitzartig umhüllt Sie eine schwarze Wolke. Sie erstarren zu Stein. KRRK. BRÖSEL. Am Boden liegt ein Häufchen aschgrauen Staubes. Das war's. Also antworten Sie barsch: »Nichts ist los. Alles bestens. Also lass mich in Ruhe mit deinen Fragen.«

Ihr Freundeskreis und der Kreis der Kollegen, mit denen Sie sich auch informell immer austauschten, bröckelt. Sie sehen sich zunehmend isoliert. Das Schlimmste ist, dass man auch Ihnen nichts mehr erzählt. Sie bekommen viele wichtige Dinge einfach nicht mehr mit. Es wird still im Kreis, wenn Sie dazutreten. Sie gelten als einer, der nichts mehr rauslässt: aufmerksam, geradezu gierig zuhört, aber selber nichts erzählt. Es geht das Gerücht, Sie schmiedeten an einer großen Intrige. Andere meinen, Sie seien übergeschnappt. Sie erfahren kaum mehr etwas darüber, was in anderen Abteilungen los ist, welche Pläne diskutiert werden und wie man sie beurteilt. Projekte laufen, das Personalkarussell dreht sich, Koalitionen werden geschmiedet und Streit entsteht, aber was Sie mitbekommen, sind nur noch vollendete Tatsachen, die in Berichten stehen oder in Meetings vorgestellt werden.

Sie legen sich nach und nach einen streng sachlichen, knappen Stil zu: Schließlich muss man doch alles auch argumentativ beschreibend darlegen können! Sie fangen Ihre Beiträge oft mit Sätzen an wie: »Der Stand der Dinge ist folgender« oder »Betrachten wir die Fakten.« Sie zeichnen ständig Diagramme und tragen immer einen Block mit sich herum. Wenn Sie Zusammenhänge erklären wollen, malen Sie Linien und Pfeile aufs Papier. Sie haben panische Angst vor Fragen wie: »Aber wie kam es denn dazu?« Überhaupt das Wörtchen »wie«: »Wie war's?«, »Wie ging's?«, »Wie kommt es, dass…?« Oder Wörter wie »damals«, »früher«, »gestern«, »letzte Woche«… Alles, was mit Veränderung, Entwicklung, Wandel zu tun hat, bringt Sie in größte Schwierigkeiten. Was geschehen ist, was passierte, was sich ereignete, was vor sich ging, was sich entwickelte: Sie können nur noch konstatieren, dass etwas geschah, aber Sie müssen höllisch aufpassen, nicht zu sagen, wie es sich abgespielt hat: »Erst sah es so aus, aber dann stellte sich heraus…« PUFF!

Ganz zu schweigen von Gefühlen: Anlass zur Freude haben Sie ohnehin so gut wie nie. Und wenn, können Sie niemanden daran teilhaben lassen. Aber auch nicht an Ihrem Ärger, Ihrer Trauer, Ihrer Verzweiflung. Sie müssten ja erzählen, was Sie erlebt haben, und dann… Also lassen Sie es lieber bleiben, kontrollieren sich, zeigen keine Regung.

Neulich stand eine wichtige Verhandlung mit einem potenziellen Neukunden an. Die Sache wurde ein Desaster. Beim Essen sagte der Kunde: »Ihre Firma hat ja einen sehr guten Ruf. Sie haben ja auch sehr viel Erfahrung auf dem Gebiet.« »Das stimmt. Wir machen das schließlich schon seit 70 Jahren«, sagen Sie. »Und Sie sind ja auch schon ein paar Jahre dabei.« »Ja. Ich habe angefangen als…« Sie stocken. Am Boden beginnt sich schemenhaft dunkler Rauch abzuzeichnen. »Um nochmal auf die Konditionen zurückzukommen…«, sagen Sie. Die Konditionen seien sehr gut, sagte der Kunde später zum Abschied. Aber er müsse sich die Sache nochmal durch den Kopf gehen lassen. Sie würden das verstehen: Schließlich ginge es um eine längerfristige Zusammenarbeit, da müsse ja auch das Klima stimmen.

Mittlerweile haben Sie in der Firma einen Spitznamen: Alle nennen Sie nur noch den »Roboter«. Das wissen Sie von Ihrem Chef. Der stand immer hinter Ihnen, der hält große Stücke auf Sie, der hat Sie stets gefördert. Nun blickt er Sie besorgt an. »Weißt du, wie sie dich nennen? Roboter! Deine Leute vertrauen dir nicht mehr. Sie bekommen nur noch Anweisungen von dir, aber keiner weiß mehr genau, wo das Ganze hin soll. Und ich blicke langsam auch nicht mehr durch: Früher hast du mich regelmäßig auf dem Laufenden gehalten, wir haben uns ausgetauscht, du hast mir erzählt, was gut läuft und wo es Probleme gibt. Jetzt sehe ich den Zusammenhang nicht mehr. Du legst mir hier Konzepte vor, alles sauber, mit allen Zahlen und Daten. Aber mir fehlt der Hintergrund. Hier zum Beispiel: Da müsste die EDV doch mitmachen, wenn das laufen soll. Hat dir denn keiner erzählt, was bei denen zur Zeit los ist?« »Aber das hatten wir doch vor einem halben Jahr schon mal. Du weißt doch noch, wie die damals…« Stopp. So geht's nicht. »Weißt du«, sagen Sie zu Ihrem Chef, der Sie betroffen anschaut, »ich habe etwas Unglaubliches erlebt. Ich kann dir nicht erzählen, wie das war: Ich darf gar nichts erzählen. Ich stehe unter einem totalen Erzählverbot. Faktisch unter Todesandrohung. Deshalb kann ich auch die genauen Umstände jetzt nicht schildern. Das wäre zu gefährlich. Ich dachte anfangs, das kriege ich locker hin, aber ich habe gemerkt… Aber du siehst ja selber, was dabei herauskommt. Dass ich isoliert bin, dass ich nichts mehr mitbekomme, dass ich mich nicht mehr richtig verständlich machen kann. Das Ganze ist eine furchtbare Geschichte: Denk sie dir selber aus, dann wirst du es verstehen. Stell dir vor, du dürftest niemandem mehr etwas erzählen. Stell dir vor, du dürftest nur noch sagen: So ist es. Oder: Tun Sie dies oder jenes. Oder: Das sind die Fakten. Stell dir das einfach mal vor, in allen möglichen Situationen. Überleg dir mal, was du alles erzählst und was dir alles so erzählt wird. Du bist überhaupt nicht mehr im Bilde, wenn dir keiner mehr etwas erzählt. Du weißt gar nicht mehr, was vor sich geht. Du siehst die Zahlen, du siehst die Berichte, du erfährst von den Entscheidungen, und kriegst es nicht mehr zusammen. Und versuch du mal, den Leuten etwas zu erklären, ohne dass du sagen darfst: Ja, das kam so. Oder: Ich habe die Erfahrung gemacht, dass… Du sagst: Der Markt hat sich geändert. Und dann sagst du: Früher, wenn der Kunde das und das wollte, dann hat er das und das gemacht, und heute erleb ich immer wieder, dass… – und plötzlich kapieren alle, was du meinst. Aber jetzt kannst du das nicht mehr. Jetzt sagst du nur noch: Es ist so und so. Und sofort regt sich Widerspruch. Und dann kramst du noch mehr Zahlen raus und dann siehst du, wie alle wegpennen oder auch ihre Zahlen rauskramen. Ich kann niemanden mehr begeistern. Und ich fühle mich kalt wie ein Fisch. Roboter sagen sie. Sie haben Recht: Ich komme mir vor wie eine Maschine, fremd, abgeschnitten, seelenlos.« Sie sind fertig, können sich kaum noch zusammenreißen. Der Chef starrt Sie fassungslos an, hin und her gerissen zwischen Mitgefühl und peinlicher Berührtheit. »Ich kenne da einen fantastischen Coach«, sagt er schließlich. »Der hat einen hervorragenden Ruf und ist dabei auch ein ausgesprochen erfolgreicher und anerkannter Therapeut. Ich möchte, dass du zu dem gehst. Du brauchst eine Pause, du brauchst Hilfe.«

Als Sie dem Coach gegenübersitzen, haben Sie tatsächlich ein Gefühl des Vertrauens, einen Schimmer Hoffnung. Der Mensch macht einen beruhigenden, souveränen, freundlichen Eindruck. Er blickt Sie mit warmen, neugierigen Augen an. »Na, dann erzählen Sie mal!«, sagt er.

Der Mensch ist ein erzählendes Wesen

Es gibt Dinge, Phänomene, deren fundamentale Bedeutung wir erst richtig erkennen, wenn sie nicht mehr da sind. Wir sind uns ihrer Bedeutung und Funktion nicht bewusst, gerade weil sie so selbstverständlich, alltäglich, allgegenwärtig sind wie die Luft, die wir atmen. Das Erzählen ist ein solches Phänomen.

Der Mensch ist ein erzählendes Wesen: Dass er erzählt und dass von ihm erzählt wird, macht ihn erst zum Menschen. Das Erzählen, unsere Geschichten und unsere Geschichte sind Ausdruck unserer Identität, unseres Bewusstseins, unserer Beziehung zur Welt und zu anderen. Mehr noch: Unsere Geschichten – diejenigen, die wir selbst erlebt haben und die, die wir gesammelt haben und weitererzählen – sind auf spezifische Weise unsere Identität und unsere Welt. Identität ist eine Geschichte, die wir uns selbst erzählen, und an die wir schließlich glauben. Wir erzählen uns selbst permanent, wer wir sind, und wenn wir anderen sagen wollen, wer wir sind, erzählen wir von uns. Und indem wir von uns erzählen, erzählen wir auch immer von der Welt, in der wir leben.

Ebenso wie der einzelne Mensch ein erzählendes Wesen ist, so ist auch die Menschheit ein erzählendes Wesen: ein riesiger Organismus, der sich erzählt und sich erzählend und zuhörend die Welt erschließt. Denn seit Urzeiten ist es das Mittel des Erzählens, mit dem sich Menschen die Welt vermitteln und aneignen, erklären und erweitern: Angefangen von den großen und kleinen Mythen und Legenden bis hin zu den Alltagserzählungen und kuriosen Geschichten ist es das Erzählen, das uns prägt und mit dem wir Ordnung und Kontinuität in eine Realität, eine Welt bringen, die unüberschaubar, chaotisch, vielgestaltig und unberechenbar wäre, wenn wir sie unerzählt ließen. Erzählend bringen wir eine Ordnung in die unendliche Vielzahl der Wahrnehmungen, Eindrücke, Fakten, Phänomene, Daten und ihr Potenzial, widersprüchlich, ungereimt, zufällig und willkürlich zu sein, die es ermöglicht, ihren Zusammenhang zu sehen, ihren Sinn zu verstehen. Erzählend gestalten wir die Realität, und unsere Erzählungen geben Auskunft darüber, wie wir Ordnung und Sinn stiften, wie wir die Dinge in Beziehung setzen, welche Verbindungen wir für wichtig erachten, wie unser Bild der Situation, der Welt, der Wirklichkeit aussieht.

Erzählen überwindet kulturelle Grenzen

Erzählend können wir auch das wiedergeben, was wir abstrakt noch gar nicht formulieren können. Wenn wir etwas intuitiv erfasst haben, wenn wir eine Wahrheit, einen Zusammenhang, eine Bedeutung ahnen, aber noch nicht genau definieren können, dann können wir meist durch ein Beispiel, eine Anekdote, eine Geschichte vermitteln, was wir meinen. Menschen verständigen sich mit Hilfe von Geschichten über Identität, über Kultur, über Werte, über Visionen, über Erfahrungen und Einsichten, die sonst unausgesprochen oder unverständlich bleiben müssten. Geschichten sind von jeher ein Mittel, das Unbekannte, das Fremde, das Neue in eine Form zu bringen, an die der Zuhörer anknüpfen kann, in die er sich einfühlen, eindenken kann. Geschichten schaffen Vertrautheit und Vertrauen und sind somit das Tor zum Neuen. Menschen sind neugierig auf Geschichten. In der Vergangenheit, als Mobilität, Reisen und Entdeckungsfahrten für die Mehrheit der Menschen unmöglich waren, lud man durchreisende Fremde in sein Haus und bewirtete sie, bis sie alles erzählt hatten, was sie zu berichten wussten.

Menschen lernten durch Erzählungen, noch bevor es die Schrift gab, und sie geben bis heute Wissen und Erfahrungen bevorzugt durch Geschichten weiter. Das Erzählen hat sich durch die menschliche Evolutionsgeschichte hindurch als eines der wesentlichen Mittel der Informationsverarbeitung und Wissensweitergabe bewährt. Durch alle Kulturen hindurch und über die Epochen hinweg etablierte und entwickelte sich die Fähigkeit zum Erzählen und zum Aufnehmen von Geschichten weiter. Das Erzählen war schon eine globale Erscheinung, die Kommunikation durch Geschichten schon universell, bevor irgendjemand überhaupt von Globalisierung sprach. Nichts überwindet kulturelle Grenzen so schnell wie das Erzählen, denn eine gute Geschichte wird überall verstanden. Man kann sich einen Eindruck davon verschaffen, wenn man sich vergegenwärtigt, mit welcher unglaublichen Geschwindigkeit und Intensität sich bestimmte Geschichten rund um den Globus verbreiten: Denken Sie nur an den Siegeszug der Erzählungen um den jungen Zauberlehrling Harry Potter.

Ausgerechnet heute, im Zeitalter von Internet und E-Mail, Fernsehsatelliten und weltumspannenden Funknetzen, elektronischen Datenspeichern und Informationstools, beginnt man sich wieder mit dem Phänomen des Erzählens zu beschäftigen. In der Diskussion um die »Wissensgesellschaft« und das »Wissensmanagement« spielen plötzlich Geschichten eine Rolle: Wie Soziologen und Ethnologen festgestellt haben, erfüllt das Erzählen bei der Weitergabe von Wissen, Traditionen und Weltbildern auch in den modernen Organisationen noch die gleiche Funktion wie in Stammesgruppen und Naturvölkern. Das gemeinschaftliche Bild davon, »wie wir sind«, »wie wir wurden« und »wie wir es machen« wird nach wie vor täglich durch die Weitergabe von Geschichten gestaltet und gefestigt. Aber selbst die Weitergabe von Fachwissen und Erklärungsmodellen wird überall durch Erzählen begleitet. Geschichten, so hat man festgestellt, werden wesentlich schneller verstanden, besser behalten und leichter weitergegeben als abstrakte Erklärungen und beschreibende Informationen. Der Mensch lernt vom Nahbereich seines Erlebens aus: Geschichten liefern einen Kontext, sie betten Wissen ein in konkrete Situationen und Zusammenhänge, sie liefern nicht nur reine Fakten, sondern auch Bezüge, Zusammenhänge und Emotionen. Sie machen Ideen, Argumente, Gedanken greifbar, weil sie sie immer in einer vorstellbaren und konkreten Umwelt und Situation ansiedeln. Sie regen alle geistigen Aktivitäten gleichermaßen an: das Abstrakte und das Sinnliche, das Gefühl und den Gedanken. Das Erzählen gibt dem Zuhörer die Möglichkeit des Mitdenkens. Wer eine Geschichte hört, der schaltet nicht auf »Aufnahme«, sondern ist aktiv beteiligt – er denkt und imaginiert aktiv mit, was die Geschichte soll. Das Erzählen ist das Medium der kollektiven Intelligenz.

Unternehmen entdecken die Kraft des Erzählens

So verwundert es kaum, dass heute eine wachsende Zahl von Pionieren in Unternehmen und Organisationen damit beginnt, die Kraft des Erzählens für Wissensmanagement und interne Kommunikation, zur Verbesserung von Kooperation und intrakultureller Verständigung, für die Stärkung der Unternehmensidentität und die Entwicklung und Tradierung gemeinsamer Werte zu nutzen. In all diesen Fällen erweist sich das Erzählen als ein vielseitiges und hochwirksames Mittel, um den Wandel zu gestalten und die Menschen dabei aktiv mit einzubeziehen. Wir werden in diesem Buch eine ganze Reihe solcher Anwendungen schildern – und zeigen, dass dies erst ein Anfang ist, der durch eine ganze Reihe von Anwendungsmöglichkeiten in den unterschiedlichsten Bereichen und Unternehmenstypen erweitert werden kann und in Zukunft wohl immer mehr wird.

Storytelling – der bewusste Umgang mit Geschichten, das Erzählen und Hören und gemeinsame Schaffen von Geschichten im Unternehmen – ist dabei mehr als eine bloße Sammlung von Tools. Der gemeinsame Nenner der Beispiele und Anwendungsmöglichkeiten liegt darin, dass Storytelling eine Haltung ist: Wer der Kraft des Erzählens vertraut, wer das Wissen und die Bilder, die in Geschichten liegen, ernst nimmt und versteht, der wird eine ganzheitlichere Sicht auf das Unternehmen und die mit ihm verbundenen Menschen gewinnen, der wird viel eher Meisterschaft im Herstellen und Entdecken von Beziehungen erlangen. Wer die Kraft des Erzählens entdeckt hat, der wird sich schließlich nach der Maxime verhalten, die lautet: Verhalte dich so, dass Kollegen und Kunden positive Geschichten über dein Unternehmen erzählen können!

Erzählen ist ein Akt des Verbindens und Verknüpfens und In-Beziehung-Setzens, und dies auf mehreren Ebenen zugleich. Da ist zunächst die Geschichte selbst ein Instrument der Vernetzung: Wer erzählt, muss die Menschen und Dinge, die Umstände und Einflüsse, die in der Geschichte vorkommen, so verknüpfen, dass eine sinnvolle Ordnung entsteht, eine Ordnung, die etwas bedeutet und mehr ist als die Summe dessen, was in ihr vorkommt.

Geschichten liefern immer ein in sich zusammenhängendes Bild – auch wenn dieses Bild wieder nur der Ausschnitt eines größeren Bildes ist. Geschichten knüpfen an Bestehendes an – an etwas, das der Zuhörer schon kennt, weiß, erfahren hat – und stellen es in ein neues Licht: eine andere Perspektive, ein zusätzliches Element, eine überraschende Wendung. Geschichten erweitern den Raum unserer Möglichkeiten. Durch sie können wir uns in andere hineinversetzen, eine Lage anders beurteilen, Optionen erkennen, die wir bisher nicht sahen, Alternativen erfahren, die wir nicht auf der Rechnung hatten. Sie verbinden das Bekannte mit dem Unbekannten, das Eigene mit dem Fremden, das Gewohnte mit dem Neuen.

Aber das Erzählen schafft noch auf andere Art Beziehung: Storytelling schafft eine Verbindung zwischen Erzähler und Zuhörern, ein Netz zwischen all denen, die die Geschichte kennen, hören, weitererzählen. Menschen, die eine Gemeinschaft bilden, teilen die gleichen Geschichten – und Menschen, die die gleichen Geschichten teilen, bilden eine Community. Geschichten sind anschlussfähig, sie greifen ineinander, sie verbinden sich organisch: Wer zu erzählen beginnt, löst damit neue Geschichten aus, die sich gegenseitig beeinflussen, verstärken, deuten. Aus vielen Geschichten entsteht eine größere Geschichte: Story und History, Geschichten und Geschichte gehen auseinander hervor.

Die Herausforderung heißt: Beziehungen wahrnehmen, herstellen, pflegen

Wo das Erzählen, wo Storytelling praktiziert und genutzt wird, um neues Denken zu etablieren, um Wandelprozesse zu unterstützen, um den Austausch von Wissen und Erfahrungen zu fördern, um Selbstbewusstsein und Zusammenarbeit zu stärken, da herrscht gleichzeitig immer eine Ahnung davon, dass die Hauptherausforderung von Unternehmen und Organisationen im 21. Jahrhundert darin besteht, Beziehungen herzustellen, wahrzunehmen, zu fördern und zu pflegen: Beziehungen zwischen den Mitarbeitern, zwischen Unternehmen und Kunden, zwischen Kooperationspartnern, zwischen Organisation und Umwelt. Es sind dies Beziehungen zwischen Menschen, zwischen lebendigen Wesen, die denken und fühlen, die über Intelligenz und Kreativität verfügen und sich entfalten wollen – und deren Ansprüche an die Qualität der Beziehungen wächst. Es sind dies ebenso Beziehungen zwischen Handlungen, Rahmenbedingungen, Strukturen, die in ihren Wechselwirkungen und ihrer gegenseitigen Abhängigkeit immer deutlicher werden.

Das analytische, auf einfache Kausalitäten und eindeutige Gesetzmäßigkeit ausgerichtete Denken hat uns weit gebracht: Seine konsequente Anwendung hat uns schließlich gezeigt, dass die Welt, in der wir leben, nicht mechanistisch beschrieben und verstanden werden kann. Überall, wo wir versuchen, handhabbare Einheiten zu (be)greifen, Ursachen und Wirkungen zu isolieren, Linearitäten zu finden, verflüchtigt sich das Feste. Selbst die Materie, die stabil geglaubte Welt der Atome, löst sich in dem Maße auf, in dem es uns gelingt, sie näher zu betrachten. Die starre Realität der Mechanik verschwindet und dahinter kommt eine Wirklichkeit zum Vorschein, die dynamisch ist, und die letztlich, wie der Teilchenphysiker Hans-Peter Dürr sagt, nur aus Beziehungen besteht.

Der Mensch hat die Fähigkeit, eine Welt zu verstehen, deren Wesen im Zusammenhang, im ständigen Entstehen dynamischer Beziehungen besteht, und in dieser Welt erfolgreich zu leben: Das Erzählen ist ein Ausdruck dieser Fähigkeit, Geschichten sind ein erprobtes und universelles Mittel, mit einer Realität umzugehen und über eine Realität zu kommunizieren, die dynamisch, lebendig, wandelbar ist und immer wieder neue Möglichkeiten eröffnet. Das Erzählen ist unsere Brücke zu dieser Realität. Storytelling in seinen unterschiedlichen Ausprägungen hilft uns dabei, das Spiel der Möglichkeiten besser zu spielen.

Das Harun-al-Raschid-Prinzip

Hören, was man noch nie gehört hat

Das Erzählen ist die ursprünglichste und gleichzeitig vielschichtigste Art und Weise, um Beziehungen aufzubauen, zu pflegen und weiterzuentwickeln. Deshalb werden zur Zeit elementare »Kommunikationstechniken« wie das Erzählen und das Zuhören in ganz verschiedenen Zusammenhängen von Unternehmen wiederentdeckt. In der Analyse von Unternehmenskulturen, im Coaching, im Change- und Wissensmanagement wird Storytelling schon vielerorts angewendet.

Wir schlagen Ihnen in diesem Buch vor, dem Erzählen und Zuhören wieder mehr Raum zu geben und dadurch erfolgreich und effizient zu werden, den Mitarbeitern die optimalen Rahmenbedingungen für motiviertes, zielorientiertes Arbeiten zu geben, Kunden und Markt besser zu verstehen. Wir nennen das: Management nach dem Harun-al-Raschid-Prinzip.

Wer war Harun al-Raschid?

Harun al-Raschid, Kalif von Bagdad in seiner Blütezeit Ende des 7. Jahrhunderts, war nicht nur mächtiger Herrscher des mittleren Ostens, sondern auch ein Förderer der Wissenschaften und der Künste, er war Dichter, Gelehrter, Staatsmann, ein großer Redner. Der historische Kalif wäre aber heute über den Kreis der Historiker und Orientalisten hinaus dennoch kaum bekannt, wenn er nicht als sagenhaft überhöhte Gestalt Einzug in die Weltliteratur gehalten hätte. Unsterblich geworden ist er nicht zuvorderst durch seine Taten, sondern durch seine Rolle in den Erzählungen aus

1001 Nacht. Viele Geschichten dieser Erzählsammlung spielen unter seiner Herrschaft, und in vielen von ihnen tritt er auch selbst auf. Über Harun al-Raschid gab es offenbar viel zu erzählen. Und, was uns hier noch mehr interessiert: Der Kalif war ein guter, ja ein leidenschaftlicher Zuhörer.

> Eines Tages ließ der Kalif Harûn al-Raschîd nach seinem Wesir Dscha'far rufen, und als der vor dem Herrscher stand, sprach dieser: »Dscha'far, heute Nacht ist Schlaflosigkeit über mich gekommen, und der Schlummer ist mir versagt; nun weiß ich nicht, was mir Ruhe verschaffen könnte.« »O Beherrscher der Gläubigen«, erwiderte Dscha'far, »es heißt: Befreiung von Sorgen liegt in einem von drei Dingen: darin, daß man sieht, was man noch nie gesehen hat, oder daß man hört, was man noch nie gehört hat, oder daß man ein Land betritt, das man noch nie betreten hat.« (Die Erzählungen aus Tausendundein Nächten, 1953).

Harun al-Raschids Ruf als weiser Richter, dessen Schiedssprüche sich mit denen des Salomon messen lassen können, begründet sich darauf, dass er die Menschen und ihr Leben kannte. Denn Harun al-Raschid hatte die Gewohnheit, nachts verkleidet durch die Stadt zu gehen und den Leuten einfach zuzuhören. Auf diese Weise war der damals mächtigste Mann des Morgenlandes ungewöhnlich gut im Bilde über das alltägliche Leben der Menschen in Bagdad.

Als er damit begann, war diese Art von Zuhören höchstwahrscheinlich völlig neu für ihn. Er hörte zwar oft und gerne die Oden der zahlreichen Dichter, die seinem Hofstaat angehörten. Und es war allgemein bekannt, dass er nicht selten ein paar Verse eines Lobesgedichts mehr als fürstlich belohnte. Aber hier, auf den Straßen und Plätzen Bagdads, wollte niemand ihn unterhalten, niemand versuchte, ihm zu gefallen, und was ihm da zu Ohren kam, erstaunte ihn oft nicht wenig. Anfangs verließ er auf der Suche nach Zerstreuung und Abenteuer den Palast. Doch bald ging er hinaus, um zu lernen. Er lernte die Menschen kennen, er lernte, was ihnen wichtig war, wie es ihnen erging – vermittelt zwar durch Geschichten, aber dabei doch viel unmittelbarer und lebendiger als durch das, was seine Minister und Berater ihm berichten konnten. Wie wichtig ihm dieser ganz andere Einblick in sein Reich, diese zusätzliche Perspektive war, erkennt man auch daran, dass Harun al-Raschid nach und nach diese Geschichten niederschreiben und als Quelle des Wissens in sein Staatsarchiv aufnehmen ließ – so wurde er vom Zuhörer zum Sammler von Geschichten.

Der Kalif begab sich auf Entdeckungsreise in sein Land, Manager gehen heute eher den umgekehrten Weg: Sie bleiben unter sich, sie verlassen den »Palast«, je höher sie aufsteigen, immer seltener auf der Suche nach neuen, anderen Informationen. Die meisten Führungskräfte stecken in dem Dilemma, dass sie einerseits mit viel zu vielen Informationen überschüttet werden, andererseits aber zu wenig Zeit und kaum Gelegenheiten zur Verfügung haben, um sich wirklich mit Kollegen und Mitarbeitern auszutauschen, um zuzuhören, was andere erleben, und auch mal Raum zu haben, selbst zu erzählen. Sie nehmen einen wichtigen Teil ihrer Arbeitsumgebung, ihres Unternehmens nicht wahr: die Geschichten, die im Unternehmen erzählt werden, und die wesentlich die Kultur, die Stimmung, aber auch die Kooperation und das Funktionieren der Organisation mit tragen. Denn Unternehmen bestehen aus Geschichten, und durch Zuhören kann man aus ihnen lernen.

Ein Chef lässt sich berichten, er sammelt Informationen, die er bestellt hat. Und dann bewertet, entscheidet und verkündet er. Aber einfach bloß zuhören? Das kostet Zeit und erscheint auf den ersten Blick viel zu schlicht und alltäglich, um wirklich Erfolg versprechend zu sein. Versucht man es aber ernsthaft, dann will es nicht immer auf Anhieb gelingen und erweist sich als eine Fähigkeit, die durchaus Übung und Konzentration erfordert. Gutes Zuhören verlangt die Beachtung einiger Grundregeln, die sich bei Harun al-Raschid und seinen nächtlichen Streifzügen gut beobachten lassen.

Die vier Regeln des Harun al-Raschid

»Unerhörtes« hört man nur, wenn man sich zurücknimmt: Er verzichtete bei seinen Exkursionen auf seinen Status als Kalif, um etwas zu erfahren. Denn dem »Beherrscher aller Gläubigen« wäre keine einzige der Geschichten, die er hörte, je zu Ohren gekommen.

»Unerhörtes« hört man nur, wenn man offen ist für das, was kommt: Er war bereit, das aufzunehmen, was die Leute sich untereinander erzählten. Er lauschte einfach dem, was die Menschen von sich aus zur Sprache brachten.

Das »ganze Bild« entsteht aus vielen kleinen Details: Er hörte viele Stimmen in vielen Nächten. Es war nicht eine einzige Nacht, in der der Kalif, einer Laune folgend, die Palastmauern verließ. Es waren viele unterschiedliche Geschichten in vielen verschiedenen Nächten an allen möglichen Ecken der Stadt, die er vernahm.

Man muss nicht weise sein, um zuzuhören. Aber man wird weise, wenn man es tut: Harun al-Raschid ging nicht in die Stadt, um zu lernen, sondern er lernte, weil er in die Stadt ging. Sein Antrieb war anfänglich Abenteuerlust. Er fand es spannend, aufregend, den Menschen zuzuhören.

Erzählend zum Veränderungsprozess

Harun al-Raschids Herrschaft wird in den Geschichten aus 1001 Nacht nicht zuletzt deshalb immer als besonders weise und glücklich für die Untertanen beschrieben, weil er aus den Geschichten, die er bei seinen nächtlichen Streifzügen sammelte, gewissermaßen die Maximen seiner »Führungstätigkeit« entwickelte. Was er tat, beruhte nicht auf Konzepten, die am grünen Tisch im Kreis seiner Wesire konstruiert wurden, aber auch nicht auf spontanen »Bauchentscheidungen«, sondern auf einem tiefen Wissen über die Auswirkungen seines Handelns auf die Menschen. Ein solches Wissen können auch Unternehmen nutzen, wenn sie (auf) die Geschichten hören, die im Unternehmen erzählt werden.

Was wollen Manager? Sie wollen das Unternehmen durch Veränderungsprozesse weiterentwickeln. Ein Unternehmen zu verändern heißt letztlich nichts anderes, als seine Geschichte für die Zukunft neu zu schreiben. Eine Geschichte, die transportiert, welche Ziele, Wünsche, Vorstellungen und Visionen das Unternehmen für die Zukunft hat. Wie man sich organisieren und wie man kooperieren will, wer die Kunden sein sollen und auf welchen Märkten man ihnen begegnen will. Eine solche Geschichte kann eine ungeheure Kraft für die Veränderung entwickeln. Nur: Damit sie wirken kann, muss sie im Unternehmen geerdet sein. Sie muss bei der bisherigen Geschichte und den Geschichten, die die Menschen im Unternehmen geprägt haben, ansetzen.

Manager sollten sich also für das interessieren, was die Menschen zu erzählen haben. Denn wie sollen sie sonst erfahren, wie ihr Unternehmen sich entwickelt? Ein Unternehmen, das von der Bereitschaft der Mitarbeiter lebt, Kreativität zu zeigen, Wissen auszutauschen, mitzudenken, Beziehungen einzugehen, Netze aufzubauen, Kunden zu verstehen, Informationen richtig zu bewerten.

Ihr Unternehmen ist ein System aus vielen Interaktionen, Beziehungen, Kontakten. Ein so komplexes System, das von vielen Faktoren beeinflusst wird, lässt sich nicht wie ein Strick an einem Ende anfassen. Um das Wechselspiel von Faktoren wahrnehmen und erfassen zu können, ist die Auseinandersetzung mit Geschichten, das Erzählen und Zuhören, das Reflektieren von Geschichten ein erprobtes, ein elegantes und zuverlässiges Mittel. Die Fähigkeit, mit Hilfe von Geschichten Komplexität erfassen und wiedergeben zu können, ist uns von der Evolution sozusagen in die Wiege gelegt – wir müssen sie lediglich wiederentdecken. Das

Harun-al-Raschid-Prinzip anzuwenden heißt, dafür zu sorgen, dass im und um das Unternehmen ein Klima herrscht, in dem Kooperation gelingt, Kommunikation möglich ist, Verständnis und Wissen wachsen können und Austausch herrscht.

Ein Netz aus Geschichten weben

Storytelling im Wissensmanagement

Als in den 90er Jahren des vergangenen Jahrhunderts die Kraft des Erzählens wiederentdeckt wurde, war das Wissensmanagement eines der ersten Einsatzgebiete von Storytelling. Das ist kein Zufall – die Fähigkeit von Geschichten, Wissen zu speichern und weiterzugeben, ist wohl eine der auffallendsten Qualitäten der »Kommunikationsform Erzählen«. Ein gelungenes, zu Recht oft zitiertes Beispiel für die intelligente Nutzung von Geschichten im Wissensmanagement ist die Firma Xerox, die in den 90er Jahren völlig neue Wege beschritt.

Das Beispiel Xerox

Bei Xerox arbeiteten damals weltweit 25.000 Techniker im Reparaturdienst. Aus- und Weiterbildung dieser so genannten »tech reps« kosteten Xerox 200 Millionen Dollar jährlich. Der Ausbildungs- und Trainingsspezialist John Seely Brown wurde angeheuert, um diesen Bereich effizienter zu gestalten: Die tech reps sollten bei geringeren Kosten schneller und besser lernen.

Brown ging die Sache scheinbar sehr unkonventionell an: Er engagierte Anthropologen, die für Monate mit den Technikern vor Ort zusammenarbeiten und dabei beobachten sollten, wie sie an Probleme herangingen und Wissen austauschten. Brown wollte zunächst herausfinden, wovon er eigentlich ausgehen musste, wenn er die bestehende Praxis verbessern wollte. Dem liegt die gleiche Erkenntnis zugrunde wie allen hier vorgestellten Storytelling-Ansätzen: Veränderungen sind effizienter und nachhaltiger, wenn sie an bestehende Potenziale und Praktiken anknüpfen und den Menschen nichts »überstülpen«, das mit ihren Sichtweisen und erprobten Fähigkeiten nichts zu tun hat.

Während die Anthropologen ihre Feldforschung bei den tech reps betrieben, entwickelte Brown eine Reihe von Konzepten zu Schulung und Wissenstransfer, die modular, logisch und hierarchisch nach Themen gegliedert waren. Als die Feldforscher ihre Arbeit beendet hatten, war das Erste, was sie ihm klar machten, dass er diese Konzepte alle vergessen sollte, denn die Techniker würden ganz anders vorgehen und brauchten daher auch eine andere Art von Wissensvermittlung und Fortbildung.

Die Anthropologen hatten beobachtet, dass die Techniker sich den Problemen mit den Maschinen immer schrittweise annäherten. Sie gingen nicht so vor, dass sie von Ebene zu Ebene nach Plan festgelegte Möglichkeiten abhakten, sondern sie erprobten bestimmte Möglichkeiten, schlossen andere erst einmal aus. Sie testeten gewisse Pfade, verwarfen sie wieder. Sie konstruierten eine Art Erzählung mit Umwegen und Abwegen, bis sie die Lösung gefunden hatten, und verließen sich dabei auf Intuition und Erfahrung, nicht auf Handbücher und Checklisten. Wenn das Problem wirklich schwierig war, riefen sie einen Kumpel an und erzählten ihm, was sie beobachtet und bisher getan hatten, wie die Maschine dabei reagierte oder nicht reagierte und probierten schließlich Wege aus, die der andere vorschlug. Noch interessanter für Brown war die Beobachtung, dass die tech reps solche Geschichten auch außerhalb der Arbeit ständig erzählten: In Kaffeepausen und bei abendlichen Kneipengängen tauschten sie aus, welche verrückten Sachen sie mit den Maschinen und beim Kunden erlebt hatten, und die Geschichten kulminierten immer wieder darin, wie es schließlich gelungen war, das Problem doch noch zu beheben.

Die Reparaturtechniker bei Xerox taten also etwas, was Menschen schon von Anbeginn an tun, die in einer gemeinsamen Umwelt mit ähnlichen Problemen konfrontiert sind: Sie erzählen Geschichten und geben dabei Wissen weiter, lernen dazu, bilden einen gemeinsamen Pool an Erfahrung, »kartografieren« den Raum der Möglichkeiten – ein Prozess, bei dem sich in der gesamten Gruppe Lösungspfade verbreiten, neue dazukommen und Gefahrenpunkte markiert werden.

Der nächste Schritt von John Seely Brown ist bemerkenswert: Er hatte verstanden, dass die Wissensweitergabe der Techniker grundsätzlich mündlich erfolgte und dass die Techniker bei Problemen direkt mit den Kollegen sprechen wollten. Deshalb schaffte er zunächst keine Computer an, sondern Xerox kaufte für alle tech reps »two-way-radios«, Walkie-Talkies, mit denen sie auf einer Kurzwellenfrequenz miteinander sprechen konnten. In verschiedenen amerikanischen Städten entstand damit so etwas wie ein »tech rep radio«, bei dem jeder Servicemann gleichzeitig Empfänger und Sender sein konnte. Das Medium eignete sich natürlich hervorragend, um Reparatur-Geschichten zu erzählen und gemeinsam solche Geschichten zu bauen. Wer hörte, wie ein Kollege von einem Problem erzählte, konnte sich einschalten und seine Idee, sein Wissen, seinen Lösungsvorschlag dazusenden. Der Wissensaustausch lief jetzt nicht nur unter ausgewiesenen Kumpels, die sich auch nach der Arbeit noch gerne trafen, sondern unter allen.

Allerdings stellte Brown zu Anfang ein Problem fest, mit dem er nicht gerechnet hatte: Die Techniker waren nämlich besorgt darüber, ob das lokale Management, ihre unmittelbaren Chefs beispielsweise, ihren Kanal ebenfalls abhören konnte – was auch tatsächlich der Fall war. Brown begriff, dass der Erfolg seines Systems wesentlich davon abhing, ob es gelang, Vertrauen aufzubauen und die Techniker davon zu überzeugen, dass das neue Wissensmanagementtool nicht dazu benutzt würde, die Mitarbeiter »abzuhören«, zu kontrollieren, zu beurteilen etc. Die tech reps bei Xerox nutzten ihre Geschichten-Welle jedenfalls intensiv, nachdem sie glauben konnten, dass ihre Vorgesetzten nicht mehr mithören würden.

Nun hatte man also durch das gute alte Medium Rundfunk Wissensnetzwerke in einzelnen Städten geschaffen, die hervorragend funktionierten. Die nächste Aufgabe bestand darin, die Geschichten und damit das Wissen dieser lokalen Netzwerke wiederum untereinander zu vernetzen und allgemein zugänglich zu machen. Ziel war es also, aus den lokalen Arbeitsgruppen eine firmenweite »community of practice« zu machen, der alle 25.000 tech reps weltweit angehören konnten. Damit kam das Intranet ins Spiel. Techniker konnten Geschichten, die sie für wichtig und hilfreich hielten, dort einstellen und somit weltweit verfügbar machen. Jede dieser Geschichten wurde namentlich unterzeichnet. Wichtig war, dass andere Techniker diese Geschichten ergänzen, ihre Meinung dazu sagen oder passende Erfahrungen dazustellen konnten. Auf diese Weise entstand eine Intranet-Community, wie man sie auch aus manchen Bereichen des Internets kennt: eine virtuelle Gemeinschaft von Usern und Praktikern, die sich gegenseitig unterstützt, gemeinsam lernt und ihren Wissenspool vermehrt.

John Seely Brown sieht in diesem »Eureka« genannten Wissensnetzwerk bei Xerox demgemäß nicht nur ein Instrument, um Wissenskapital zu steigern, sondern er sieht mit Eureka auch das soziale Kapital im Unternehmen wachsen. So konnte durch eine entsprechende Lösungsgeschichte ein Techniker aus Kanada zum »Helden« für die Kollegen in Brasilien werden, weil er durch seine Story geholfen hatte, ein dort häufig auftretendes Problem zu lösen. Und der Kollege war namentlich bekannt, eine Größe im gesamten Netzwerk.

Dazu passt, dass die tech reps den Vorschlag des Managements, besonders gute Geschichten durch Geldprämien zu belohnen, einhellig und rundweg ablehnten. Die Mitarbeiter waren überzeugt, dass ein solches Incentive-System die ganze Funktionsweise des Wissensnetzwerks untergraben würde. Vorschläge würden dann nur noch danach beurteilt und nur dann weitergegeben, wenn sie nach Annahme der Einzelnen für das Management prämienwürdig wären. Brown bemerkt dazu: »Im Grunde sagten sie mir: Wir wollen nicht, dass intrinsische Motivation durch extrinsische ersetzt wird.« Auch dies eine grundlegende Einsicht in die Funktionsweise von Wissensnetzwerken.

Mit den von Brown entwickelten Methoden und dem Eureka-System gelang es Xerox, innerhalb von zwei Jahren Servicezeit und Ersatzteileverbrauch um 10 % zu reduzieren, die Lernkurve der gesamten Gruppe um 300 % zu verbessern und die Kundenzufriedenheit messbar zu steigern.

Wissensmanagement-Basics: Drei Lehren aus der Xerox-Geschichte

Die Xerox-Geschichte zeigt die Grundprinzipien, nach denen Storytelling im Wissensmanagement wirkt – und zwar unabhängig davon, welches technische Equipment zur Unterstützung vorhanden ist. Schaut man sich das Beispiel genauer an, dann zeigt sich, dass der Erfolg von der Beachtung einiger Grundregeln abhing:

Setzen Sie bei denjenigen Verfahren des Wissensaustauschs an, die die Mitarbeiter im Alltag bereits praktizieren

Es gäbe Ihr Unternehmen längst nicht mehr, wenn dort nicht in bestimmten Bereichen bereits Wissensaustausch praktiziert würde. Oft sind es informelle Praktiken, ein Austausch, der scheinbar am Rande der Arbeit abläuft, Netzwerke, die in keinem Organigramm auftauchen, die den entscheidenden Wissenstransfer gewährleisten. Die erste Aufgabe besteht also darin, den Ist-Zustand zu analysieren, funktionierende Praktiken des Wissensaustauschs zu identifizieren, Stärken der Mitarbeiter auf diesem Gebiet kennen zu lernen und ausgehend davon Prozesse und Methoden zu entwickeln, die an diese Erfahrungen anknüpfen. Mit anderen Worten: Holen Sie die Menschen da ab, wo sie stehen, und stülpen Sie ihnen kein am Reißbrett entworfenes Modell über.

Beachten Sie die Rangfolge: Erst kommen die Kommunikation und der Austausch, dann erst die Speicherung

In unserem Beispiel wurde erst auf ein Medium gesetzt, das das unmittelbare Miteinander-Sprechen ermöglichte – genau das also, was die Mitarbeiter kannten und bereits praktizierten. Das Funksystem ermöglichte diesen direkten Austausch nun allerdings in Echtzeit und in wesentlich größerem Umfang. Dadurch war das Wissen sofort da verfügbar, wo es gebraucht wurde. »Gespeichert« war es ja ohnehin schon, und zwar da, wo es letztlich immer gespeichert sein wird: in den Köpfen der Mitarbeiter. Die Radio-Idee hat dabei noch einen zusätzlichen Charme. Denn in vielen Situationen ist das Wissen, das gebraucht wird, ja noch gar nicht da, zumindest nicht so, dass es ausgedrückt werden kann. Das neue Wissen, das die Situation erfordert, entsteht im Dialog, im Austausch von Erfahrungen, Hypothesen, Ideen. Dafür interaktiven Funk einzusetzen ist ein bestechender Gedanke. Und es zeugt von einer guten Unternehmenskultur, wenn ein Projektleiter eine solche unkonventionelle Idee einfach umsetzen kann und nicht erst endlos Überzeugungsarbeit leisten muss.

Erst nachdem die Basis – die Schaffung einer Möglichkeit zum direkten Austausch – gelegt ist, macht der zweite Schritt der Etablierung eines Systems im Intranet, wo das Wissen der Mitarbeiter in Form von Geschichten und Kommentaren auch gespeichert werden kann, Sinn. Aber auch dabei sollte weiterhin das Austauschprinzip gelten: Wissen sollte in solchen Systemen nicht einfach »festgeschrieben« und abgelegt werden – denn dann ist eine Wissensdatenbank im Intranet nichts weiter als ein elektronischer Aktenschrank. Der eigentliche Vorteil dieses Mediums besteht aber darin, dass es die Einrichtung entsprechender Wissens- und Austausch-Foren erlaubt und damit Interaktivität ermöglicht; Wissen kann ergänzt, kommentiert und weitergeschrieben werden und damit lebendig bleiben.

Wissensaustausch findet nur in einer Kultur der Fairness und des Vertrauens statt

Die Bereitschaft von Mitarbeitern, Wissen auszutauschen und in der Firma zur Verfügung zu stellen, steht in enger Beziehung zu kulturellen Faktoren: Vertrauen, Kooperation und Anerkennung spielen dabei die entscheidende Rolle. Menschen stellen ihr Wissen gerne anderen Menschen zur Verfügung – aber nur ungern anonymen Systemen wie Firmen und Datenbanken. Wissen ist ein wunderbares Tauschobjekt, wenn es im Dialog mit anderen weitergegeben wird. Das hat mehrere Gründe: Zum einen ist es mit dem Wissen wie mit den Geschichten: Wenn man sie weitergibt, hat man sie hinterher trotzdem noch. Und wenn man es direkt an andere Menschen weitergibt, dann erhält man im Gegenzug selbst neues Wissen dazu. Zum anderen ist Wissen ein soziales Gut: Wissen gibt man im Alltag meist an jemanden weiter, der Hilfe braucht, der bei der Lösung eines Problems nicht weiterkommt. Anderen zu helfen verschafft Sozialprestige. Wer Wissen weitergibt, wird nicht nur deshalb gut angesehen, weil die Person damit zeigt, dass sie etwas »auf dem Kasten« hat, sondern auch deshalb, weil damit oft Hilfe und Nutzen für andere verbunden sind. Wer Wissen in die Runde wirft, ohne dass jemand danach gefragt hat, ohne dass irgendein konkretes Problem nach einer Lösung verlangt, wird dagegen eher negativ beurteilt und als »Korinthenkacker« oder »Besserwisser« identifiziert. In Situationen, wo Hilfe und Kooperation gefordert sind, ist Wissen dagegen die wichtigste Gabe in der sozialen Ökonomie des

Gebens und Nehmens und hebt den Status dessen, der sein Wissen zur Verfügung stellt. Deshalb war es in unserem Beispiel wichtig, dass die Techniker, die ihre Geschichten ins Intranet speisten, mit ihrem Namen unterzeichnen konnten, und deshalb ist auch klar, warum die Nutzer keine Incentives in Form von Prämien wollten.

Geschichten zielen aufs Ganze

Geschichten verknüpfen Wissensmengen, die in anderen Formen der Wissensspeicherung immer losgelöst voneinander betrachtet und gesammelt werden. »Das Leben kommt immer als Ganzes zu uns«, schreibt Peter Senge in der »Fünften Disziplin« (Senge 1996, S. 345). Viele Manager, so meint er, betrachten ein Problem oder ein Ziel dagegen isoliert von seinen Zusammenhängen und verlieren genau dadurch die Lösung oder den Weg aus dem Blick. Geschichten sind immer »ganzheitlich«: Sie bringen immer alles zusammen, was für ihr Thema eine Rolle spielt, sie bauen immer ein vollständiges Szenario auf. Geschichten sind somit »systemischer« als reine Beschreibungen und genau deshalb so wertvoll: In Geschichten geht es nicht nur um reines »Faktenwissen«, sondern immer um »Zusammenhangswissen«. Das gilt auch für einen weiteren wesentlichen Aspekt: In Erzählungen gibt es Menschen, »Figuren«, und die haben Emotionen, Intuitionen, sie werden bewertet und lösen Gefühle aus. Man identifiziert sich mit den »Helden« von Geschichten, sie sind einem sympathisch oder unsympathisch, man kann sie mögen oder ablehnen. In jedem Fall spielen dabei nicht nur abstrakte Überlegungen eine Rolle, sondern auch Empfindungen. Beim Hören oder Lesen einer Geschichte ist demnach auch unser Gehirn umfassend aktiv: nicht nur das analytische, rationale, linkshemisphärische Denken ist gefordert, sondern genauso auch unsere rechte Hirnhälfte. Gute Stories fordern und fördern also auch unsere soziale und emotionale Intelligenz und sind damit ein wichtiger Baustein für ein Wissensmanagement, das weit über das reine Dokumentieren und Ansammeln von Fakten hinausgeht.

Es sind letztlich die Menschen, die Datenmaterial in Informationen und Wissen verwandeln können. Mit Erzählungen und Geschichten im Wissensmanagement zu arbeiten ist also auch im Zeitalter von E-Mail und Videokonferenz nicht abwegig. Wissen in Geschichten zu »verpacken« ist etwas, das alle Menschen kennen und können. Gute Geschichten kann man sich gut merken, man kann sie gut weitererzählen und sie liefern anschauliche Informationen.

Wenn Sie jedoch heute mit jemandem über das Thema »Wissensmanagement« sprechen, dann wird meist von Intranet und Datenbanken, von Netzwerken und Zugriffsmöglichkeiten die Rede sein und nicht von Storytelling. Dabei bleibt das wichtigste Instrument der Wissensweitergabe für die Menschheit nach wie vor und trotz aller technischer Innovation wie seit Tausenden von Jahren: das Erzählen von Geschichten. Ob in Form von Erfahrungsberichten, Beispielgeschichten, biografischen Stories oder in Form von Mythen, Sagen, Fabeln. Ob am Arbeitsplatz oder wenn sich Bekannte und Freunde treffen, ob in der modernen Zivilisation oder bei Naturvölkern: Geschichten sind die Vehikel für alles, was wichtig ist, seien es nun Werte, Traditionen, Überzeugungen oder ganz praktische Fähigkeiten und Fertigkeiten. Geschichten werden in jeder Gesellschaft und in jedem Medium erzählt, egal ob mündlich am Lagerfeuer oder elektronisch auf den Marktplätzen des globalen Dorfes. Gerade das Internet ist zum Umschlagplatz für Geschichten geworden, und Millionen von Menschen erzählen in diesem Medium Tag für Tag – auch und gerade, wenn sie wollen, dass andere etwas Neues erfahren und ihr Wissen vermehren.

Daten sind noch kein Wissen

Wissen ist und bleibt immer eine Angelegenheit von Menschen: Erst wenn Menschen Daten wahrnehmen, Unterscheidungen treffen, Informationen verknüpfen, Zusammenhänge herstellen und schließlich einen bestimmten Sachverhalt für wahr, richtig, zielführend halten, haben wir es tatsächlich mit Wissen zu tun. Die Daten selbst – Beschreibungen, Anleitungen, Ansammlungen von Fakten – sind nur Material, aus denen diejenigen, die sie wahrnehmen, vielleicht Wissen machen können. Und die Medien, die diese Daten verfügbar machen – Online-Datenbanken, Gebrauchsanweisungen, Baupläne etc. –, sind lediglich Hilfsmittel, die die Auffindbarkeit und Wahrnehmbarkeit dieser Daten erleichtern. So sehr elektronische Netze und Datenbanken bei der Speicherung, Dokumentation und Abrufbarkeit von Texten, Bildern, Daten helfen können, die etwas mit »Wissen« zu tun haben, so wenig »enthalten« sie das Wissen, von dem man vermutet, dass es vielleicht einmal nützlich sein könnte.

Die reine Quantität der Daten sagt demnach noch gar nichts über das damit vielleicht verbundene Ausmaß an Wissen aus. Wenn Internet-Euphoriker so gerne behaupten, dass das »Wissen der Menschheit« sich alle sechs Monate verdoppele, dann muss man sich ernsthaft fragen, warum wir alle in den letzten Jahren von dieser erfreulichen Entwicklung nicht profitiert haben: Es mag ja sein, dass sich die verfügbare Datenmenge in den Netzen und Speichern derart explosionsartig vermehrt – davon, dass die Menschheit dadurch in gleichem Maße klüger, wissender geworden wäre, kann leider nicht die Rede sein.

Der amerikanische Computerspezialist Clifford Stoll (Stoll 1996) bemerkte dazu schon vor Jahren: »50 Megabyte Daten sind genauso wenig Information, wie 50.000 Tonnen Beton ein Wolkenkratzer sind.« Damit aus Daten Informationen und in der Folge Wissen werden kann, brauchen sie einen Bezug, sie müssen in eine sinnvolle Ordnung gebracht werden und an etwas anknüpfen, das bereits gewusst wird.

Jedes Wissen hat seine Geschichte

Aus Informationen neues Wissen zu machen gelingt umso besser, je mehr man bereits von der Materie versteht. Das fällt umso leichter, wenn die Informationen, die weitergegeben werden, selbst bereits einen Zusammenhang aufweisen, eine Ordnung besitzen, wenn klar ist, in welchem Bezugsrahmen Dinge stehen. Wenn zwar alle Daten verfügbar sind, aber der Zusammenhang nur unzureichend dargestellt ist, nützt uns das wenig.

Diese Erfahrung hat nahezu jeder schon mehrfach gemacht, beispielsweise wenn er sich ein neues Gerät oder eine neue Software gekauft hat und sich gleich zu Anfang schon über die Gebrauchsanweisung oder das Handbuch ärgern musste: Oft hat man den Eindruck, sie wurden von Spezialisten geschrieben, die bestimmte Dinge für so selbstverständlich halten, dass sie sie erst gar nicht erwähnten. Für den Laien bedeutet dies aber, dass er keine Anknüpfungspunkte findet, an denen er ansetzen könnte. So findet er nur Daten, mit denen nichts anzufangen ist. Also wirft man Gebrauchsanweisung oder Handbuch weg und macht sich daran, durch Probieren, durch Versuch und Irrtum selbst einen Weg zu finden, um die Sache zu begreifen. Was funktioniert, merkt man sich. Man tastet sich Schritt für Schritt vor und orientiert sich dabei an den Funktionen, die man zuerst braucht und die einen interessieren. Manchmal glaubt man, intuitiv einen guten Weg gefunden zu haben, probiert ihn aus und stellt fest, dass die Idee ganz und gar nicht gut war. Solche Vorgehensweisen, die zu unerwünschten Ergebnissen führen, merkt man sich als Fehler, die es zu vermeiden gilt. Nach und nach wird man sein eigener »Experte« im Umgang mit dem Gerät oder Programm: Man nutzt vielleicht nicht alle Funktionen, kennt aber die, die man braucht. Man entdeckt Kniffe, die in keinem Handbuch verzeichnet sind. Man geht womöglich hier und da einen Umweg, der aber dennoch zuverlässig zum Ziel führt. Und man entdeckt hier und da auch Schwachstellen, die den Herstellern entgangen sind (oder die sie billigend in Kauf genommen haben).

Wenn man also schließlich »weiß«, wie es funktioniert, dann hat dieses Wissen eine Geschichte. Man ist auf bestimmten Pfaden zu seinem Wissen gelangt und diese Pfade, Wege, Umwege und Abwege, das Nacheinander von Versuchen, Lernen, Begreifen, Verwerfen und Abstrahieren, all dies zusammen macht unser spezifisches Wissen über das Gerät oder das Programm aus. Individuelles Wissen und individuelle Geschichte(n) des Erwerbs dieses Wissens sind untrennbar miteinander verknüpft. Wir wissen nicht nur »etwas«, sondern wissen auch, wie wir dieses Wissen erworben haben.

Wenn ein Freund sich das gleiche Programm oder Gerät kauft wie Sie, wird er von Ihrem Wissen weit mehr und wesentlich schneller profitieren als vom mitgelieferten Handbuch. Wenn er sich mit Ihnen austauscht, wenn Sie ihm erzählen, wie Sie sich an das Programm angenähert haben, kommt dabei neben Ihren Erfahrungen zur Sache noch eine wesentliche, zusätzliche Wissensmenge mit ins Spiel: Ihr Wissen über Ihren Freund. Sie kennen ihn schon lange, Sie wissen, was er für ein Typ ist, wie er arbeitet, wann er ungeduldig wird und so weiter. Sie kennen seine Vorgeschichte, wissen zum Beispiel, dass er früher mit einem anderen Programm gearbeitet hat und können ihm nun sagen: »Was bei deinem früheren Programm so und so funktionierte, das macht man jetzt mit dem neuen so und so.« Sie können ihn vor Fehlern warnen, die Sie schon »ausprobiert« haben, Sie können ihm Ihre Tricks zeigen. In Zukunft kann Ihr Freund Ihnen dann seinerseits seine Erfahrungen mitteilen, zum

Beispiel, wenn er etwas entdeckt hat, was Sie noch nicht wussten. Ihr gemeinsames Wissen wächst.

Erzählen macht Wissen lebendig

Offenkundig ist der Austausch mit Ihrem Freund wesentlich eher eine Form von Wissenstransfer als die Verpackung von Daten in ein Handbuch, das erst gelesen und in Wissen übersetzt werden muss. Und es sollte auch deutlich geworden sein, dass beim Wissenstransfer niemals dasselbe Wissen auf der anderen Seite wieder herauskommt, das auf der einen Seite hineingesteckt worden ist. Der Autor des Handbuchs weiß nach wie vor etwas anderes als das, was der User weiß – zusammengenommen wissen sie mehr als jeder Einzelne, aber nur ein Teil dieses gesamten Wissens ist ihnen gemeinsam. Bei den beiden Freunden, die sich ihre Erfahrungen mit dem neuen Programm gegenseitig erzählen, ist das anders: Sie teilen tatsächlich die Gesamtmenge an gemeinsamem Wissen, das ihnen zusammen zur Verfügung steht. Wenn man sich nun vorstellt, dass sich eine ganze Gruppe von Personen auf diese Weise austauscht, wird klar, dass dabei ein ansehnlicher Wissenspool entsteht. Wenn die Teilnehmer dieser Gruppe im selben Umfeld tätig sind und ähnliche Interessen und Aufgaben haben, wird dieses Wissen sehr praxisbezogen und anwendungsorientiert sein: ein großer Vorteil für ein Team, das kooperieren will und muss. Soziologen vom kalifornischen »Institute for Research on Learning« haben bei ihren Feldstudien in Unternehmen festgestellt, dass es in den Firmen solche »Wissensknotenpunkte« gab, an denen sich bestimmte Gruppen von Mitarbeitern kontinuierlich über ihre Fachaufgaben und Problemlösungen austauschten. Sie taten das regelmäßig an bestimmten Orten und bei bestimmten Gelegenheiten: am Kopierer, in der Kantine, in den Raucherzonen und vor allem bei spontanen Pausen in der Kaffeeküche.

Dort trafen sich beispielsweise Leute aus der Konstruktionsabteilung regelmäßig mit Servicetechnikern, die gerade vom Kunden kamen. Sie erzählten sich dabei Geschichten über ganz bestimmte Situationen und Probleme, die mit den Produkten zusammenhingen. Etwa Geschichten folgender Art:

> »Stell dir vor: Der Kunde, bei dem ich vor zwei Wochen das Gerät ausgetauscht habe, ruft mich heute Morgen ganz aufgeregt an. Das Austauschgerät ist auch wieder hin, reagiert nicht. Er war richtig sauer. Ich bin also wieder hin, dachte mir: Die Sache musst du dir genauer anschauen. Das Gerät war tatsächlich hin, kein Strom mehr, nichts. Ich hab mich also in der Abteilung, wo das Gerät steht, umgehört. Was genau ist passiert, was war vorher los, wer hat das Gerät bedient. Und schließlich hat sich herausgestellt, dass jemand die Kartusche ausgewechselt hat. Ich hab den dann gebeten, mir genau zu zeigen, wie er das gemacht hat. Du wirst es nicht glauben: Der Typ hat panische Angst vor Elektrizität. Er schaltet also das Gerät aus, zieht den Stecker raus, wechselt die Kartusche, schaltet wieder ein, und da merkt er, dass er den Stecker noch nicht wieder reingetan hat. Steckt also den Stecker wieder rein und – aus. Nichts geht mehr …«

Es stellte sich heraus, dass, wenn man das Gerät auf diese Weise »bediente«, eine ganz bestimmte Sicherung durchbrannte. Ein Problem, das man sofort beheben konnte.

Eine solche Geschichte liefert natürlich weit mehr Wissen als die bloße Anweisung zur unmittelbaren Lösung des Problems: »Öffnen Sie die Klappe an der Frontseite des Geräts. Ziehen Sie dann den roten Behälter vorsichtig aus dem Schacht und so weiter.« In der Geschichte wird darüber hinaus der gesamte Pfad wiedergegeben, auf dem man sich dem Problem nähert. Ein Pfad, den man auch zur Annäherung an andere Fälle nutzen kann. Und die Geschichte bezieht das soziale Umfeld mit ein: Das Gerät steht in einem Büro, dort arbeiten Menschen, die unterschiedliche Vorstellungen von dem Gerät haben und unterschiedlich mit ihm umgehen. Es lohnt sich, mit ihnen zu sprechen. Ohne diese Geschichte hätte der Techniker vielleicht die Sicherung ausgewechselt, aber die eigentliche »Ursache« der Störung wäre nicht behoben worden: Beim nächsten Mal wäre der Mitarbeiter wieder genauso unsachgemäß an das Wechseln der Kartusche herangegangen.

Wenn sich Mitarbeiter über solche Erlebnisse wieder und wieder austauschen, wenn sie sich gegenseitig Geschichten über die Entdeckung von neuen Lösungen für neue und alte Probleme erzählen, entsteht nach und nach eine Wissenslandkarte, die jedem, der diese Geschichten kennt, Orientierung verschafft. Diese »Karte« zeigt, dass es unterschiedliche Pfade der Annäherung an Probleme gibt, verschiedene Typen von Problemen, verschiedene Strategien zur Lösung. Sie zeigt, dass es bestimmte Typen von Umfeldern und Menschen gibt, die bestimmte Erwartungen und Umgangsweisen mit dem Produkt verbinden. Die Geschichten zeigen aber auch, dass immer wieder Fälle auftreten, mit denen man nicht gerechnet hatte, Umstände, an die vorher niemand dachte. Die Geschichten leisten also gleichzeitig zweierlei: Einerseits steigern sie die Sicherheit im Umgang mit immer wieder auftretenden Aufgaben – und gleichzeitig helfen sie, eine falsche Routine zu vermeiden, weil ja gerade die Geschichten die interessantesten sind, die von unerwarteten Lösungen, von Entdeckungen und Sonderfällen handeln.

Wissensmanagement beginnt, wenn Austausch möglich wird

Unternehmen, die die Möglichkeiten für eine solche Art von Austausch einschränken, schaden sich selbst. Manchmal sind es übereifrige Vorgesetzte, die den Wissensfluss hemmen. In einem Produktionsbetrieb sah es ein Werksleiter als seine Aufgabe an, »Plaudereien« von Facharbeitern, die an einer Maschine zusammenstanden, regelmäßig zu unterbinden und verhinderte dadurch auch, dass die Werker sich bei Problemen berieten oder direkt an der Maschine fachsimpeln konnten. Nachdem der Mann die Firma verlassen hatte, sank die Fehlerquote und die Produktivität stieg messbar an. Oft sind es aber auch falscher Spartrieb und nicht zu Ende gedachte Umstrukturierungsmaßnahmen, die sich negativ auf die Weitergabe von Wissen in solchen informellen Netzen auswirken:

> »Früher waren wir vom Kundendienst im Platanenweg, wo auch die Technik sitzt. Aber vor einem Jahr hat man gesagt: Das ist zu teuer, wir können diese Räume da sehr gut vermieten, und außerdem seid ihr da draußen viel schneller auf der Stadtautobahn und beim Kunden. Also mussten wir alle hier rausziehen. Ist ein bisschen triste hier, na ja, aber wir sind eh die meiste Zeit beim Kunden draußen, das macht also eigentlich weniger was aus. Schlimm finde ich nur, dass man die Kollegen eigentlich kaum noch sieht. Früher kam man vom Kundendienst zurück, dann traf man immer mal den und den, hat einen Kaffee getrunken, hat erfahren, was so läuft, was sich die Geschäftsleitung wieder so ausdenkt, was so geplant ist an neuen Produkten und hat eben auch so manche Story von der Kundenfront erzählt. Da war man immer im Bilde, hat auch den ein oder anderen Tipp gekriegt und gegeben. Das ist jetzt eigentlich total vorbei.«

Durch den Umzug ist zwar Geld gespart worden, andererseits ist aber auch die gewachsene »soziale Ökologie« durcheinander geraten. Dadurch entstehen Verluste an Austauschmöglichkeiten, an Wissenstransfer und damit wiederum auch an Geld. In diesem Falle hätte »Wissensmanagement« bedeutet, einen Ausgleich für die verloren gegangenen Möglichkeiten zu schaffen, Informationen, Erfahrungen, Erkenntnisse auszutauschen – etwa durch die Etablierung entsprechender regelmäßiger Treffen zwischen den Mitarbeitern, die bisher unter einem gemeinsamen Dach gearbeitet haben.

»Wissensmanagement« fängt also nicht erst da an, wo nach Datenbanklösungen für das Intranet gesucht oder elektronische Dokumentationssysteme eingekauft werden. Wissensmanagement beginnt bei der Frage, ob die Arbeitszeit- und Pausenregelungen, die Raumplanungen, die Gestaltung von Kantinen und Aufenthaltsräumen und vieles mehr es eher wahrscheinlicher oder eher unwahrscheinlicher machen, dass sich Mitarbeiter auf eine bestimmte Art begegnen oder nicht. Wissensmanagement beginnt genauso bei der Kommunikationskultur: etwa bei der Frage, welchen Umgangston die Führungskräfte mit ihren Mitarbeitern pflegen, ob sie überhaupt vor Ort erscheinen, ob sie Interesse an der täglichen Arbeit und Befindlichkeit ihrer Mitarbeiter haben oder nur Ergebnisse abfragen und rapportieren lassen. Ob ein offenes Wort im Unternehmen akzeptiert, ja gelobt wird, oder ob eine Stimmung herrscht, in der jeder das Gefühl hat, kritische Äußerungen oder das Aussprechen unangenehmer Wahrheiten könne eher schaden als nutzen.

Die Untersuchungskommission zur Klärung des Absturzes der Columbia-Raumfähre hat in ihrem Bericht unter anderem festgestellt, dass bei der NASA eine Kultur Einzug gehalten hat, in der sich die Mitarbeiter davor fürchten, Fehler oder Unsicherheiten zu melden: Der Druck, ein »fehlerfreies« Image aufrechtzuerhalten war offenbar so groß, dass die Weitergabe von Wissen über Gefahren, Materialschwächen, Probleme als unerwünscht und wahrscheinlich auch karriereschädlich galt. Würden Sie mit einer Airline fliegen, von der Sie wüssten, dass dort solch eine Kommunikationskultur herrscht?

Communities of Practice sind Communities of Storytelling

Um das Erzählen im Wissensmanagement von Unternehmen einzusetzen, braucht es nichts weiter als Menschen, die Gelegenheit zum Austausch, Vertrauen und Kooperationsbereitschaft. Funktionierendes Wissensmanagement ist immer aufs Engste mit der gelebten Unternehmenskultur verbunden: Wo Mitarbeiter das Gefühl haben, fair behandelt zu werden, wo der Eindruck herrscht, dass die Firma ebenso loyal gegenüber den Mitarbeitern ist, wie sie es im Gegenzug von diesen erwartet, wo der Versuch, Karriere zu machen, indem man sich einseitig Vorteile gegenüber den Kollegen verschafft und strategisch mit Informationen umgeht, nicht belohnt wird – dort werden die Bemühungen, durch Wissensmanagement effizienter und profitabler zu werden, auch zu einem messbaren Erfolg führen.

Man sollte sich immer bewusst sein, dass Menschen ihr Wissen und ihre Erfahrungen nur freiwillig hergeben. Kein Arbeitsvertrag kann sie zwingen, alles, was sie wissen, was sie an Ideen haben, was ihnen auffällt, was sie beobachten, »abzuliefern«. Und selbst wenn das möglich wäre: Wie sollte man kontrollieren, ob sie es auch tatsächlich tun?

Storytelling ist ein effizientes und einfach anzuwendendes Mittel, um kleine Wissensmanagementprojekte im Unternehmen zu starten und dabei gleichzeitig mehr über die vorhandenen Voraussetzungen für die Weitergabe von Wissen im Unternehmen zu lernen. Dabei empfiehlt es sich – auch hier wieder eine Parallele zum Xerox-Beispiel – bei so genannten »Communities of Practice« anzufangen, also auf der Ebene von Mitarbeitergruppen, die gleiche Tätigkeiten ausüben, einen ähnlichen Arbeits- und Erfahrungshintergrund oder Status haben. Gerade bei Servicemitarbeitern oder Vertriebsteams, kurz, bei allen, die im Außendienst tätig sind, kann die Einführung von regelmäßigen Storytelling-Treffen den Grundstein für das Entstehen eines neuen

Wissensmanagements bilden. Solche Mitarbeiter klagen ohnehin häufig darüber, dass sie die Kolleginnen und Kollegen relativ selten sehen und es wenig Gelegenheit zum Austausch gibt. Nach dem bisher Gesagten ist klar, dass eine solche Gruppe erst einmal »unter sich« bleiben dürfen sollte – die Anwesenheit von Vorgesetzten ist nur dann ratsam, wenn im Unternehmen bereits eine ausgeprägte Vertrauenskultur herrscht und die Chefs selber über eigene Erfahrungen aus der Praxis verfügen, die sie in solchen Storytelling-Runden mit einbringen können. Ansonsten empfiehlt es sich eher, für eine Anschubphase auf einen entsprechenden Berater zurückzugreifen, der im Dienste der Gruppe dafür sorgt, dass eine passende Form des Wissensaustauschs gefunden wird und der helfen kann, die entsprechenden Rahmenbedingungen zu gestalten.

Wenn beispielsweise Vertriebsmitarbeiter maßgeblich über Prämien und Incentives motiviert werden, liegt auf der Hand, dass sie ihr Wissen primär strategisch für den eigenen Erfolg einsetzen und kaum mit den Kollegen teilen werden: Schließlich ist ihr Wissen ein Wettbewerbsvorteil im Konkurrenzkampf mit den Kollegen. Wird demgegenüber im Unternehmen das Hauptaugenmerk auf den Teamerfolg gelegt, stehen die Chancen für den Wissenstransfer wesentlich besser – Storytelling bietet sich hier als Instrument zum Team-Lernen sofort an.

Eine ebenso wichtige Einsatzmöglichkeit bietet sich überall da, wo Schnittstellen zwischen Abteilungen bestehen: Hier kann die Etablierung von gemischten Storytelling-Gruppen dazu führen, gefährliche Barrieren im Wissensfluss zu beseitigen.

> »Als ich in das Unternehmen kam, war das so, dass die Kommunikation zwischen den Konstrukteuren und den Werkern praktisch nicht stattfand. Das lief nur über die Hierarchen – Abteilungsleiter hier, Werksleitung dort –, aber nicht zwischen den eigentlich handelnden Personen. Vorne am Werkstor steht

ja der Bürobau, das Werk selber fängt ja erst 100 Meter weiter an, dazwischen lag der Parkplatz und noch ein Lager, da, wo heute die Kantine steht. Damals hatten die Werker ihre eigene Kantine, die Büromenschen aßen woanders. Wenn Facharbeiter aus dem Werk erzählten, wurde oft auf die Konstrukteure geschimpft: Die Herren Ingenieure, die sich an ihren Computern immer so Sachen ausdenken, die in der Praxis dann nichts als Ärger machen; die haben ja keine Ahnung, wie es bei uns zugeht und so weiter. Und dann war eben vor drei Jahren dieses Kommunikationsprojekt. Der erste Schritt war dann, dass wir mit den Konstrukteuren mal einen Betriebsausflug im wahrsten Sinne des Wortes gemacht haben, und wir sind dann mal einen ganzen Nachmittag ins Werk. Es stellte sich heraus, dass einige von denen, gerade die Jüngeren, tatsächlich noch nie in den Werkshallen gewesen waren. Es gab dann zum Abschluss so eine kleine Feier im Werk mit Biertischen, Grillfleisch und Kartoffelsalat, da wurden wir dann alle zusammengesetzt, schön gemischt, und nach und nach ging das dann los. Erst natürlich die Witze und Sticheleien, aber nach und nach wurde das dann schon ernsthafter, dass man sich gegenseitig Fragen gestellt und Dinge erklärt hat. Das war also der Beginn, und daraus ist dann diese Gruppe entstanden, das ist eine feste Institution heute, man trifft sich einmal im Monat, bei Bedarf auch mal spontan, und tauscht sich da aus über die neuen Planungen, über Erfahrungen, was läuft und wo es hakt und so weiter. Und wir beraten auch unsere Chefs: Wir werden gefragt und die Meinung unserer Gruppe gilt auch, wenn da was endgültig entschieden wird und so. Das hat allerdings am längsten gedauert, bis die in der Werksleitung und in der Abteilungsleitung das akzeptiert haben, weil, die haben am Anfang gesagt: So was braucht es nicht, wir wissen schließlich selber am besten, wie der Laden hier läuft. Dann hat aber die Geschäftsführung gesagt: Wir wollen das jetzt mal ausprobieren, lasst die das mal ein Jahr lang machen. Und als man dann gesehen hat, dass da tatsächlich bei der neuen Baureihe weniger Ausschuss war und dass alles viel schneller eingerichtet werden konnte, seitdem ist das eigentlich allgemein akzeptiert.«

Es muss also nicht immer gleich das Intranet und eine aufwändige Datenbanklösung sein. Wobei auch in diesem letzten Beispiel der nächste Schritt in der Etablierung eines passenden Dokumentationstools bestehen sollte, das die Möglichkeit der Verbreitung und Ergänzung des gesammelten Wissens bieten muss. Um die Potenziale von Storytelling und Storytelling-Gruppen zu nutzen, geht es aber zunächst um die bewusste Schaffung von Anlässen und Möglichkeiten des Austauschs und die Verfügbarkeit von Orten, an denen erzählt werden kann, ähnlich wie in unserem Beispiel. Nochmal die wichtigsten Regeln für diese Art von Storytelling im Wissensmanagement:

1. Das Ziel muss klar sein (zum Beispiel besseres gegenseitiges Verstehen der beiden Gruppen).
2. Die Gruppen sollten einen gemeinsamen Bezugspunkt haben (gemeinsames Problem, Schnittstelle, Projekt etc.).
3. Der Austausch muss in einem »geschützten Raum« stattfinden: Die Teilnehmer müssen darauf vertrauen können, nicht »abgehört«, kontrolliert und beurteilt zu werden.
4. Am Anfang stehen Dialog und Unmittelbarkeit im Vordergrund: Dokumentation folgt erst in einem zweiten Schritt und einem anderen Kontext.
5. In Storytelling-Gruppen steht das Erzählen im Vordergrund. Wer eine Geschichte anfängt, darf sie auch zu Ende erzählen (alleine oder gemeinsam mit anderen, die dabei waren). Es geht nicht um Meinungen, Diskussionen, richtig oder falsch, sondern um Erlebnisse und Erfahrungen. Auf Problemgeschichten soll mit Lösungsgeschichten geantwortet werden. Gibt es solche noch nicht, arbeitet die Gruppe weiter an einer solchen Lösungsgeschichte.
6. Es muss jenseits der Gruppe Adressaten für die beim Storytelling gefundenen Lösungsgeschichten geben: Kollegen, die auf ähnlichen Feldern arbeiten, aber auch Vorgesetzte etc.

Geschichten schaffen Orientierung und Motivation

Auf den ersten Blick geht es beim Stichwort »Wissensmanagement« meist um Wissen im Sinne von »Know-how«, um die direkte Anwendung von »Wissen« im Prozess der Planung oder der Produktion. Aber Menschen sind wissbegierig auch auf Feldern, die gar nicht unmittelbar mit dem »Gewusst-wie!«, mit den praktischen Fertigkeiten und Verfahren zu tun haben. Sie interessieren sich gleichermaßen für den Zweck und den Sinn eines Produktes, einer Maßnahme, einer Strategie, sie wollen über die Ziele informiert sein und sie möchten erfahren, in welchen Kontext etwas eingebettet ist. So stellen wir bei Unternehmen, die sich in einer Krise der Unternehmenskultur befinden oder Probleme bei ihren Bemühungen um Innovations- und Motivationsoffensiven haben, immer wieder fest, dass einer der Hauptfaktoren für schlechte Stimmung, Demotivation, Skepsis der Mitarbeiter darin besteht, dass die Menschen sich unzureichend über die Strategie ihrer Firma und des Managements informiert fühlen. Das geht meist so weit, dass sie entweder vermuten, eine solche Strategie existiere überhaupt nicht (womit sie leider zuweilen ganz richtig liegen) oder aber, es werde in Wahrheit eine Strategie verfolgt, die ihren Interessen zuwiderlaufe und deshalb sollten sie von den eigentlichen Absichten hinsichtlich der Zukunft des Unternehmens nichts erfahren. In beiden Fällen ist das Fehlen von »Orientierungswissen« in der Belegschaft die entscheidende Bremse für Leistung, Motivation, Kreativität der Menschen. Man begibt sich in Wartehaltung, beginnt bewusst nichts Neues, setzt seine Energie für die skeptische Beobachtung des Arbeitsumfeldes ein, hört das Gras wachsen. Die Kommunikation konzentriert sich mehr und mehr auf den Flurfunk und die Erörterung von Gerüchten. In Firmen, in denen Unternehmensleitung und Vorgesetzte regelmäßig erzählen, was geplant und entschieden wird, welche

Weichenstellungen anstehen und welche Optionen diskutiert werden, tritt dieses Phänomen nicht auf.

Ein anderes Beispiel betrifft das Wissen von Mitarbeitern über den Kontext ihrer Arbeit. In vielen Unternehmen wird »der Kunde« ausdrücklich groß geschrieben. »Der Kunde« gilt als eigentlicher Arbeitgeber, der letztlich derjenige ist, der zahlt, »der Kunde« steht im Mittelpunkt. So richtig das auch ist, in vielen Firmen bleibt es bei solchen Statements. Für die Mitarbeiter, beispielsweise in der Herstellung, bleibt »der Kunde« völlig abstrakt. Aber es geht auch anders.

> In einem mittelständischen High-Tech-Unternehmen sprachen die Facharbeiter in der Produktion auffallend häufig und intensiv über die Kunden. Sie kannten deren spezielle Bedürfnisse sehr gut, wussten auch, worauf es den Abnehmern ankam und waren sichtlich stolz darauf, dass ihre Arbeit von den Kunden geschätzt wurde. Das war insofern verwunderlich, als diese Leute nie selbst mit den Kunden der Firma in Kontakt kamen. Die Produkte der Firma wurden an Unternehmen in der ganzen Welt geliefert, während die Arbeiter jeden Tag in die Werkshalle gingen und ihr Leben in der Provinz verbrachten. Es stellte sich allerdings heraus, dass es eine feste Tradition in der Firma gab. Am Ende der Arbeitswoche fanden sich die Leute in der Herstellung zu einem gemeinsamen Abschlussessen zusammen, und dabei berichteten die Vertriebsleiter einmal im Monat von ihren Erlebnissen mit den Kunden. Sie erzählten, was das für Unternehmen waren und berichteten über die Erfahrungen, die die Kunden mit den Produkten des Unternehmens machten. Lob gaben sie ebenso weiter wie Verbesserungsvorschläge. Diese Form des Storytellings hatte der Unternehmensgründer bereits in der Anfangszeit der Firma eingeführt, und sie wurde seither fortgesetzt.

Für die Mitarbeiter dieser Firma wird »der Kunde« vorstellbar. Sie können sich ein konkretes Bild davon machen, wie ihre Produkte eingesetzt werden, wer sie nutzt, was man daran schätzt und sie erleben auf lebendige Weise über die

Jahre auch die Entwicklung des Kundenumfeldes mit. In vielen Fällen wissen die Mitarbeiter, die spezielle Teile anfertigen, dann sogar, für wen sie die aktuelle Serie produzieren.

Durch das einfache Mittel des Erzählens wurde sehr viel besser als durch aufwändige Maßnahmen zur internen Kommunikation Orientierungswissen vermittelt, das sich im ganzen Unternehmen positiv auswirkt und die Mitarbeiter deutlich motiviert.

Die Entdeckung der Unternehmenswirklichkeit

Analysieren und intervenieren mit Storytelling

Unternehmen bestehen aus Geschichten. In jedem Unternehmen kursieren Geschichten, machen Anekdoten die Runde, es gibt Witze, die jeder kennt, Episoden, die von Flur zu Flur wandern.

Aus der Sicht des Soziologen Gerhard Schulze sind Unternehmen ein »Strom von Episoden« (Schulze 2000, S. 50). Wenn diese Episoden sich besonders einprägen, wenn sie den »Sinn« oder auch »Un-Sinn« des eigenen Tuns und Erlebens und der Organisation im Ganzen »ver-sinn-bildlichen«, verdichten sie sich zu Geschichten und werden weitererzählt. In der Summe und mit der Zeit ergeben alle diese Geschichten Einzelner ein umfassendes Bild der Kultur des Unternehmens.

Was von den Mitarbeitern in Kaffeeküchen, Kantinen und auf den Gängen, zu Hause oder beim Telefonat mit der befreundeten Kollegin so alles erzählt wird, könnte also ein ziemlich genaues Bild über die Stimmung, die Annahmen und Erfahrungen im Unternehmen zeichnen, wenn all diese kleinen Puzzlesteine denn mal zusammengesetzt werden würden. Aber das Geheimnis von Flüsterpost und Flurfunk ist eben, dass diese Unternehmensgeschichten in gewisser Weise, obwohl freimütig weitergegeben, ein Geheimnis bleiben. Wie ein Bach, dessen Rauschen man nicht mehr bewusst wahrnimmt, wenn man lange an seinem Ufer wohnt, plätschern viele Informationen in den Kanälen der fein verzweigten Subkultur der Kommunikation im Unternehmen unterhalb der Wahrnehmungsgrenze der Chef-Etagen vorbei.

Storytelling-Analyse: Aus Geschichten die Wirklichkeit rekonstruieren

Manchmal verlieren Unternehmen die Orientierung, wenn sich ihre Manager allzu sehr mit ihren eigenen Vorstellungen beschäftigen und dabei ihre Ohren und Augen für alles andere verschließen. Aber sie gewinnen sie wieder zurück, wenn sie ihre wichtigsten Informationsquellen wiederentdecken: ihre Mitarbeiter. Oft existieren innerhalb einer Firma aber unterschiedliche Erklärungen darüber, wie ein Problem entstanden ist. Damit ist nicht gemeint, dass der schwarze Peter unternehmensintern weitergegeben wird. Viel schädlicher ist es, wenn ein versteckter Dissens über die wirklichen Ursachen von bestehenden Problemen die Lösung behindert. Das kostet Zeit, Kraft und Motivation und ist unserer Erfahrung nach eine der Hauptursachen, wenn in einem Unternehmen Lösungsstrategien nicht greifen, angestrebte Erfolge sich nicht einstellen und der Eindruck herrscht, die Menschen verweigerten sich jeder Veränderung und beharrten auf eingefahrenen Wegen. Jeder Lösungsweg legt eine bestimmte Erklärung der Ursachen zugrunde. Wenn alle Beteiligten sich einig sind, wo die Wurzel für den Verkaufsrückgang, die schlechte Stimmung oder eine Krise liegt, können auch alle die Lösung unterstützen. Aber wo es verschiedene Herleitungen für ein Problem gibt, ist eine gemeinsame Anstrengung der Menschen für die Lösung unwahrscheinlich. Den Dissens innerhalb des Unternehmens über die wahren Ursachen eines Problems zu beseitigen ist eine wesentliche Voraussetzung für eine reibungsarme, zielführende Zusammenarbeit. Solchen abweichenden und einander widersprechenden Erklärungsmodellen kann man durch Geschichten besonders gut auf die Spur kommen.

Als wir vor einigen Jahren zu einer Firma gerufen wurden, die Spezialfahrzeuge herstellt, war der Auftrag ebenso umfassend wie vage: »Wir möchten wissen, was hier eigentlich wirklich los ist!« Nach einem dramatischen Einbruch der Geschäftszahlen hatte das Management gewechselt und in kurzer Zeit ein radikales, aber schlüssiges Konzept erarbeitet, um die Krise zu meistern. Es gab Kostensenkungsprogramme und konsequent überarbeitete Prozesse, es hatte eine Kundenbefragung gegeben und daraufhin eine völlige neuartige Produktionsphilosophie. Auf dem Papier sah alles gut aus, es hätte wirken müssen – tat es aber nicht. Der Auftragseingang hatte sich zwar schon etwas erholt, aber trotzdem blieben die Zahlen weiter im Keller. Im Unternehmen gab es massive Probleme und Konflikte und ein Management, das den Verdacht hegte, dass es von der Belegschaft im Stich gelassen, wenn nicht sogar sabotiert wurde.

Man hatte davon gehört, dass wir mit Mitarbeitererzählungen arbeiten, dass wir über das Erzählen, über die Analyse von Geschichten aus dem Unternehmen tief sitzenden Überzeugungen, Widersprüchen, aber auch Potenzialen und Anknüpfungspunkten auf die Spur kommen konnten. Storytelling war damals in Deutschland etwas Neues und die Situation des Unternehmens war eine, in der wirklich nur noch etwas Neues zu helfen schien.

Innerhalb von drei Wochen führten wir nahezu 40 Gespräche an den unterschiedlichsten Stellen des Unternehmens: mit Ingenieuren und Industriemechanikern, Konstrukteuren und Vertriebsmitarbeitern, Controllern und Einkäufern. Jedes Gespräch fand unter vier Augen statt, jedes Gespräch wurde auf Band aufgezeichnet, und jedem Gesprächspartner wurde absolute Anonymität zugesichert.

Die erste Überraschung erlebten wir dann schon gleich zu Anfang: Eigentlich hatten wir erwartet, in einer solch angespannten Lage bei der Belegschaft auf Skepsis zu stoßen, dass es Probleme mit der Gesprächsbereitschaft der Mitarbeiter geben würde – aber selbst der Betriebsrat begrüßte ein Projekt, in dem die Erzählungen der Mitarbeiter den Ausgangspunkt für eine Veränderung darstellen sollten.

Und es gab sehr, sehr viel zu erzählen in diesem Unternehmen, die meisten der »Storyteller« waren erst nach über einer Stunde fertig mit ihrer Geschichte: Sie erzählten, wie es früher, zu den Glanzzeiten des Unternehmens gelaufen war, sie erzählten von Zukäufen, von den Problemen, die es danach mit den unterschiedlichen Kulturen gegeben hatte, sie erzählten von den ersten Anzeichen der Krise, von den häufigen Management- und Strategiewechseln, von dem Schock, den das Bekanntwerden der momentanen Lage ausgelöst hatte und von ihren Bemühungen, das neue Produkt- und Produktionskonzept in die Tat umzusetzen, aber auch von Irritationen bei den Kunden über die geänderte Produktlinie.

Hunderte von Seiten umfasste schließlich die Abschrift all dieser Erzählungen und Geschichten: Im Zusammenhang betrachtet ergaben sie ein umfassendes Bild von den Sichtweisen und Erfahrungen, den Einschätzungen und Begebenheiten, die das Unternehmen derzeit prägten – ganz gleich ob in den Werken oder den Büros. Zusammengenommen ergab sich aber auch eine große Geschichte, die deutlich anders aussah als die Geschichte, die uns die Manager beim Briefing erzählt hatten, um die Lage zu beschreiben. Die Geschichte aus der Sicht des Managements lautete ungefähr so:

> Die Firma ist traditionsreich und war auf ihrem Gebiet lange Zeit sehr erfolgreich. Dabei ist sie leider aber auch satt und träge geworden. Man hat sich nicht früh genug verschlankt, modernisiert und zeitgemäß aufgestellt. Und als dann quasi über Nacht die Krise kam, half nur noch eine Radikalkur, bei der alle sich von den bisherigen Praktiken und Konzepten verabschieden mussten, um die Karre wieder aus dem Dreck zu ziehen. Und genau an diesem Punkt schien die Belegschaft zu versagen; sie konnte oder wollte die neuen Konzepte nicht schnell genug umsetzen.

Die Geschichte, die sich nach und nach aus dem Storytelling herauskristallisierte, war dagegen etwas länger und etwas komplizierter, auch wenn sie zunächst genau gleich anfängt:

Die Firma ist traditionsreich und war auf ihrem Gebiet lange Zeit sehr erfolgreich. So erfolgreich, dass sie gerade in den letzten Jahren noch einmal stark gewachsen ist. Man übernahm verschiedentlich kleinere Unternehmen, deren Marktanteile und deren Know-how man gut brauchen konnte, um zu expandieren. Es gab daraufhin mehrere Umstrukturierungen und entsprechende Führungswechsel im Unternehmen, aber für die kulturelle Integration dieser neuen Unternehmensteile nahm man sich keine Zeit. Die daraus folgenden Konflikte blieben allerdings unter der Decke, solange der Erfolg anhielt. Das Management war derweil weiter auf das Hauptziel »Expansion« konzentriert. Umsatzsteigerung und Auftragseingänge standen auf der Liste der Ziele für alle Verantwortlichen obenauf. Es gab Warner unter den Vertriebsleuten, Ingenieuren und auch Controllern, die darauf hinwiesen, dass manche der Zusagen, die man gemacht hatte, um Kunden zu gewinnen, nur unter Schwierigkeiten eingehalten werden könnten, aber sie wurden ignoriert. Die Devise lautete: Jeden Auftrag an Land ziehen – um jeden Preis. Die Qualität begann unter dem Druck zu leiden, Aufträge wurden nicht termingerecht fertig und man musste eine Reihe von Fahrzeugen letztlich unter dem Gestehungspreis verkaufen.

Als Reaktion auf dieses Desaster tauschte die Firma das alte Management aus und suchte nun eine neue Führungsmannschaft mit Troubleshooterqualitäten. Diese neue Führung sah nun vor allem einen Faktor als rettungsbringend an: die Kosten für die Produkte dadurch zu senken, dass man anders als bisher mit wesentlich mehr Gleichteilen arbeitete, die Fertigungstiefe erheblich reduzierte und im Prinzip zu einer Art Serienproduktion überging. An genau diesem Punkt, so die Sicht der Mitarbeiter, arbeitete man nun.

Nicht nur die Geschichte zeigte sich jetzt vielschichtiger, auch die Ursachen für die Krise sahen im Lichte dieser Erzählungen wesentlich anders aus als in der Darstellung der Manager. Management und Mitarbeiter zeigten eine Differenz der Wahrnehmung – ganz einfach, weil beide Gruppen eben nicht die gleiche Geschichte erlebt hatten. Bei der Durchsicht der Mitarbeitererzählungen wurde schnell klar, dass es ein grundsätzliches Misstrauen in die Führung gab – für das die neuen Verantwortlichen zunächst gar nichts konnten. Aber die Mitarbeiter, die die letzten Jahre im Unternehmen verbracht hatten, hatten erlebt, dass man ihnen nicht zuhörte, dass auch ihre Erfahrungen mit Kunden, ihre Warnungen vor Qualitätsverlusten und unrealistischen Zeitplänen nicht beachtet wurden, dass selbst Expertisen, die man von ihnen angefordert hatte, ignoriert worden waren. Viele Mitarbeiter hatten innerhalb von zwei Jahren drei oder vier Führungswechsel und Umstrukturierungen mitgemacht und erlebt, dass danach der ganze Laden zusammenzubrechen drohte. Ihr Vertrauen in Führung ganz allgemein war nahezu aufgebraucht. Und nun war ein neues Management mit neuen Plänen gekommen und machte sich sein Bild und seine Strategie wiederum ohne diejenigen, die das Produkt, die Branche und die Technik schon lange kannten. Die Fäden liefen nicht mehr beim Management zusammen, die Fäden waren schlicht abgerissen.

Dieser Aspekt lag bei der Betrachtung der Erzählungen aus dem Unternehmen mehr oder weniger offen zutage. Wesentlich schwieriger aber war zu erklären, warum die Umsetzung des neuen Serienkonzeptes sich eigentlich tatsächlich so schwierig gestaltete. Wir gingen also systematisch alle Zusammenhänge und Anekdoten durch, in denen dieses Problem eine Rolle spielte. Dabei erlebten wir die zweite Überraschung: Es gab in der Belegschaft kaum Kritik an diesem Konzept. Die Mehrheit der Mitarbeiter schien der Strategie positiv gegenüberzustehen, ja eine beträchtliche Anzahl erzählte über den aktuellen Stand des Unternehmens so, als sei die Serienproduktion bereits erfolgreich umgesetzt und nun warte man nur noch den erwarteten positiven Effekt ab!

Die dritte Überraschung lag in der Tiefe der Erzählungen. Zunächst erzählten alle so, dass man den Eindruck gewinnen musste, das neue Konzept sei bereits Realität geworden: Tatsächlich gab es standardisierte Grundmodelle, tatsächlich wurden mehr Gleichteile als früher verarbeitet, tatsächlich waren entsprechende Basismodule der Ausgangspunkt. So weit, so gut. Aber je mehr sich ein Auftrag dem Ende näherte, je weiter man Richtung Kunde ging, desto mehr wurden im Laufe der Fertigstellung individuelle Kundenwünsche berücksichtigt, bis das »Serien«-Produkt peu à peu schließlich doch wieder »customized« war. Keinem Erzähler war bewusst, was er da im Laufe seiner Geschichte für gewaltige »Schleifen« einbaute, um den Widerspruch zwischen Unternehmenslinie und Kundenwünschen zu »verschleiern«. Die Storytelling-Erzählungen bildeten den Spagat nach, in dem die Firma sich befand: In der Konstruktion und Herstellung war es den Mitarbeitern quasi unter der Hand gelungen, gleichzeitig zwei Herren zu dienen und widerstreitende Motive und Überzeugungen scheinbar zu vereinen: Sie erfüllten die Anforderungen des Managements nach Serienproduktion und gleichzeitig die Ansprüche von Kunden, die es in der teils langjährigen Zusammenarbeit mit der Firma gewohnt waren, auf ihre Bedürfnisse zugeschnittene Produkte zu bekommen. Dass dabei zwar Aufträge, aber wenig finanzielle Vorteile herauskamen, war jetzt klar: Die Einsparungen durch die Vormontierungen wurden bei den individuellen Anpassungen wieder »verbraucht«.

Was beim Management als »Widerstand« der Belegschaft ankam, war in Wirklichkeit das Ergebnis eines Kompromisses: Der Kunde war nur zu halten, wenn er auch seine Wünsche in das Produkt einbringen konnte, dem Management konnte man das aber nicht vermitteln. Also ging man in Vertrieb und Produktion, nicht heimlich, aber quasi »unbewusst« gemeinsam mit dem Kunden einen Mittelweg zwischen »Serie« und »customized«.

Bei der Präsentation der Ergebnisse und Erkenntnisse, die die Analyse des Storytellings erbracht hatte, wurde den Verantwortlichen schlagartig klar, dass sie das Unternehmen im Grunde gar nicht mehr führten: Es hatte sich in gewisser Weise verselbständigt. Und auch den Kunden hatte man trotz der durchgeführten Befragung missverstanden: Man hatte Daten über ihn erhoben, welche Farbe, welche Spurbreite, welche Materialien und Größen er bevorzugt und aus diesen Informationen ein »One-size-fits-all«-Modell geschnitzt. Aber man hatte übersehen, dass man Kunden zwar auch über den Preis gewinnen konnte, aber eine wichtige Voraussetzung für einen Auftrag eben auch war, den Kunden weiterhin individuell zu bedienen.

Die Begegnung mit der Wirklichkeit des Unternehmens, wie sie sich außerhalb der Wahrnehmungsschwelle des Managements entfaltet hatte und wie sie bei der Storytelling-Analyse sichtbar wurde, war ein schwerer Brocken für die Führung des Unternehmens. Und nicht jeder verdaute ihn. Ein Mitglied des Managements verließ das Unternehmen. Aber im weiteren Verlauf der Entwicklung zeigte sich, dass nun entscheidende Dinge bearbeitet werden konnten, die vorher ungeklärt (und unerklärt) geblieben waren. Dazu gehörte selbstverständlich eine neue Kommunikations- und Vertrauenskultur im Unternehmen. Dazu gehörte ebenso eine Neuorganisation der Herstellung, die den Widerspruch zwischen unterschiedlichen »Wirklichkeiten« auflösen konnte: Die Firma stellt heute – erfolgreich – einerseits Serienfahrzeuge her und fertigt parallel dazu Produkte, die in Zusammenarbeit mit dem Kunden individuell gefertigt werden.

Geschichten als Spiegel des Unternehmens

Vorausgegangen war dieser unserer Methodik, Storytelling zur Analyse von akuten Problemlagen und zur Erarbeitung gezielter Lösungsstrategien einzusetzen, eine einfache Überlegung: Wenn Unternehmen aus Geschichten bestehen, wenn die Menschen in der Organisation tagtäglich einander mit Geschichten informieren, mit Hilfe von Geschichten kommunizieren, wenn sie anhand von Erzählungen das Erlebte reflektieren und verarbeiten – liegt es dann nicht auf der Hand, mit Hilfe dieser Geschichten herauszufinden, was wirklich im Unternehmen vorgeht? Spiegeln nicht all diese Geschichten wider, wie im Unternehmen gedacht, gehandelt, mit Realität umgegangen wird? Sind arbeitsbiografische Erzählungen nicht auch ein Speicher der Denkmuster, der Werte, der Einschätzungen und Vorstellungen, die im Unternehmen herrschen. In den Geschichten zeigt sich, wie die Menschen im Unternehmen das Unternehmen sehen.

Wir wissen aus den Humanwissenschaften, dass die Menschen ihre Handlungen danach ausrichten, was sie für »wirklich« halten. Unsere Handlungen, unser Verhalten stehen in permanenter Wechselbeziehung zu unserem Weltbild: Unsere Annahmen darüber, was möglich und unmöglich, was erwünscht und unerwünscht, was praktikabel und chancenreich, was »normal« und was »abweichend« ist, bestimmen maßgeblich, was wir tun. Menschen, die neu in eine Gruppe – etwa ein Unternehmen – kommen, suchen nach Orientierung. Sie erleben, sie beobachten, sie hören zu und versuchen herauszufinden, welche Regeln gelten. Sie fragen sich: Was läuft immer ähnlich ab? Welche Handlungen, welches Verhalten führt zum Erfolg, wird belohnt und anerkannt, was führt zum Ziel? Sie sind dabei immer wieder in der Situation, das, was sie selbst für richtig, erstrebenswert, vernünftig und sinnvoll erachten, mit den Regeln abzugleichen, von denen sie glauben, dass sie in ihrem Umfeld gelten. In jeder Organisation ist damit ein permanentes Spiel im Gange, ein stetiges Abgleichen, Beobachten, Raten, Anpassen und Abweichen. In diesem Spiel bleiben weder der Einzelne noch die Organisation unbeeinflusst. Die Kulturen der einzelnen Menschen und die Kultur des Unternehmens stehen in ständiger Wechselwirkung: Was ist mir wichtig, was ist den anderen wichtig, und wie passt das zusammen? Menschen machen sich ein Bild von ihrem Unternehmen. Beobachtungen, Erfahrungen, Erlebnisse prägen dieses Bild: So läuft es bei uns! Das sind die Regeln! Das braucht man bei uns gar nicht erst zu versuchen! Darum sind wir so, wie wir sind! Das passt nicht zu uns! Der wird hier nicht alt! All diese Überzeugungen sind Ausdruck eines solchen kollektiven Weltbildes der Menschen im Unternehmen, Ausdruck von Überzeugungen, die durch die Alltagserfahrungen und die Kommunikation mit anderen gewonnen wurden. Wie gut dieses Bild, dieses »Unternehmen im Kopf« mit dem Bild zusammenpasst, das das Unternehmen offiziell kommuniziert und »sein will«, ist ein wesentliches Kriterium für die Leistungs- und Entwicklungsfähigkeit von Unternehmen. Die Auswirkungen und Aspekte dieses Zusammenhangs und viele Beispiele dazu sind in unserem Buch »Das Unternehmen im Kopf. Schlüssel zum erfolgreichen Change-Management« (Frenzel/Müller/Sottong 2000) ausführlich beschrieben. Ein anderes Kriterium von erfolgreichen Kulturen besteht darin, wie gut es gelingt, das Zusammenspiel zwischen den Werten, Ansprüchen, Potenzialen des Einzelnen und dem, was sich im Alltag des Unternehmens als wirklich wichtig und gewollt erweist, zu organisieren.

Wo zwischen offizieller und gelebter Kultur Übereinstimmungen herrschen, bilden sich Kraftfelder, in denen vorhandene Potenziale, Ideen und Werte wirksam werden. Wo aber zwischen Rede und Handlungen, Werten und Strukturen Widersprüche bestehen, bilden sich Blockaden und Widerstände, die zu erheblichen Reibungsverlusten führen und das Unternehmen daran hindern, positive Optionen sehen und verwirklichen zu können. Genau hier muss man ansetzen, wenn man eine wirklich dynamische Kultur gestalten will, die den Wandel ermöglicht, den ein erfolgreiches Unternehmen braucht.

Verborgenes Wissen über die Realität entdecken

Doch das ist nicht so einfach; die Regeln und Werte des »Unternehmens im Kopf«, die im Unternehmen vorhandenen Potenziale und Barrieren, die mentalen und kulturellen Voraussetzungen, die in der eigenen Firma herrschen, sind nicht auf den ersten Blick erkennbar. Wer innen ist, wer selbst Teil des Systems ist, hat nur einen Teil des Schlüssels in der Hand. Er sitzt, wie der Kalif Harun al-Raschid, in einem Palast, er residiert im Zentrum und erhält sein Wissen über das Ganze, über das, was außerhalb vorgeht, nur über die Berichte derjenigen, die zu ihm kommen. Der Kalif verfügt über viele wertvolle Daten: Er kennt die Karte seines Landes, die Topografie, die Grenzen. Er kennt die Stärke seiner Truppen, die Höhe der Steuereinnahmen und vieles mehr. Und dennoch weiß er nicht über alles Bescheid, was vorgeht. Sobald er in die Kluft des Kaufmanns schlüpft und mit seinem Wesir Dschafar aufbricht, um in nächtlichen Abenteuern neue Begegnungen zu finden und neue Geschichten zu hören, erfährt er immer wieder Überraschendes: Er hört von Gefahren und Wundern, von Bedrohungen und Errettungen, und einmal sogar trifft er auf einen, der als sein Doppelgänger auftritt und sich Kalif nennt, ohne dass er davon wusste.

Der Kalif lernt eine Realität kennen, die die ganze Zeit existierte – aber nicht für ihn. Eine Realität, die anders und vielfältiger ist, als die, die er aus seinen Daten und Berichten rekonstruieren konnte. Die Wirklichkeit seines Reiches, seiner Welt, entpuppt sich mit jedem seiner Ausflüge als größer, vielfältiger, reicher an Möglichkeiten. Mit seinen Ausflügen wachsen aber nicht nur sein Wissen, sondern auch seine Handlungsmöglichkeiten: Der Kalif, mit dieser bisher unbekannten Wirklichkeit um ihn herum konfrontiert, belohnt und bestraft, schlichtet und spricht Recht. Mit anderen Worten: Er fördert und unterbindet, er stellt angesichts neuen Wissens neue Regeln auf, jede Geschichte, die er hört, hat auch Konsequenzen.

Solches Wissen über die Realität ist eine wesentliche Bedingung für erfolgreichen Wandel. Daher sammeln Unternehmen Wissen auf unterschiedlichen Gebieten: Immer genauer wird die Erfassung der betriebswirtschaftlichen Kennzahlen. Viel Geld wird in die Erstellung von Kundenprofilen, Zielgruppenanalysen ausgegeben. Benchmarkings sollen zeigen, wie es die Konkurrenz macht. Daten über die Mitarbeiter zeigen ihre Entwicklung und Potenziale. Und doch bleibt immer wieder ein blinder Fleck: Was denken Mitarbeiter wirklich? Welche verborgenen Regeln wirken? Welche Möglichkeiten, Fähigkeiten liegen brach? Was verhindert bestimmte Entwicklungen, was mindert den Erfolg von Maßnahmen? Welche Optionen warten darauf, genutzt zu werden?

Kultur ist alles, was wichtig ist

Der blinde Fleck, er betrifft die Kultur des Unternehmens. Die Kultur des Unternehmens wird gerne verantwortlich gemacht, wenn Veränderungen nicht den gewünschten Effekt erbringen. Aber was ist die Kultur des Unternehmens eigentlich genau?

Mit dem Wort »Kultur«, zumal mit dem Begriff »Unternehmenskultur« ist viel Unsinn getrieben worden, und man sollte versuchen, das meiste rasch wieder zu vergessen, was man darüber gehört und gelesen hat. Ernsthaft betrachtet ist der Begriff Kultur nämlich äußerst nützlich, um den Zusammenhang wichtiger Faktoren zu bezeichnen, die bei der Entwicklung und beim Verhalten von Unternehmen eine zentrale Rolle spielen. Eine griffige Definition von Kultur stammt von der Anthropologin Mary Douglas: Für sie ist Kultur im Kern das, was einer Gruppe wichtig ist (Douglas 1991). Dabei geht es um wesentlich mehr als um »Werte«. Was uns wichtig ist, darauf hin lenken wir unsere Energien, darauf konzentrieren wir unsere Ressourcen. Was uns wichtig ist, das beherrscht unser Denken. Dafür sind wir bereit, andere Dinge zu übersehen, links liegen zu lassen – ja sogar Verbote und Normen zu missachten.

Was einem Menschen, einer Gruppe, einer Organisation wichtig ist, das sieht man nicht auf den ersten Blick, das bekommt man oft erst nach längerer Beobachtung und einigem Nachdenken heraus. Denn was wichtig ist, ist nicht immer identisch mit dem, wovon eine Gruppe sagt, dass es ihr wichtig ist! Was dieser Gruppe wirklich wichtig ist, kann man nur erkennen, wenn man das Zusammenspiel von Handlungen, Kommunikationen, Ritualen und dem, was sie alles nicht tut, obwohl sie es tun könnte, beobachtet. Es ist dieses Zusammenspiel von unterschiedlichen Faktoren, aus denen letztlich hervorgeht, nach welchen Regeln die Gruppe versucht, das zu erhalten und zu erreichen, was ihr wichtig ist. Die Gruppe tut immer wieder bestimmte Dinge, sie wendet ganz bestimmte Praktiken und Rituale an, um zu verhindern, dass bestimmte Dinge passieren, und um wahrscheinlich zu machen, dass bestimmte andere Dinge geschehen. Dieses ganze, manchmal simple, manchmal komplexe System von Regeln, Praktiken, Kommunikationen und Zielen: Das ist die Kultur. Und deshalb ist Kultur nicht irgendein Nebenschauplatz, irgendein »add on«, wenn es um Management von Wandel, um Organisationsentwicklung, um Erfolg geht. Im Gegenteil: Kultur ist ein zentraler Erfolgsfaktor. Denn was für eine Kultur herrscht, entscheidet letztlich darüber, welche Chancen, Möglichkeiten, Optionen ein Unternehmen realisieren kann und welche es links liegen lässt, ja noch mehr: Seine Kultur ist dafür verantwortlich, ob ein Unternehmen Optionen überhaupt erkennt oder ob es blind ist für die Möglichkeiten, die auf seinem Weg auftauchen.

Nehmen wir ein Unternehmen aus dem High-Tech-Bereich. Gegründet wurde es von zwei Ingenieuren, beide begeisterte Technikfreaks und Tüftler. Sie finden einen Weg, mit Hilfe einer Software und integrierter Schaltungen Komponenten zu einem System zu verbinden. Was vorher an verschiedenen Geräten Schritt für Schritt bearbeitet werden musste, kann nun an einem Gerät von Anfang bis Ende in einem Prozess hergestellt werden. Die neue Technik ist kompliziert, aber die Möglichkeiten sind faszinierend. Das Produkt revolutioniert den Markt, die Firma expandiert. Die beiden Gründer stellen begabte Ingenieure und Techniker ein, die ebenfalls fasziniert und begeistert sind von der neuen Technologie. Die Atmosphäre in der Firma ist elektrisierend, bis tief in die Nacht wird getüftelt, diskutiert, entwickelt, erprobt. Man bewegt sich ständig im Grenzbereich. Das hat Folgen: Reklamationen häufen sich, weil die neuen Geräte durchaus anfällig sind, es gibt erhöhten Servicebedarf. Die Vorteile der neuen Technik sind weiterhin das beste Verkaufsargument. Aber die Kunden haben auch andere Bedürfnisse. Ihnen ist Zuverlässigkeit und Robustheit des Systems wichtig, und auch einfache Bedienbarkeit: Als Anwender sind sie täglich damit konfrontiert, schnell Ergebnisse abliefern zu müssen, und dazu müssen sie Routinen entwickeln können. Für die Mitarbeiter des Unternehmens aber ist es wichtig, die Technik auszureizen, immer neue Funktionen zu integrieren, neue Komponenten zu erproben. Sie sind verspielt, fasziniert, auch risikofreudig. Die Geräte, die der Kunde will, finden sie eigentlich langweilig. Auf die Kundenwünsche einzugehen scheint zu bedeuten, das aufzugeben, was ihnen wirklich wichtig ist. Der Kunde beginnt zu stören. An diesem Punkt tun sich gleichzeitig eine Reihe von Optionen für die Firma auf: Ob die Störung durch den Kunden produktiv werden kann, ob das Unternehmen die Möglichkeiten erkennen und nutzen kann, hängt davon ab, welche Elemente in der Kultur des Unternehmens noch darüber hinaus vorhanden sind und wie diese Faktoren zusammenwirken. Letztlich geht es also darum, wie die Firma als Ganzes sich selbst und die Welt »denkt«: Wenn sich aufgrund der Praxis, immer wieder ähnliche Typen von Menschen einzustellen und zu fördern, Denkmuster wie »Technische Innovation ist der Garant für Erfolg (und sonst gar nichts)«, »Die Firma ist dazu da, uns die Möglichkeit zur Entwicklung neuer Technologien zu geben«, »Die eigentliche Firma sind wir Techniker – Vertrieb, Kundendienst und Verwaltung sind zwar notwendig, aber nachrangig«, »Die Kunden folgen immer den Innovationen – nicht umgekehrt« herausgebildet haben, dann wird das dazu führen, dass das Unternehmen scheitert – und dabei werden bis zum letzten Moment alle glauben, eigentlich auf dem richtigen Weg zu sein.

So drastisch und auf der Hand liegend sind die Dinge glücklicherweise nicht immer. Aber dass Kultur »wirkt«, dass alle Unternehmen Weltbilder und entsprechende Denk- und Verhaltensmuster ausprägen und tradieren, die darüber entscheiden, ob und wie sie Chancen sehen und nutzen können, ist ein unumstößliches Faktum.

Die Kultur eines Unternehmens fällt nicht vom Himmel: Sie ist das Ergebnis von Entscheidungen, Strukturen, Kommunikationen, die bei vielen immer wieder zu ähnlichen Erlebnissen und Beobachtungen führen. Was wichtig ist, nach welchen Prinzipien das Unternehmen funktioniert, das erschließen Mitarbeiter aus dem, was sie beobachten. Sie ziehen Folgerungen aus dem, was sie erleben, und sie bilden Annahmen über die Gesetzmäßigkeiten, die im Unternehmen gelten. Und solange sich nicht wirklich etwas verändert, bestätigen sich diese Annahmen selbst. Weil man glaubt, dass es so ist, handelt man entsprechend und sorgt dafür, dass es immer mehr so wird, wie man denkt, dass es ist. Die Annahmen über die Kultur sind selbstverstärkend, solange sie nicht nachhaltig gestört werden. Eine Intervention zu leisten, die zu einem Wandel der Wahrnehmung, der Annahmen und damit des Verhaltens führt, ohne dabei gleich das Kind mit dem Bade auszuschütten, setzt voraus, dass man die Annahmen und Überzeugungen, die versteckten Spielregeln und Rituale überhaupt erst einmal erkennt und ihr Zusammenspiel versteht.

Man könnte einen Zugang von außen durch langfristiges Beobachten schaffen, indem man mit dem System mitlebt und es dabei erforscht. Das wäre eine echte soziologische Herausforderung, und tatsächlich greifen in den USA manche Unternehmen zuweilen zu diesem Mittel, um Problemen oder auch Verbesserungspotenzialen auf die Spur zu kommen. Dieses Verfahren hat nur einen Nachteil: Es ist sehr zeitaufwändig und teuer. Es gibt aber eine andere Möglichkeit, der Kultur, dem im Hintergrund wirksamen Weltbild, den Realitätsannahmen im Unternehmen auf die Spur zu kommen und sich ein Bild von dem zu verschaffen, was wir das »Unternehmen im Kopf« nennen: Das Harun-al-Raschid-Prinzip, die Kraft des Erzählens.

Das Unternehmen im Kopf entdecken

Was Menschen aus ihrem Unternehmen und über dieses Unternehmen erzählen, spiegelt ihre Annahmen und Überzeugungen, ihr Bild vom Unternehmen wider. In den Erzählungen gewinnen die Möglichkeiten und Werte, die Widersprüche und Hindernisse, die sich hinter der Alltagsroutine verbergen, auf vielfältige Weise Gestalt. Deshalb ist das Harun-al-Raschid-Prinzip hervorragend geeignet, um das »Unternehmen im Kopf«, die gelebte Kultur und damit auch den tatsächlichen Ansatzpunkt für einen erfolgreichen Wandel zu identifizieren. Der Weg dahin führt über das Erzählen-Lassen, das intensive Zuhören, das Sammeln und genaue Untersuchen von Geschichten, die zusammen ein ganzes Bild des Unternehmens ergeben. Wir nennen das die »Storytelling-Analyse«. Die Storytelling-Analyse nutzt die hier bereits mehrfach angesprochenen Eigenschaften des Erzählens: Erlebtes wird in eine Ordnung gebracht, Zusammenhänge werden hergestellt, Ereignisse, Veränderungen, Handlungen werden strukturiert, Wissen mit einem konkreten Kontext verknüpft.

Arbeitsbiografisches Erzählen als Ausgangspunkt

Um möglichst vergleichbare und umfassende Geschichten zu erhalten, bitten wir bei einem Storytelling-Projekt bestimmte, nach verteilungslogischen Kriterien ausgewählte Mitarbeiter, ihre Arbeitsbiografie im Unternehmen zu erzählen: Ausgangspunkt ist also jeweils die eigene Geschichte mit dem Unternehmen.

»Erzählen Sie doch bitte Ihre Geschichte in diesem Unternehmen. Gehen Sie in Gedanken zurück: Wie kamen Sie hierher? Wie war es am Anfang, in den ersten Tagen und Wochen? Und was ist dann geschehen? An was erinnern Sie sich, was war Ihrer Meinung nach wichtig, was hat sich verändert, wie ging es weiter bis zu dem Punkt, an dem Sie heute stehen?«

So beginnt ein Storytelling-Gespräch, wenn wir eine Analyse durchführen. Es ist die Bitte um eine Geschichte. Eine Geschichte, die Teil des Lebens des Erzählers ist, ein Stück seiner Biografie: sein Leben in dieser Organisation. Man erzählt sich selbst in Beziehung zu dem, was für einen selbst die Organisation, die Firma, das Unternehmen eigentlich ist. Die Bitte um diese Geschichte bedeutet eine ganze Serie von Herausforderungen: die Herausforderung des Erinnerns: Was ist eigentlich hängen geblieben aus dieser Zeit? Was ist typisch und was war besonders? Was hat mich geprägt? Was habe ich beeinflusst? Was hat sich gewandelt und was ist gleich geblieben? Die Herausforderung des Sortierens, Ordnens: Was ist überhaupt erzählenswert? Was war und ist wichtig? Was war ereignishaft? Was war schön und was war schwierig? Die Herausforderung der Verständlichkeit: Was muss erwähnt werden, damit ein anderer Mensch überhaupt verstehen kann, wie diese Geschichte funktioniert? Wie dieses Unternehmen funktioniert? Was dazugehört, welche Personen, Strukturen, Handlungen, Regeln herrschen? Und schließlich, im Verlauf des Erzählens immer deutlicher, die Herausforderung des Sinns:

Wie hängt das eigentlich alles zusammen? Wie erklärt sich das? Wie erkläre ich mir das?

Im Verlauf des Erzählens bilden sich unwillkürlich, ohne dass es dem Erzähler bewusst ist, nach und nach Muster heraus: zum Beispiel Zeitmuster. Über bestimmte Phasen und Situationen gibt es viel zu erzählen – Projekte, die die ganze Energie forderten und zu neuen Lösungen führten, Konflikte, die bewältigt werden mussten, Umbrüche, in denen es galt, neue Orientierung zu finden. Dann wieder Phasen, die zwar lange dauerten, die aber mit wenigen Sätzen abgehandelt werden können, weil in ihnen wenig geschah, weil in ihnen Alltag und Routine vorherrschten. Oder: Muster der Wiederholung. Bestimmte Vorgehensweisen, bestimmte Zusammenhänge, bestimmte Reaktionen kommen in unterschiedlichen Situationen auf die gleiche Art und Weise zum Tragen. Bestimmte Gruppen reagieren immer wieder auf ähnliche Weise. Oder aber zentrale Ereignisse: Änderungen, nach denen »alles anders« wurde. Das Auftauchen oder Verschwinden prägender Personen, der Übergang zu einer anderen Organisationsform, Produktwechsel, Innovationen. Dazu gibt es Muster der Erklärung: Wie kam es dazu? Unter welchen Bedingungen gelang etwas und was führte dazu, dass etwas anderes scheiterte?

Das erzählte Unternehmen in solch einer Arbeitsbiografie wird mehr und mehr lebendig: Es besteht nicht nur aus einer Ansammlung von Fakten, aus einer Auflistung von Geschehnissen, sondern in der Erzählung selbst wird deutlich, wie eins aus dem anderen hervorgeht. Im Medium des Erzählens werden Aussageformen miteinander kombinierbar, die sonst nur getrennt vorkommen: Beschreiben, Erklären und Bewerten werden eins.

Innerhalb der biografischen Gesamterzählung können bestimmte Erklärungen, Muster, Zusammenhänge wiederum durch Geschichten wiedergegeben werden: »Das war nämlich damals so …«, »Ich erzähle mal eine typische Begebenheit aus der Zeit.« Der Erzähler muss nicht analytisch reflektierend argumentieren, wie er bestimmte Sachverhalte beurteilt, und er muss sie nicht ausdrücklich bewerten: Es genügt, was er auswählt und wie er bestimmte Episoden miteinander verknüpft, um bestimmte Informationen zu erzeugen. Es ist die Struktur der Geschichte, das Wie der Erzählung, die Bedeutungen mit erzeugt, die der Erzähler selbst vielleicht nur ahnt, die er auf andere Art so nicht ausdrücken könnte, die aber gleichwohl seine Einschätzungen, Vermutungen, Thesen darüber, wie die Welt des Unternehmens funktioniert, widerspiegeln.

So entsteht durch eine solche Erzählung im Verlauf von 30 bis 60 Minuten auch eine Geschichte des Unternehmens und seiner Kultur, seiner offenen und versteckten Regeln, seiner Stärken und Eigenarten, seiner Identität, aus der Sicht eines Menschen, der es über lange Zeit Tag für Tag erlebt und mitgestaltet hat.

Corporate Mind: Die gemeinsame Geschichte vieler

Natürlich ist eine solche Erzählung individuell. Das Bild vom Unternehmen, das sich aus dieser Geschichte ableiten lässt, ist subjektiv. Die positiven oder negativen Merkmale des Unternehmens, seiner Kultur, seiner Organisation, die in dieser Erzählung auftauchen, verdanken sich vielleicht eher dem Zufall: Vielleicht hatte hier jemand nur Pech, und hat eines der wenigen schwarzen Schafe als Führungskraft erwischt? Oder Glück dabei, genau an der richtigen Stelle im Unternehmen zu landen, wo die eigenen Fähigkeiten optimal passten und gebraucht wurden? Was aber, wenn man ähnliche Geschichten, ähnliche Annahmen über das Unternehmen, ein vergleichbares Grundmuster in den Erzählungen unterschiedlicher Menschen immer wieder findet? Wenn Menschen verschiedener Funktionen und Positionen, verschiedenen Alters und Geschlechts ihre Geschichten erzählen, und diese Geschichten zwar zwangsläufig von individuellen Erlebnissen und Tätigkeiten, Karrieren und Kooperationen erzählen, dahinter aber immer ähnliche Regularitäten auftauchen? Wenn all diese Erzählungen, übereinander projiziert, ein Bild durchscheinen lassen, ein Modell, das jenseits aller Einzelheiten mit jeder weiteren Geschichte deutlicher hervortritt?

Genau dies zeigt sich bei der Storytelling-Analyse: Menschen, die unter den gleichen Umständen arbeiten, kooperieren, erleben und kommunizieren, die Tag für Tag im selben Unternehmen tätig sind und ihre Erfahrungen machen, die den gleichen Regeln – ob offenen oder versteckten – unterworfen und von den gleichen Entscheidungen betroffen sind, entwickeln eine gemeinsame Geschichte, Kultur, ein gemeinsames Bild von der Welt des Unternehmens. Sie entwickeln ähnliche Grundannahmen darüber, was die Werte und Kausalitäten in dieser Welt sind, was in ihr tatsächlich wichtig ist, was in ihr möglich und unmöglich, erwünscht und unerwünscht, Erfolg versprechend und risikoreich ist. Das bedeutet nicht, dass alle Mitarbeiter diese Welt gleichermaßen bewerten und gleichermaßen gut mit ihr zurechtkommen. Es bedeutet aber, dass sie diese Welt ähnlich sehen und aufgrund dieser An-Sicht handeln. Diese kollektiven Annahmen werden durch die Erzählungen und Geschichten, die alltäglich im Unternehmen kursieren, noch verstärkt: Denn Anekdoten, Witze und Gerüchte verbreiten sich doch genau dann erfolgreich im Unternehmen, wenn sie an die kollektiven Annahmen anschlussfähig sind. Eine Geschichte, die der Flurfunk über Tage und Wochen hinaus anheizt und die Menschen beschäftigt, ist ein sicherer Indikator dafür, dass im Corporate Mind, in der kollektiven Vorstellung Annahmen herrschen, die diese Geschichte plausibel, wahrscheinlich und relevant erscheinen lassen.

Solche Annahmen, und das ist ein zentraler Punkt, können deutlich abweichend, ja entgegengesetzt zu dem sein, was das Unternehmen offiziell sein oder realisieren möchte: Offizielle Regeln, Strukturen, Maßnahmen und Programme zielen auf das eine, aber das Unternehmen in den Köpfen, das, was die Mitarbeiter für eigentlich real und wirksam halten, ist etwas ganz anderes – und genau hier entstehen Kosten, Reibungsverluste und werden Chancen verspielt.

Genau diese Differenzen und Spannungsfelder identifizieren zu können ist eine der Leistungen der Storytelling-Analyse. Als Ergebnis der Auswertung der Erzählungen der Mitarbeiter erscheint ein Bild der Zusammenhänge zwischen Kommunikationen, Handlungen, Entscheidungen, Maßnahmen und den daraus folgenden Annahmen über die tatsächlichen Regeln, Werte, Muster im Unternehmen. Nach und nach zeigt sich ein Gesamtmuster der Kultur des Unternehmens: das, was auf einer tieferen Ebene den Mitarbeitern und ganz bestimmten Gruppen in der Organisation wirklich wichtig ist, was sie für bestimmend, real etc. halten. Es zeigen sich Regeln, die intern wirken, und es zeigt sich, warum bestimmte Maßnahmen nicht oder anders als erwartet wirken. Und genau dies liefert Ansatzpunkte für eine gezielte Intervention.

Dadurch werden beide Seiten – das Management, die Verantwortlichen für bestimmte Funktionen und Programme und die davon betroffenen Mitarbeiter – neu informiert. Die Verantwortlichen können auf einmal erkennen, welche Folgerungen, Vorstellungen, Erklärungen ihre Maßnahmen auslösen und welche Handlungen daher erfolgen oder unterbleiben. Aber auch die Mitarbeiter erkennen durch die Spiegelung ihrer eigenen Denk- und Verhaltensmuster, dass auch sie selbst bestimmte Phänomene nur im Lichte bestimmter Vorstellungen betrachten. Somit entsteht ein Raum, in dem alle Beteiligten in einen Dialog über Alternativen und Optionen eintreten können, die bisher nicht wahrnehmbar waren.

Storytelling: Besser, als Fragen zu stellen

Um verborgenes Wissen über die Kultur eines Unternehmens zutage zu fördern, ist das Erzählen dem Fragen-Stellen haushoch überlegen. Wenn bei einer Mitarbeiterbefragung gefragt wird: »Welchen Stellenwert hat für Sie die Kooperation mit anderen?«, dann geht der Befragte auf das gewohnte Frage-Antwort-Schema ein und äußert sich wie gewünscht zum Thema Kooperation. Hier zeigt sich bereits der erste Fallstrick einer Frage: Wenn die Frage erst einmal gestellt ist, werden wir nie mehr erfahren, ob der Befragte das Thema auch von sich aus angesprochen hätte.

Beim Erzählen wählt der Teilnehmer dagegen selbst aus, was ihm erzählenswert erscheint und was nicht. Ein Beispiel aus einer Storytelling-Studie mag das verdeutlichen: Die Auftraggeber wollten unter anderem die Kundenorientierung im Unternehmen verbessern. Es stellte sich dann aber heraus, dass der Kunde in den Erzählungen keines einzigen Mitarbeiters jemals erwähnt wurde (übrigens auch nicht von den Teilnehmern aus dem Management). So wurde klar, dass der Faktor Kunde erst in die Wahrnehmung des Unternehmens integriert werden musste, bevor die Mitarbeiter eine Kundenorientierung leben können. Hätte man demgegenüber direkt nach der Kundenorientierung gefragt, hätten die Mitarbeiter natürlich alles dazu gesagt, was sie geglaubt hätten, sagen zu müssen. Die mangelnde Kundenorientierung wäre so eher verschleiert als offen gelegt worden.

Die Storytelling-Analyse zeigt dagegen Aussagen in ihren Zusammenhängen. Wenn gefragt wird: »Werden Sie von Ihren Vorgesetzten gefördert?«, dann kann der Mitarbeiter nur mit Ja oder Nein antworten. Was bedeutet sein »Nein«? Heißt das, dass er mehr Förderung gut fände? Oder will er damit sagen, dass er lieber selbstständig arbeitet? Bedeutet ein »Ja«, dass er karriereorientiert ist? Oder dass er sich zu sehr auf seinen guten Draht zum Chef verlässt?

Fragen schränken die Optionen des Antwortenden auch dahingehend ein, als er immer überlegen wird, ob hinter der Frage eine versteckte Erwartung verborgen ist. Auf die Frage: »Sind Sie mit Ihrer Aufgabe ausgelastet?«, wird er sehr vorsichtig reagieren. Was, wenn nicht? Bekomme ich dann noch ein zusätzliches Thema aufgehalst? Was, wenn? Gelte ich dann als wenig ehrgeizig? Offen und »ehrlich« zu antworten ist auf Fragen kaum möglich, die bekannt hochwertige Aspekte betreffen. Oder, wie es die Anthropologin Mary Douglas ausdrückt: »Fragen Sie jemanden, was er isst, und er wird Ihnen so antworten, wie er denkt, dass Sie denken, was er essen sollte.« Die Mitarbeiter zum Thema Motivation, Teamorientierung oder Innovation zu fragen ist ebenso sinnvoll, wie sich bei einer Lehrerin beim Einstellungsgespräch zu erkundigen, ob sie Kinder mag. Was soll man da bitte antworten? Besser ist es, in beiden Fällen, den Menschen zuzuhören, sich Erlebnisse schildern zu lassen, die mit dem Thema zu tun haben.

Außerdem bringen Fragen oft irreführendes »Wissen« zutage. Auf die Frage: »Wollen Sie mehr Geld?«, wird wohl fast niemand mit »Nein« antworten. Trotzdem ist damit noch lange nicht erwiesen, dass wirklich alle Menschen mehr Geld wichtig finden. Die Frage enthält ein latentes Angebot, und dieses latente Angebot anzunehmen, indem man die Frage bejaht, schließt andere Möglichkeiten, andere Wichtigkeiten nicht aus – aber in dem Möglichkeitsraum, den die Frage unausgesprochen definiert, kommen diese Alternativen nicht vor. Wer fragt, bleibt in seinem eigenen Denken verhaftet. Wer zuhört, kann die Sichtweisen des anderen erfahren. Was das Erzählen am meisten vom Befragen unterscheidet, ist ein ganz einfaches Prinzip: Der Zuhörer kann im Grunde jedes, auch das außergewöhnlichste oder abseitigste Thema »hören«. Was er erzählt bekommt, kann seinen Erwartungen widersprechen und seinen eigenen Wissenshorizont problemlos um ein Vielfaches überschreiten. Der Fragesteller dagegen wird eher Antworten bekommen, die seinen Vorstellungen und seinem Wissen entsprechen. Wie ausgeklügelt ein Fragebogen auch sein mag, er lässt letztlich mehr Rückschlüsse über das Wissen des Fragenden als über das des Befragten zu.

Wer wirklich an neuem Wissen interessiert ist, kann es durch Fragen allein nicht erfahren. Aber er kann es sich erzählen lassen, wie einst Harun al-Raschid, der seine Weisheit nicht geschicktem Fragen, sondern einfach dem Zuhören verdankte.

Optimierung der internen Kommunikation: Storytelling bei Siemens

Befragungen werden durchgeführt, um Wissen für Verbesserungsprozesse zu erlangen. Sie liefern meist Indizien darüber, wo etwas nicht stimmt am bisherigen Vorgehen, wo scheinbar alles in Ordnung ist und auf welchen Feldern Defizite herrschen. Sie liefern aber in der Regel keine Erklärungen dafür, warum das so ist. Auch ausgefeiltere Befragungen werfen oft wiederum Fragen auf: Was genau steckt dahinter? Wie kann man diesen oder jenen statistischen Befund erklären? Welche Faktoren spielen eigentlich noch eine Rolle?

Wenn man solche grundlegenden Fragen beantworten möchte, dann kommt man an einer qualitativen Untersuchungsmethode nicht vorbei. Kunden, die sich für eine Storytelling-Analyse entscheiden, erwähnen im Briefing häufig, dass sie im Vorfeld bereits eine Befragung durchgeführt hatten, nun aber erst recht genauer wissen wollen, was eigentlich wirklich hinter den Daten steckt.

Eine ähnliche Vorgeschichte hatte auch ein Storytelling-Projekt, das wir im Kommunikationsbereich der Siemens AG durchführten. Aufgrund verschiedener Entwicklungen im Unternehmen – und eben auch entsprechender Umfrageergebnisse – war die Zentralabteilung für Corporate Communications (CC) zu der Überzeugung gelangt, dass die Management-Kommunikation konzernweit optimiert und neuen Bedingungen angepasst werden müsse. Man hatte zwar einige Erkenntnisse über Bedarfe und Defizite und auch eine Reihe von plausiblen Ideen, was man verbessern müsste, aber wollte es nun genauer wissen.

Interne Kommunikation in einem weit verzweigten, globalen Unternehmen ist ein schwieriges Geschäft: Fachleute in unterschiedlichen Bereichen, Mitglieder zahlreicher Landes- und Regionalgesellschaften, Menschen unterschiedlicher Herkunft und Kultur auf verschiedenen Kontinenten sollen sowohl über das große Ganze hinreichend informiert sein, sie sollen andererseits aber auch die Informationen haben, die sie für ihre spezifische Aufgabe brauchen, und gleichzeitig soll auch ein Rückfluss an Informationen zur Zentrale gewährleistet sein. Einerseits gibt es eine hohe Eigenständigkeit der einzelnen Units und Regionen, andererseits ist es vor allem die Kommunikation, die eine Zugehörigkeit zum Ganzen, ein Wissen übereinander und voneinander, eine übergreifende Identität und Orientierung herstellen und erhalten kann. Die große Frage ist, wie man angesichts solcher Diversität und Komplexität die Führungskräfte in einem weit verzweigten Unternehmen überhaupt effektiv erreichen kann, wie man mit ihnen und unter ihnen einen Austausch organisieren kann, der für sie selbst und für das ganze Unternehmen relevant, aber auch identitätsstiftend ist. Zumal Führungskräfte, das zeigen Untersuchungen bei verschiedenen Großunternehmen, nicht nur bei Siemens, jeweils gleichzeitig ein Zuviel und ein Zuwenig an Information beklagen.

Es ist klar, dass es bei einer solchen Untersuchung zum Thema Kommunikationsoptimierung nicht einfach nur um die Medienseite und das Wie der Kommunikation gehen kann. Fast wichtiger noch ist das Was, die Inhaltsseite. Und um diese Inhaltsseite genauer ausrichten und definieren zu können, muss man ein Wissen haben, das über die direkte

Frage nach »Informationsbedürfnissen« hinausreicht: Es geht darum, zu verstehen, wie diese Manager die Firma, den Konzern, seine Kultur und seine Strategie vor Ort und »im Ganzen« erleben. Es geht darum, zu erfahren, wie ihr Bild vom Ganzen eigentlich aussieht. Die Überlegung, dafür arbeitsbiografische Erzählungen im Rahmen einer Storytelling-Analyse zu erheben und zu nutzen, lag auf der Hand. Bei Siemens war man sich bewusst, dass man auf diese Weise auch zusätzliche Erkenntnisse – etwa zu Fragen von Mitarbeiterführung, Karriere, Werten – gewinnen würde, weil man mit uns schon vorher im Rahmen von Storytelling-Projekten zusammengearbeitet hatte.

Die organisatorischen Herausforderungen stellten sich als weniger groß dar, als wir zu Beginn angenommen hatten. Da viele Manager ausländischer Unternehmensbereiche immer wieder auch zu Meetings und Besprechungen in die Münchner Konzernzentrale kommen, konnten wir dort die meisten Storytelling-Gespräche durchführen. Die zweite Änderung gegenüber dem üblichen Ablauf ergab sich durch die Spezifik der Thematik. Neben den arbeitsbiografischen Erzählungen führten wir mit den Teilnehmern ein zweites Gespräch, das sich genauer mit den alltäglichen Kommunikationserfahrungen beschäftigte: Die Teilnehmer erzählten also, wie sie mit der E-Mail-Flut umgingen, wenn sie morgens an ihren Arbeitsplatz kamen, wie sie die Besprechungen mit ihren Mitarbeitern führten, in welchen Situationen sie was lasen, wer ihnen Bücher und Artikel empfahl oder welche Erlebnisse sie in der Kommunikation mit der Zentrale hatten. Innerhalb von drei Wochen sammelten wir im Konzern über 30 solcher arbeitsbiografischen Gespräche mit den ergänzenden Geschichten zur Kommunikation.

Wir begegneten dabei Menschen unterschiedlicher Herkunft und Ausbildung: Ingenieuren, Informatikern, Betriebswirten, Marketingspezialisten, Männern und Frauen aus unterschiedlichen Erdteilen, mit unterschiedlichen Temperamenten, die aber manches gemeinsam hatten: Sie alle arbeiteten für das gleiche Unternehmen. Sie alle waren Führungskräfte. Und sie alle waren mit ähnlichen Kommunikationsanforderungen konfrontiert. So stellte sich nach und nach heraus, dass die Manager über alle Bereichs- und Ländergrenzen hinweg ganz ähnliche Strategien der persönlichen Kommunikationssteuerung entwickelt hatten (die unter anderem auch erklärten, warum sie mit bestimmten Medienprodukten der internen Kommunikation und auch mit bestimmten Typen von Inhalten oder gar Botschaften nicht mehr erreicht werden konnten). Stattdessen suchten sich die Führungskräfte – ausgehend von den für sie interessanten Arealen im Unternehmen – aktiv ihre eigenen Pfade im Dschungel der Informationen, und dies in vielen Aspekten auf ähnliche Weise. Dabei entpuppte sich als die wichtigste und am meisten gesuchte Quelle das persönliche Gespräch mit anderen Managern. Bei der Bewältigung des Alltagsgeschäfts, so wurde schnell klar, ist es eher das Auswählen, ein über Erfahrung erworbener Algorithmus des gezielten Weglassens und Ignorierens (auch mancher Angebote der internen Kommunikation), der half, mit den von allen Seiten eindringenden Informationen umzugehen. Wenn es aber darum ging, Perspektiven und Strategien zu entwickeln, das geschäftliche Umfeld zu sondieren und Ideen zu finden, dann suchten sie den Dialog. Es gab eine Reihe von informellen Zirkeln und regelmäßigen Gesprächskreisen, die sich an verschiedenen Stellen des Unternehmens gebildet hatten. Plattformen, bei denen man auch Manager aus anderen Teilen des Unternehmens kennen lernen konnte, spielten in den Erzählungen immer wieder eine besondere Rolle. Dabei waren offenbar wiederum die Pausen und Begegnungen am Rande das eigentlich Wichtige – weil es genau diese Begegnungen waren, die erzählenswerte Geschichten auslösten!

Interessant waren selbstredend auch die Unterschiede zwischen den deutschen und mitteleuropäischen Siemens-Managern und den Führungskräften aus anderen Kontinenten. Letztere brachten auf unterschiedliche Weise zum Beispiel immer wieder zum Ausdruck, dass sie gerne mehr Material zur Geschichte der Firma Siemens hätten, am liebsten eine griffige Siemens-Story, die man auch an Mitarbeiter, Kunden und Freunde weitergeben könnte. Der Hintergrund dieser Episode ist schnell erklärt: In Mitteleuropa, zumal in Deutschland, ist die Geschichte, die mit dem Namen Siemens verbunden ist, geradezu ein selbstverständlicher Bestandteil des kulturellen Wissens, sie ist zumindest in groben Zügen ähnlich bekannt wie die Firma selbst. In anderen Regionen dieser Erde ist das aber durchaus nicht so: Der Bekanntheitsgrad, das Wissen darum, dass es sich bei Siemens um eine »great company« mit über 150-jähriger Erfolgsgeschichte handelt, ist vielerorts eher gering. Dass diese Story sich beispielsweise wunderbar mit den Legenden von den Garagenfirmen des Computerzeitalters vergleichen lässt, die zu Global Playern aufgestiegen sind, ist dort vielen nicht bewusst. Umgekehrt ist wiederum vielen von denen, die im Mutterland des Konzerns arbeiten, nicht klar, dass dieser »selbstverständliche« Ruf und Nimbus woanders eben nicht unbedingt existiert. An diesem Beispiel lässt sich illustrieren, wie in vielen Bereichen die Konzernkommunikation immer auch mit einem Perspektivenproblem umzugehen hat: Das Bild der »ganzen Firma« stellt sich in vielerlei Hinsicht doch auch sehr anders dar, je nachdem, ob man von der Zentrale aus in die (Firmen-) Welt hinausschaut oder ob man von einem Punkt dieser Welt auf die Welt (und eben nicht nur auf die Zentrale) blickt. So schätzten die Führungskräfte insgesamt die allgemeine Mitarbeiterzeitschrift »Siemens Welt« durchweg sehr und begründeten das damit, dass gerade die bunte Mischung von Berichten und Geschichten aus den unterschiedlichsten Konzernbereichen und Weltregionen auch immer wieder einen Eindruck davon vermittele, dass der Konzern eben auch eine große Firma sei, ein gemeinsames Haus.

Die detaillierte Präsentation der verschiedenen Einzelerkenntnisse und Befunde aus der Analyse all dieser Gespräche führte bei CC zu schnellen Entscheidungen über konkrete Änderungen hinsichtlich Medienmix, Inhaltsstrategie und Kommunikationsschwerpunkten. Die ersten Maßnahmen waren bereits wenige Wochen nach Vorstellung der Studie umgesetzt. Andere Initiativen, die insbesondere auf die gezielte Stärkung und Schaffung von neuen Möglichkeiten der dialogischen und direkten Kommunikation zielen, wurden nach und nach vorangetrieben.

Von der Storytelling-Analyse zum Veränderungsprozess

Im Laufe der ersten Jahre, in denen wir unsere Storytelling-Projekte in unterschiedlichen Unternehmen durchführten, wurde uns immer deutlicher, dass das, was ursprünglich einmal als reines Analysetool gedacht und angeboten wurde, begann, ein Eigenleben zu entwickeln. Der gesamte Prozess des Auswählens und Ansprechens von Mitarbeitern, die direkten 4-Augen-Gespräche, der Vorgang des Zuhörens und Erzählens und die Geschichten, die sich daraus ergaben und sich wiederum in der Organisation verbreiteten, entfalteten in kurzer Zeit bereits eine positive Kraft und Wirkung, die wir ursprünglich gar nicht eingeplant hatten. Mitarbeiter und auftraggebende Manager wurden oft regelrecht elektrisiert von den neuartigen Erfahrungen, die durch das Storytelling entstanden. Sowohl die »Storyteller« selbst als auch die Auftraggeber begannen oft schon kurz nach Abschluss der Gesprächsphase ungeduldig nach den ersten Eindrücken und Ergebnissen zu fragen. Sehr früh schon erkannten wir, dass wir das Management jeweils schon bei der Auftragsklärung davon überzeugen mussten, die Ergebnisse offen im Unternehmen zu kommunizieren. Denn was das Unternehmen – vertreten durch die ausgewählten Mitarbeiter – gleichsam über sich selbst erzählte, das ging alle an und konnte allen neue Anstöße geben. Eine Begebenheit aus dieser Zeit machte uns das besonders deutlich. Wir hatten eine Storytelling-Analyse in einer Firma durchgeführt, in der es um Schwierigkeiten in der Kooperation zwischen verschiedenen Abteilungen gegangen war. Die Studie war dem engeren Führungskreis präsentiert worden und wurde gleich darauf auch denjenigen vorgestellt, die als Erzähler daran teilgenommen hatten. Eine weitere Verbreitung der Ergebnisse im Unternehmen war zunächst nicht vereinbart worden. Der Chef des Unternehmens nahm die Studie in den kommenden Tagen immer wieder zur Hand. Ihm waren viele zentrale Punkte klar geworden, und er wusste, dass er handeln musste. Aber er war unsicher, ob er die Storytelling-Studie tatsächlich offen legen sollte. Wir besprachen die Sache mit ihm am Telefon und kamen schließlich überein, dass er in einem ersten Schritt Kopien der Studie an sein gesamtes mittleres Management – etwa 30 Personen – weitergeben solle. Als wir 48 Stunden später zu einem Treffen in sein Büro kamen, strahlte er uns an: auf seinem Schreibtisch lag ein ganzer Stapel Faxe – sämtlich Reaktionen seiner Führungskräfte, die sich allesamt positiv geäußert hatten, bestimmte Erkenntnisse hervorhoben, kommentiert hatten und ihn bestärkten, diese Dinge sofort anzupacken. Das Schönste aber war, dass es bereits eine ganze Reihe von Vorschlägen dafür gab, wie die Probleme angepackt und die identifizierten Potenziale besser genutzt werden könnten.

Storytelling, so erkannten wir damals, ist selbst von Anfang an schon Teil eines Change-Prozesses. Denn ein Management, das sich für eine Methode entschieden hat, die das Wissen und die Erlebnisse der Mitarbeiter als Grundlage und Mittelpunkt hat, zeigt eine Haltung, die von den Menschen im Unternehmen sofort verstanden wird: »Wir wollen wissen, wie ihr unsere Firma und unsere Kultur erlebt. Wir interessieren uns dafür, wie unser Unternehmen wirklich ist, bevor wir etwas verändern.« Es ist einer der ganz großen Vorteile dieser Methode, dass sie niemals »nur« Analyse ist, sondern immer zugleich auch der Beginn eines Veränderungsprozesses. Man kann vier »Interventionen«, also verändernde Eingriffe ins Unternehmen ausmachen, die durch die Durchführung einer Storytelling-Analyse ausgelöst werden.

Intervention 1: Storytelling schafft Beteiligung

Die Mitarbeiter sind zu Beginn eines Storytelling-Projekts nicht selten überrascht. Von »oben« erwarten sie Forderungen, Pläne, Maßnahmen, Entscheidungen, Informationen, auch Anerkennung oder Kritik, und jetzt bekommen sie ein Angebot: ein Angebot zur Zusammenarbeit an der Zukunft des Unternehmens.

Diese wertschätzende Haltung des Managements wird von den Mitarbeitern zurückgegeben, wenn später Veränderungen anstehen oder Prozesse neu organisiert werden. Dadurch, dass die Menschen einbezogen werden, verhalten sie sich als Beteiligte und nicht als Betroffene. Sie gehen verantwortlich mit dem um, was sie selbst beigetragen haben. Selbstverständlich gehört zu einer solchen wertschätzenden Haltung und einem unvoreingenommenen Interesse auch die entsprechende Vertrauensbasis. Wo Harun al-Raschid sich noch verkleiden konnte, um in der Rolle des fremden Kaufmanns unbekannte Geschichten zu hören, muss das Management, das die Kraft des Erzählens aktivieren will, andere Wege gehen: In der modernen Fassung des Harun-al-Raschid-Prinzips braucht es daher spezialisierte Berater, die zunächst die Rolle des geschulten und offenen Zuhörers ausfüllen, die den Erzählern im Unternehmen Anonymität garantieren können, die als Vermittler und Übersetzer der Geschichten fungieren. Dass Storytelling wirkt, hat auch damit zu tun, dass in der Anfangsphase des Prozesses ein geschützter Raum geschaffen wird, in dem offen und individuell erzählt werden kann. Die Berater müssen dabei Anwälte dieser Geschichten werden: Sie müssen in der Lage sein, die Geschichten in ihrer Gesamtheit zu verstehen, sie so auswerten zu können, dass das Ergebnis für beide Seiten – Erzähler und Unternehmensleitung – nachvollziehbar und anhand intersubjektiver Kriterien verstehbar ist, und sie müssen drittens im weiteren Verlauf des Prozesses dafür Sorge tragen, dass die Botschaft der Geschichten, das, was sie an Veränderungspotenzialen und -notwendigkeiten transportieren, auch von allen Beteiligten ernst genommen wird.

Intervention 2: Storytelling fördert offene Kommunikation

Die erste Intervention legt für alle Beteiligten die Messlatte hoch: An der Haltung, die das Unternehmen durch die Entscheidung für das Erzählen als Methode eingenommen hat, werden auch die weiteren Schritte des Prozesses gemessen werden. Das betrifft auch den Umgang mit den Ergebnissen. Statt der klassischen Top-down-Kommunikation empfehlen wir, die Resultate der Storytelling-Analyse mit größtmöglicher Offenheit im Unternehmen zu kommunizieren, also Interessierte zur Präsentation einzuladen oder zeitnah mehrere Präsentationen anzubieten. Das Interesse der Mitarbeiter für die Ergebnisse »ihrer« Studie ist meist wesentlich größer als in den meisten Fällen, wenn Berater im Haus waren und die Auswertungen von Befragungen oder Evaluationen vorgestellt werden. Es entsteht eine positive Erwartungshaltung im ganzen Haus, ganz besonders natürlich bei den Gesprächsteilnehmern.

Da es das Wissen der Mitarbeiter ist, das in der Storytelling-Analyse gebündelt, zusammenhängend und bildhaft sichtbar wird, wäre es auch widersinnig, es ausgerechnet ihnen vorzuenthalten. Das ist die zweite Intervention: Wenn vom sonst üblichen selektiven Top-down-Kommunikationsverhalten abgewichen wird, erhöht das die Aufmerksamkeit und Wertschätzung der Mitarbeiter für den Prozess erheblich.

Intervention 3: Storytelling ermöglicht Austausch

Storytelling fördert ein Wissen zutage, das im Unternehmen latent bereits vorhanden war. Als latentes Wissen war es für die Kommunikation aber nicht zugänglich und somit nicht operationalisierbar. Durch das Erzählen von Menschen aus unterschiedlichen Perspektiven und die Verdichtung der Ergebnisse durch die Analyse werden der Kern und die Zusammenhänge der Unternehmenskultur sichtbar. Erst dadurch entsteht die Deutlichkeit, die das vorher »verschwommene« Bild für alle erkennbar macht. Und damit wird auch die Kommunikation über dieses Wissen möglich. Das ist die dritte Intervention: Der Austausch darüber, was in der Vergangenheit passiert ist, was heute »typisch« für die eigene Firma ist, regt das gemeinsame und produktive Nachdenken darüber an, wohin man sich in der Zukunft verändern könnte und möchte. Das Erzählen vieler bringt das ganze Spektrum von Perspektiven ein, die es im Unternehmen gibt. Dadurch entsteht ein 360-Grad-Panorama, mehrdimensional und multiperspektivisch. Das ist das eigentlich Neue an den Ergebnissen, die Storytelling hervorbringt, dass sich durch diese Veränderung des Blicks auf die Welt der Firma auch die Handlungsmöglichkeiten erweitern.

Intervention 4: Storytelling setzt Veränderungsenergien frei

Es ist immer wieder erstaunlich, mitzuerleben, wie bei einer Präsentation der Analyseergebnisse kollektive Selbst-Erkenntnis ermöglicht wird und wie sie wirkt. Die Reaktionen im Raum schwanken zwischen Überraschung und Bestätigung, zwischen »Aha!« und »Genau!«, denn wie gesagt wird einerseits latent vorhandenes Wissen sichtbar gemacht, und gleichzeitig kommt es durch die Darstellung der einzelnen Phänomene der Unternehmenskultur in ihren Zusammenhängen zu neuen, unerwarteten Erkenntnissen.

Da die Präsentation sich immer auf die Schlüsselfaktoren und ihren Zusammenhang konzentriert, setzt das ausgelöste Selbst-Bewusstsein meist unmittelbar Veränderungsenergien frei. Gerade diese Erfahrung spricht dafür, dass Unternehmensleitung und Mitarbeiter gemeinsam an der Präsentation teilnehmen. Denn es gibt erstens immer Punkte, an denen die Beteiligten sofort ansetzen möchten. Zweitens ist es für beide Seiten interessant, die Meinungen und Reaktionen direkt zu erleben und auszutauschen. Und drittens wird der Veränderungsprozess mit Ideen inspiriert, wenn im anschließenden Workshop gemeinsam an Lösungen und Umsetzungen gearbeitet wird. Das bedeutet: Storytelling ist immer und von Anfang an eine dialogische Methode. Im Wechselspiel zwischen Erzählen und Zuhören, zwischen Weitererzählen und Mitdenken, zwischen Deuten und Weiterdenken der Geschichten und ihrer Botschaften entstehen Energien und neues Wissen, Verständnis und Gespräche, die immer auch den Beginn einer neuen Kommunikationskultur im Unternehmen markieren können.

Energie für einen nachhaltigen Veränderungsprozess

Wer Erfahrung mit Change-Prozessen hat, weiß, wie schwierig es ist, wirkliche Veränderungen zu erreichen. Oft bleiben gut geplante Prozesse auf halbem Wege stecken, verhaken sich in den Routinen des Alltags und verlieren schon bald den Schwung der ersten Schritte. Wir haben bei der Arbeit mit unseren Kunden gelernt, nicht nur das Ziel im Auge zu behalten, sondern vor allem auch die beim Storytelling geweckten Energien der Mitarbeiter für den Weg zu nutzen und zu erhalten. Deshalb setzen wir bei der Umsetzung gemeinsam mit unseren Auftraggebern weiter konsequent auf die »Ressource Mensch« und damit auf Methoden, die Menschen die Möglichkeit geben, gleichberechtigt und handlungsorientiert zu denken und ihre Erfahrung einzubringen: Dezentrale Open-Space-Konferenzen sind zum Beispiel eine ideale Form, den Prozess zeitnah und ergebnisbezogen an vielen Stellen des Unternehmens gleichzeitig voranzutreiben. Und die Arbeit in »Reflecting Teams« ermöglicht den schnellen und offenen Austausch zwischen verschiedenen Abteilungen und Bereichen über Pläne und Ergebnisse. Die Storytelling-Ergebnisse bilden dabei je nach Prozessstadium die Einführung in die Workshops und dienen im weiteren Verlauf des Prozesses als Kontrolltool: Ist die Maßnahme, die wir beschließen, tatsächlich geeignet, einen der Schlüsselfaktoren zu verändern? Wie ist sie mit anderen Faktoren korreliert? Setzt sie wirklich vorhandene Potenziale frei? Die Haltung des Managements ist für das Prozessdesign von entscheidender Bedeutung. Die schnellsten und nachhaltigsten Erfolge werden dann erreicht, wenn die Verantwortlichen sich nicht als Antreiber und alleinige Impulsgeber begreifen, sondern als Ermöglicher den Mitarbeitern den Raum geben, gestaltend mitzuwirken. So bildet sich ein von vielen an vielen Stellen mitgestalteter Erneuerungsprozess im Unternehmen, der sich zunehmend selbst trägt und mit der Zeit nicht an Schwung verliert, sondern von immer mehr Seiten Energie dazugewinnt.

Einstieg in eine Kultur der Beziehung

In der Einleitung zu diesem Buch haben wir gesagt, dass die Herausforderung für Organisationen in diesem Jahrhundert in der Entdeckung, Herstellung und Pflege von Beziehungen besteht. Eine Haltung, die die Vielfalt und die Bedeutung der Zusammenhänge und Interaktionen wahrnimmt und würdigt, wird immer mehr zur Voraussetzung für gutes –

das heißt an Überlebensfähigkeit, Nachhaltigkeit und dynamischen Gleichgewichten orientiertes – Management. Die Chancen und Möglichkeiten, Win-Win-Spiele initiieren und an ihnen teilhaben zu können, wird der am besten nutzen, der in der Lage ist, zuzuhören, zu verstehen und selbst zu erzählen, anstatt zu verkünden. Storytelling ist ein Weg dahin. Die Storytelling-Analyse kann das Verständnis für die verschiedenen Perspektiven, Zusammenhänge und Deutungen, die in einem System herrschen, wesentlich fördern und ein ganzheitliches Bild vom Zusammenspiel unterschiedlicher Handlungen und Kulturen in der Organisation vermitteln. Es ist letztlich dieses Zusammenspiel, das ein Unternehmen ausmacht – und nicht allein die Entscheidungen und Maßnahmen Einzelner, seien diese auch noch so gutmeinend und kompetent. Es sind die vielen Entscheidungen, die jeder Mitarbeiter trifft, jeden Tag, auf die es ankommt. Wie er sie trifft, hängt von dem ab, was wir »das Unternehmen im Kopf« genannt haben: einem Bild, einer Vorstellung davon, was wahrscheinlich ist, was möglich, was erwünscht, was aussichtsreich ist in dieser Welt, die man Tag für Tag betritt. Dieses Bild zu kennen und daran zu arbeiten, dass jeder im Unternehmen die eigenen Stärken entfalten kann, das ist letztlich das Ziel eines jeden Storytelling-Prozesses.

Verständigung zwischen unterschiedlichen Unternehmenskulturen

Verständnis von und zwischen unterschiedlichen Perspektiven ist natürlich ein zentrales Thema im Umfeld von Mergern und Fusionen. Fusionen sind oft wie arrangierte Ehen: Die Partner passen objektiv optimal zusammen, es gibt viele gute Gründe für die Verbindung, aber es »funkt« eben nicht. Man hofft darauf, dass mit der Ehe eben auch die Liebe kommt, dass das Paar, das sich kaum kennt, im

Alltag zueinander findet. Post-Merger-Integration nennt man die Zeit, die die neuen Partner zusammenschweißen soll. Aber erst ist noch so viel zu erledigen: Organisatorische und technische Angleichungsprozesse laufen an, manchmal vergehen Monate oder sogar Jahre, bis man die kulturelle Integration in Angriff nimmt.

Dabei ist die erste Zeit die entscheidende, prägende Phase für das Gelingen der Integration mit den erhofften Synergie-Effekten und die Schaffung einer neuen kulturellen Identität des Unternehmens. Die gesamte Belegschaft ist jetzt aufmerksamer, sensibler und verletzlicher, aber auch lernbereiter und aufnahmefähiger als sonst, in ruhigeren Zeiten. Jede Entscheidung, und sei es die über das zukünftig benutzte Computersystem, über das Corporate Design, über Namen oder Titel, wird jetzt auf die Goldwaage der Bewertung gelegt, die im Grunde nur eine einzige Bemessungsgrundlage hat: Ist das, was da entschieden wurde, ein Zeichen für Abwertung oder Aufwertung der einen oder anderen Seite? Ist das ein Signal für den zukünftigen Stellenwert meiner Seite? Gibt die Entscheidung Hinweise darüber, wer der »Gewinner« oder der »Verlierer« dieser Fusion sein wird?

> »Nach der Fusion gab es ein Meeting im IT-Bereich, die Berliner und die Münchner trafen sich, um eins der benutzten Systeme auszuwählen. Es hat sich dann herausgestellt, dass die gar nicht auf Argumente gehört haben, das war schon längst beschlossene Sache. Ich hätte ja nichts dagegen gehabt, wenn das andere System besser gewesen wäre, aber so, die haben das nur genommen, weil es aus München kam.«

Wer sich nicht bewusst ist, dass jede organisatorische oder technische Entscheidung eben kein rein technischer Vorgang ist, einfach deshalb, weil er immer Auswirkungen auf Menschen hat, wird später schon viele Verwerfungen und Risse im neuen Unternehmensgefüge vorfinden, wenn der kulturelle Integrationsprozess endlich angegangen wird.

Man muss sich nur vor Augen halten, was man alles von den jetzt fusionierten Unternehmensteilen erwartet, die gestern vielleicht noch Wettbewerber waren: partnerschaftliches Verhalten, vertrauensvolle Zusammenarbeit, gemeinsame Identität, Übereinstimmung der Ziele, offene Kommunikation. Wären wir privat bereit, das zu leisten, wenn wir jemanden neu kennen lernen, nicht wissen, was er von uns will, und nicht mal sicher sind, ob er uns freundlich gesonnen ist? Wohl eher nicht! Es sollte also eigentlich nicht überraschen, dass es zu Misstrauen, Vorurteilen, Block- und Frontbildungen vor allem da kommt, wo die Menschen sich gar nicht kennen lernen. Und das ist häufiger der Fall, als man denkt: Oft betreffen Fusionen ja Unternehmen, die in unterschiedlichen Städten oder Ländern agieren. Auch wenn manche Bereiche viel miteinander zu tun haben, es gibt immer auch Unternehmensteile, die nie Kontakt mit den »anderen« haben.

Die allgemeine menschliche Erfahrung lehrt uns, dass gerade kulturelle Vorurteile meist aus Unkenntnis über die jeweils andere Kultur entstehen. Deshalb ist es notwendig, die Menschen miteinander in Kontakt zu bringen, sie selbst miteinander sprechen zu lassen. Eine Storytelling-Analyse fördert nicht nur Wissen über Unterschiede und Probleme zutage, die man im Prozess der Post-Merger-Integration angehen muss. Sie zeigt vor allem auch auf, wo ähnliche Haltungen, Werte, Vorgehensweisen, kurz Ähnlichkeiten in den Strukturen der beiden »Unternehmen im Kopf« die besten Ansatzpunkte für die Integration liefern.

Storytelling in der Motiv- und Trendforschung

Die Storytelling-Analyse lässt sich natürlich auch dazu verwenden, um Wissen über die Umwelten des Unternehmens zu sammeln. Es gibt schließlich eine ganze Reihe von Fragestellungen, die für Unternehmen und andere Organisationen bedeutsam sind, aber nicht auf die Organisation selbst beschränkt bleiben. Wo sich die Kultur der Gesellschaft verändert, können Unternehmen auf Dauer nicht unberührt bleiben – nicht nur, was die Produkte und das Marketing anbelangt, sondern auch, was ihre interne Organisation betrifft. Der Wandel von Werten und Mentalitäten stellt Unternehmen und Organisationen an zwei Fronten gleichzeitig vor Herausforderungen, ganz besonders, was ihre mittelfristigen Strategien und Planungen betrifft: Was ist den Menschen als Kunden wichtig? Was ist ihnen als Mitarbeiter wichtig? Was beeinflusst ihre Entscheidungen? Was leitet ihre Pläne und Handlungen? Solche Fragen zielen nicht in erster Linie auf kurzlebige Trends und Stimmungen ab, sondern auf grundlegendere Qualitäten, auf Haltungen, Konzeptionen des Wünschenswerten, Lebensstile. Mit anderen Worten: Es geht darum, zu verstehen, was Kunden und Mitarbeiter mittelfristig und konstant antreibt, beschäftigt, leitet. Dieses Wissen ist relevant für alle Bereiche, in denen auch das Unternehmen mittelfristig in Strategien denken und handeln muss: auf der Ebene von Image und Marke, auf der Ebene von Personal- und Organisationsentwicklung, auf der Ebene von Geschäfts- und Produktstrategie. Wo immer Entscheidungen in Organisationen anstehen, deren Folgen über das Heute hinaus zum Tragen kommen sollen, ist ein solches Wissen relevant: Welche Fähigkeiten werden wir morgen in unserer Organisation brauchen? Welches Verhalten wollen wir fördern? Was sind die Eigenschaften unseres Unternehmens, unserer Produkte, auf die sich die Menschen verlassen können wollen? Welche Orientierung können und müssen wir bieten?

Trend-Analyse am Beispiel »Frauen und Führung«

Die Thematik »Frauen in Führungspositionen« steht seit geraumer Zeit sowohl in der Öffentlichkeit als auch in den Unternehmen auf der Agenda.

Viele Unternehmen haben – oft mit beachtlicher Verzögerung – begriffen, dass die Frauen in allen gesellschaftlichen Bereichen und damit auch in der Mitarbeiterschaft eine Bedeutung errungen haben, die auf kurz oder lang zu Umstellungen und Neuorientierungen in Organisation und Gesellschaft führen wird, die weiter reichen werden, als man das auf den ersten Blick erfassen kann. Gerade weil diese Entwicklung so langsam und vielfach unterschwellig verläuft, ist der Umgang mit ihr in den Unternehmen meist so zögerlich, tastend, erprobend. Für eine erkennbare Strategie scheint häufig das Wissen nicht hinzureichen. So sind auf der Suche nach zeitgemäßen und Erfolg versprechenden Strategien der Menschenführung und neuen Leadership-Konzepten in letzter Zeit zwar verstärkt auch die »weiblichen« Prinzipien in den Blick der Unternehmenslenker geraten, aber die Frage, ob Frauen anders führen als Männer und damit verbunden die Frage, was es den Unternehmen bringen kann, mehr weibliche Führungskräfte in ihren Reihen zu haben, scheint nach wie vor nicht beantwortbar zu sein.

Geschichten offenbaren immer viel von Mentalität und Kultur der Erzähler. Und wo viele solcher Geschichten zusammenkommen und in ihnen ähnliche Einstellungen, Prinzipien der Herstellung von Sinn wiederkehren, da entsteht ein Bild, das die mittelfristig wirksamen Motive und Realitätsannahmen, die Treiber des Handelns von Gruppen und Kulturen deutlich hervortreten lässt.

Deshalb haben wir im Jahr 2000 die arbeitsbiografischen Erzählungen von je 20 Frauen und Männern in Führungspositionen deutscher Unternehmen zur Grundlage einer Storytelling-Analyse genommen. Die Analyse ergab tatsächlich vielfältige Unterschiede zwischen männlichen und weiblichen Führungskräften. Diese einzelnen Erkenntnisse (nachzulesen unter www.sys-kom.de) wären schon alleine eine aufschlussreiche Lektüre für Personal- und Führungskräfte-Entwickler. Aber das Besondere an Storytelling-Analysen ist, dass sie immer auch größere Zusammenhänge ins Licht rücken.

Neben Erkenntnissen über den Führungsstil von Frauen gab die Storytelling-Analyse auch Aufschluss über die Gründe, warum Frauen-Karrieren in heutigen deutschen Unternehmen noch die Ausnahme sind: Wer in einem größeren Unternehmen »nach oben« kommen will, muss zunächst Karriere-Qualitäten zeigen, bevor er oder sie überhaupt die Möglichkeit bekommt, Führungs-Qualitäten einzusetzen. Diese Qualitäten zielen in der Regel darauf, sich mit Einzelleistungen zu profilieren, den nächsten Karriereschritt immer schon mitzubedenken, sich in den informellen Netzwerken des Unternehmens zu etablieren. Diese Karriere-Qualitäten aber sind es, mit denen die Frauen kollidieren. Sie verweigern sich häufig selbst den »hidden rules« des Aufstiegs, die sich in den Firmen etabliert haben, weil sie sich auf die Inhalte der ihnen gestellten Aufgaben und den Umgang mit den ihnen anvertrauten Menschen konzentrieren wollen.

Zusätzlich scheint sich eine Mehrheit der weiblichen Führungskräfte bei ihren Entscheidungen und in ihrem Verhalten von einem deutlich anderen Bild der Organisation leiten zu lassen als ihre männlichen Kollegen. Die erzählen ihre Unternehmen nämlich als eine vertikale Struktur, die durch Funktionen und Positionen konturiert ist: Ihr »Unternehmen im Kopf« besteht aus festgelegten Aufstiegspfaden, aus vorgegebenen Routen der Karriere, auf denen ihr Blick stets auf den Gipfel gerichtet ist. In der Unternehmenswelt von Frauen dagegen bestimmen Aufgaben und Inhalte die Aufmerksamkeit, sie stellen sich und diese Aufgaben in das Zentrum einer kreisförmigen Struktur, ihr Blick tastet Horizonte ab, umfasst die Areale, in denen Mitarbeiter und Kooperationspartner auf die optimale Erfüllung dieser Aufgabe hinwirken. Wenn wir sehen, dass Männer die Welt ihres Unternehmens in oben und unten einteilen, Frauen sich Kooperation, Aufgabenorientierung und eben auch

Führung auf ein gemeinsames Ziel in einem Zusammenwirken von innen und außen vorstellen, kann man erkennen, dass es hier um grundsätzliche Bedingungen und Sichtweisen von »Karriere«, »Führung«, »Aufgabe« und »Kooperation« geht. Die Frage nach weiblichen Führungsqualitäten rückt damit die informellen Regularitäten und die kulturellen Überzeugungen der Organisation als Ganzes ins Blickfeld. Aus einem Projekt der »Frauenförderung« muss deshalb, wenn es wirklich erfolgreich sein will, ein Entwicklungspfad für das gesamte Unternehmen werden.

Es gibt keine isolierten Probleme, und deshalb existieren auch keine isolierten Lösungen. Wer lösungsorientiert arbeiten will, der braucht Informationen über die »Anschlüsse«, die seine Lösung mitbedenken will, wenn sie nachhaltig wirken soll. Im Erzählen offenbaren sich solche Anschlüsse, in Geschichten tauchen diejenigen Personen, Felder, Phänomene auf, die »auch noch damit zu tun haben«. Das macht Storytelling nicht nur zu einem Analysetool, sondern zu einer Lösungsmethode.

Wenn Geschichten Unternehmen machen

Leitbildentwicklung nach Harun al-Raschid

Das Verhalten der Menschen ist der Ausdruck von Individualität, Selbstbewusstsein, Kreativität. Es normieren zu wollen hieße, eine wesentliche Quelle der Konkurrenz- und Überlebensfähigkeit des Unternehmens zu verschließen. Um dem gesamten Unternehmen eine gute Performance beim Kunden zu sichern, gute »Stories« entstehen zu lassen, muss man auf einer Ebene ansetzen, die vor der Ebene des Verhaltens liegt. Man muss vielmehr dafür sorgen, dass sich eine entsprechende *Haltung* im Unternehmen entwickelt. Findet man einen solchen gemeinsamen Hintergrund, dann kann jede Person ihr individuelles Verhalten einbringen, ihren eigenen Stil finden, wie sie persönlich die Grundhaltung des Unternehmens umsetzt.

Wo es keine Übereinstimmung in der Grundhaltung gibt, heben sich die Bedeutungen von individuellen Handlungen ständig gegeneinander auf. Wenn der einzelne Mensch sich nicht darauf verlassen kann, dass sein Verhalten im Kern repräsentativ ist, ist es für ihn im Grunde verschwendete Energie, sich in irgendeine Richtung zu bemühen. Es ist wie beim Feueralarm in einem voll besetzten Kino: Der Einzelne ist eigentlich bereit, ruhig und der Reihe nach zum Ausgang zu gehen, aber weil er fürchtet, dass alle anderen sofort losrennen, rennt er selbst zum Ausgang, um vor diesen unvernünftigen Mitmenschen da zu sein. Ebenso ergeht es dem Mitarbeiter eines Unternehmens: Er muss bei seinen Handlungen weitgehend das Vertrauen haben, dass nicht irgendwo in der Firma gerade jemand seine Bemühung wieder zunichte macht. Eine solche Verlässlichkeit gründet auf gemeinsame Werte, nicht auf detaillierte Vorschriften.

Über die Realität zur Realvision

Aber wie soll ein Unternehmen Einfluss nehmen auf das individuelle Verhalten seiner Mitarbeiter? Die Aufgaben der Mitarbeiter gehen längst weit über das hinaus, was man ihnen »vorschreiben« kann: Sie sollen interagieren, kommunizieren, kreativ und kooperativ handeln, sich also nicht durch Regeln und Vorschriften, sondern durch Prinzipien der Zusammenarbeit leiten lassen.

Der Schlüssel zum Verhalten der Mitarbeiter ist also eine Grundhaltung des Unternehmens, die der Einzelne wahrnehmen und mittragen, verstehen und akzeptieren, erleben und leben kann. Eine solche gemeinsame, täglich gelebte, positive und aufgeschlossene Haltung der Arbeit, dem Unternehmen und den Kunden gegenüber ist Gold wert und kann heute zur entscheidenden Ressource eines Unternehmens im Wettbewerb um die Kunden werden. Auch deshalb, weil viele Unternehmen eine durchgängige Haltung und erkennbare Werte in ihrem Umgang mit Mitarbeitern, Kunden und Partnern vermissen lassen. Denn wenn man sich in Firmen umhört, dann stößt man häufig auf zwei Grundprobleme: Entweder sind die Prinzipien des Unternehmens gar nicht bekannt und jeder handelt eben so, wie er es momentan für angemessen hält, die Mitarbeiter versuchen herauszufinden, woher der Wind gerade weht und ziehen daraus ihre Schlüsse. Oder die Leitsätze, die die Grundhaltung der Firma beinhalten, sind nicht ausreichend auf die Unternehmensrealität anwendbar, schöne Worte, die sich mit den erlebten Regeln, Umgangsformen, Strukturen und Maßgaben nicht decken. In beiden Fällen stehen die Menschen täglich vor Entscheidungen, die sie nötigenfalls immer zugunsten ihrer erlebten Realität treffen werden. Hat ein Mitarbeiter einen Chef, der seine Abteilung sehr eng führt und über alles vorher Bescheid wissen will, wird er schwerlich »unternehmerisches Denken und eigenverantwortliches Handeln« zeigen, auch wenn das im Leitbild steht. Manche

Firmen schreiben so hehre Leitsätze fest, als gelte es, einen Wohlfahrtsverein zu leiten, und dann überlassen sie das Tagesgeschäft wieder den ungeschriebenen Gesetzen des Wilden Westens. Wer so fahrlässig umgeht mit den Worten, sollte sich hinterher nicht wundern, wenn die Mitarbeiter mit Ironie, mit Zynismus und Missachtung strafen, was nicht auf die Unternehmensrealität anwendbar ist. Wer ein nobles Leitbild formuliert, hoch gesteckte Unternehmenswerte niederschreibt und es in der Folge duldet, dass Verletzungen dieser Prinzipien im Alltag ohne Konsequenzen bleiben, der setzt die Vitalität und den Zusammenhalt des Unternehmens fahrlässig aufs Spiel.

Aufgabe des Leitbilds ist es, die spezifische Grundhaltung eines Unternehmens beschreibbar und sichtbar zu machen. Wo die Kraft und die Ausdauer fehlen, diese Grundhaltung in der Wirklichkeit des Tagesgeschäfts zu etablieren und immer wieder neu zu (be)leben, bleibt ein Leitbild trotz aufwändiger Entwicklung und Implementierung eine schöne Makulatur, statt eine tragende Säule des Unternehmensgebäudes zu sein. Schlimmer noch: Es wird zur stetigen Mahnung an die Unzuverlässigkeit des Managements und der Organisation als Ganzes! Gelingt es aber, Leitwerte und Leitideen im täglichen Handeln des Unternehmens so zu etablieren, dass sie für alle Beteiligten erfahrbar und ableitbar sind, dann entsteht etwas, das Organisationen langfristig vital und erfolgreich macht: Vertrauen.

Das papierlose Leitbild

Unserer Erfahrung nach sind für ein motivierendes, inspirierendes und aussagefähiges Leitbild folgende Schritte wichtig:

- Es muss aus der Firmenrealität heraus entwickelt werden,
- es muss eine (er)lebbare Grundhaltung ausdrücken,

- es muss wesentliche Erfolgsparameter beinhalten,
- es muss ständig durch Handlungen belebt werden,
- es muss offen genug sein, um auch in unvorhersehbaren Situationen als Orientierung dienen zu können.

Aber wirklich gelungen ist ein Leitbild eigentlich erst dann, wenn man alle Folder, Broschüren, Poster und Plakate, auf denen es niedergeschrieben wurde, getrost in den Papierkorb werfen kann. Wenn seine Leitsätze sich als Grundhaltung im Unternehmen etabliert haben, mit Leben gefüllt sind, sich von alleine tradieren – durch alltägliche Erlebnisse und durch die Geschichten, die darüber erzählt werden. Erst wenn das individuelle Verhalten der Einzelnen die Grundgedanken des Leitbilds ausdrückt, trägt das Leitbild wirklich zum Unternehmenserfolg bei. Die Sätze auf dem Papier sind also wirklich nicht das Wichtigste an einem Wertekanon. Entscheidend ist, wie sie sich in den Geschichten des Unternehmens realisieren. Es geht folglich nicht darum, ein Papier zu erstellen, sondern gute, ausdrucksstarke, motivierende Geschichten zu ermöglichen. Es geht nicht um die Festschreibung von Grundsätzen, sondern darum, Lebendigkeit und Erneuerung anzustoßen.

Es gibt Unternehmen, die diese Erkenntnis in die Tat umgesetzt haben. Die Voith AG in Heidenheim, global erfolgreich mit Maschinen zur Papierherstellung, mit Turbinen und vielen anderen technischen Spitzenprodukten, hat das Leitbild, das sich in der über 130-jährigen Geschichte des Unternehmens entwickelt und bewährt hat, nirgendwo niedergeschrieben. Zwar nennt die offizielle Unternehmensbroschüre in knapper Form die zentralen Werte und Grundsätze der Firma. Auf ein explizites Leitbild, auf die Ausformulierung der Verhaltensgrundsätze in Broschüren oder im Intranet, auf Folder oder Fibeln zu den Unternehmenswerten aber verzichte man ganz bewusst, so der Vorstandsvorsitzende Dr. Hermut Kormann. Auf diese Weise, so ist man bei Voith überzeugt, können Werte und Leitideen nicht weitergegeben werden. Werte müssen gelebt werden, erfahrbar sein – auch dadurch, dass man ihre bewusste Verletzung im Unternehmen nicht toleriert. Statt auf die Verbreitung des Unternehmensleitbildes in Hochglanzbroschüren und auf großformatigen Wandtafeln, wie in manch anderen Konzernen zu beobachten, setzt man bei Voith auf die stetige Vermittlung der Werte im Dialog: Die Unternehmensleitung sieht es als einen nicht unerheblichen Teil ihrer Aufgaben an, das Leitbild in Vorträgen und Diskussionen mit Führungskräften, Mitarbeitern, Auszubildenden, aber auch mit Partnern und Kunden immer wieder vorzustellen und zu reflektieren. Dabei geht es immer auch um gelebte Beispiele dessen, was die zentralen Werte des Unternehmens ausmacht – um Geschichten. Geschichten, so Kormann, vermitteln, was die Werte des Unternehmens im realen Umgang miteinander und mit den Kunden wirklich bedeuten. Und deshalb sammle er solche Geschichten ganz bewusst.

Der Geschichten-Test

Geschichten können auf zweierlei Weise dazu beitragen, ein Leitbild zum Leben zu erwecken: Wo die Leitsätze bereits bestehen, kann es belebt werden durch motivierende Beispiele, persönliche Geschichten, ermutigende Erlebnisse. Geschichten zu sammeln und im Unternehmen zu kommunizieren, die ausdrücken und illustrieren, wie die Werte im Unternehmen gelebt werden, verankert die »Vision« in der Realität. Stellen wir uns vor, ein Unternehmen stellt sich seinem Leitbild auf diese Weise: Es sammelt zu jedem Leitsatz, was die Mitarbeiter dazu zu erzählen haben. Bei einem Erzählworkshop, im Intranet oder durch einen Aufruf in der Mitarbeiterzeitschrift. Dabei stellt sich heraus, dass es einige Punkte im Leitbild gibt, zu denen sehr viel erzählt wird. Und andere, zu denen niemand eine Geschichte beisteuern kann. Schneller und klarer kann man gar nicht herausfinden, welche Maximen im Unternehmen schon gelebt werden und welche (noch) nicht realisierbar sind.

Wie man aus Geschichten ein Leitbild entwickelt

Wenn Geschichten die Leitsätze illustrieren können, dann kann man auch umgekehrt vorgehen und Erlebnisse sammeln, aus denen man dann die Leitwerte entwickelt: Sie haben vor, ein neues Leitbild zu erarbeiten? Holen Sie dafür die besten Experten, die Sie bekommen können: ihre Mitarbeiter. Aber fragen Sie sie nicht danach, was sie denken und meinen, sondern lassen Sie sie erzählen, wie sie handeln und was sie erleben. Laden Sie sie ein, aus ihrem Arbeitsalltag zu erzählen. Veranstalten Sie Gesprächsrunden, Erzählworkshops, hören Sie sich auf den Gängen um, ermuntern Sie jeden, den Sie treffen, zu einer kleinen Geschichte. Nach wenigen Wochen schon haben Sie die Bausteine für ein Leitbild zusammen, das der individuellen Realität und der Tradition ihres Hauses gerecht wird. Damit machen Sie gleich von Anfang an deutlich, dass etwas Neues beginnt: Denn schließlich ist die Entwicklung der Grundprinzipien der (Zusammen-)Arbeit und der gemeinsamen Ziele aus Mitarbeiter-Erzählungen selbst eine gute Geschichte, die man im Unternehmen und über das Unternehmen erzählen kann. Und das ist der beste Anfang, den man machen kann.

Wie man an die Geschichten kommt, dafür finden sich in diesem Buch viele Möglichkeiten. Zum Beispiel können Sie einen Erzählworkshop durchführen, wie wir ihn ab Seite 227 beschrieben haben. Das Wichtigste ist, auch wenn Sie externe Berater engagieren, dass die Haltung stimmt: Die Geschichten der Mitarbeiter sollen wirklich den Nukleus der Arbeit am Leitbild darstellen und nicht nur eine von vielen Quellen, etwa als Ergänzung zu einer Meinungsumfrage, sein. Man kann Beispiele für gelungene Kooperation zusammentragen und daraus ableiten, welchen Weg man im Miteinander beschreiten möchte – Geschichten, in denen deutlich wird, in welchen Situationen und aufgrund welcher Handlungen der Einzelne sich als erfolgreich erlebt. Durch Flexibilität? Durch Genauigkeit und Zuverlässigkeit? Die Geschichten, die die Mitarbeiter erzählen, werden es zeigen. Was wird im Unternehmen erzählt von den Kunden, vom Produkt, von den Wettbewerbern?

Geschichten, also Erlebnisse aus der Realität des Unternehmens zu sammeln und daraus die Erfolgsparameter der Unternehmenskultur abzuleiten ist auf lange Sicht wirkungsvoller und auch wesentlich einfacher, als am grünen Tisch entworfene Leitsätze mühsam in den Unternehmensalltag einzuflechten. Denn ein so gewonnenes Leitbild setzt da an, wo die Menschen ihr Tun als erfolgreich, gut und sinnvoll erleben.

Wenn ein Unternehmen seine Prinzipien aus der gelebten Unternehmensrealität schöpft, schafft es sich eine Orientierung, die in seinem Arbeitsumfeld wirklich Sinn macht. Sie ist anwendbar und umsetzbar, denn was von seinen Mitarbeitern erzählt werden kann, ist im Unternehmen auch bereits als Erfahrung vorhanden. Es ist erstaunlich, wie fahrlässig viele Unternehmen mit diesen Erfahrungen und mit dem damit verbundenen Wissen umgehen. Aus der Tatsache, dass Unternehmen diese interne Wissensquelle nicht nutzen, erklärt sich, warum manche Unternehmen geradezu notorisch bestimmte Fehler wiederholen, andererseits die Lehren aus bestimmten Erfolgsgeschichten nicht ziehen und intern nicht weiterverwenden können. Darauf haben Art Kleiner und George Roth hingewiesen, die für verschiedene Unternehmen solche Erfahrungsgeschichten aus Mitarbeiterinterviews herausdestilliert und für interne Lernprozesse aufbereitet haben (Kleiner/Roth 1998). Erfahrungen darüber, wie Kundenorientierung, Kooperation, Kommunikation, Engagement, Austausch von Wissen, Freude an der Aufgabe gelingen können, existieren aber in jedem Unternehmen – sonst würde es schlicht und ergreifend nicht überlebt haben. Somit liegt in der Leitbildentwicklung mit Storytelling auch die Chance, einen individuellen und unternehmensspezifischen Wertekanon zu schaffen, der die Identität und Besonderheit genau dieser Firma zum Ausdruck bringt: Sie wird ein unverwechselbares Original.

Darüber hinaus erreicht man durch die Schöpfung der Grundsätze aus der Unternehmenspraxis, dass der Abstand zwischen Vorsatz und Realität klein gehalten wird. Realistische Kriterien für den Umgang untereinander, mit den Kunden und Partnern, die akzeptiert werden, sind allemal besser als idealistische Formulierungen, die nicht umgesetzt werden. Das heißt nicht, den Status quo festzuzurren und sich nicht mehr zu verändern: Ein Unternehmen, das sich selbst erzählend beschreibt, ist auf dem besten Wege zu einem klaren Selbst-Bewusstsein. Und das ist auch eine gute Voraussetzung für einen angestrebten Wandel: Nur wer genau weiß, wo er steht, kann sich Ziele setzen, wo er noch hin möchte.

Der Identität auf der Spur

Um ein gutes Angebot zur Identifizierung darzustellen, muss ein Leitbild gerade in größeren Unternehmen, die ja auch immer mehrere »Kulturen« repräsentieren – etwa durch verschiedene Standorte, Bereiche, Zukäufe oder Fusionen –, den Ausgleich zwischen den Ansprüchen von Cultural Diversity und Corporate Identity gleichzeitig gerecht werden. Es braucht also einerseits genug Ähnlichkeit, damit der gemeinsame Rahmen sichtbar wird, aber auch genug Verschiedenheit, um als Identifizierungsangebot für alle gelten zu können. Deshalb ist es ein guter Weg, sie aus dem multiperspektivischen Blickwinkel vieler Erzählungen im Unternehmen zu entwickeln, die den Kern dessen beschreiben, wie die Firma denkt, handelt und sich versteht. Die Storytelling-Analyse bietet sich gerade für große Unternehmen als eine schnelle und zeitsparende Methode an, die Geschichten der Mitarbeiter zu sammeln. Stellvertretend für alle erzählen 20 bis 40 Mitarbeiter in Einzelgesprächen aus ihrem Arbeitsleben. Dabei gehen arbeitsbiografische Erzählungen von den verschiedensten Stellen des Unternehmens in die Studie ein: Jeder Standort, jeder Bereich, verschiedene Hierarchiestufen und Funktionen sind vertreten. So entsteht eine Art »Gesamterzählung«, die einerseits die verschiedenen individuellen Erlebnisse und Arbeitsrealitäten enthält, andererseits (durch die Analyse) überindividuelle Muster, Haltungen, Werte und Weltbilder deutlich macht, die den Unternehmensalltag prägen. Die Ergebnisse der Storytelling-Analyse lassen sich auch immer, über die Erstellung eines Leitbildes hinaus, für weitere Prozesse einsetzen. Denn was immer der ursprüngliche »Auftrag« für eine Analyse ist: Sie enthält darüber hinausgehende Erkenntnisse über die Kultur, die Kooperation, die Kommunikation, die Denk- und Handlungsroutinen des untersuchten Systems.

Am Erleben ansetzen: Mehr als eine Leitbildentwicklung – Teil 1

In einem Unternehmen mit etwa 1.000 Mitarbeitern an zwei Standorten sollte etwa ein Jahr nach der Fusion ein neues gemeinsames Leitbild und eine neue Kommunikationskultur geschaffen werden. Das Hauptproblem lag aus Sicht der Auftraggeber darin, dass Misstrauen zwischen den Fusionspartnern die Zusammenarbeit erschwerte.

Wir starteten den Prozess mit einer Storytelling-Analyse. Tatsächlich bestätigte sich zunächst das Bild, das die beiden Geschäftsführer uns geschildert hatten: Noch nie hatten wir in einer Firma so viele Vorbehalte bei den Mitarbeitern erlebt. Misstrauen und Angst waren überall zu spüren. Es war in den ersten Tagen nicht leicht, überhaupt Gesprächspartner für die Storytelling-Studie zu gewinnen. »Ich möchte da nicht reingezogen werden.« »Das bringt nichts, wenn Sie die Gespräche anonymisieren, die finden das doch raus!« Ein besonderes Merkmal beider Kulturen war es aber, das uns schließlich die Arbeit erleichterte: An beiden Standorten gab es regen informellen Austausch darüber, was im Unternehmen geschah. Flüsterpost und Flurfunk verbreiteten offenbar in Windeseile, was unsere ersten Gesprächspartner bei den Storytelling-Gesprächen erlebt hatten: dass wir ihnen zuhörten, dass ihre Geschichten wichtig waren, dass ihre Geschäftsleitung sich offensichtlich einfach dafür interessierte, was sie täglich erlebten. Denn als wir nach zwei Wochen neue Termine vereinbarten, waren die Menschen schon aufgeschlossener. Es war eine andere Haltung zu spüren: Neugierde, mehr Offenheit, mehr Vertrauen. Die meisten Menschen, mit denen wir sprachen, interessierten sich dafür, wie es denn nach der Storytelling-Analyse weitergehen sollte.

Etwa 30 biografische Erzählungen lagen schließlich zur Auswertung vor. Sie handelten von dem, was die Menschen in den bisherigen Firmen vor der Fusion erlebt hatten, von Kollegen, Projekten, Höhepunkten und besonderen Erlebnissen ihrer Laufbahn. Sie handelten von der Fusion und ihren Schwierigkeiten, von der Zeit danach. Was aber so gut wie nie vorkam, war das angebliche »eigentliche« Problem: Kaum jemand erzählte von Misstrauen gegen den jeweils »anderen« Fusionspartner. Was die Erzählungen durchgängig wiedergaben, war aber ein großer Vorbehalt gegen die Führung. Sie war für die Mitarbeiter an beiden Standorten gleichermaßen nicht greifbar, undurchschaubar, weit weg von ihrem Arbeitsalltag. Da sie so von der Geschäftsleitung und den Vorgesetzten wenig Orientierung für die Gegenwart bekamen und gleichzeitig die Zukunftsperspektiven in einer angespannten Marktlage nicht rosig waren, blieben die »alten Geschichten« aus der Zeit vor der Fusion der zentrale Referenzrahmen für ihre Identität im Unternehmen.

Und die Probleme im Zuge der Fusion waren das einzig Greifbare an der Gegenwart. Das Unternehmen war, kurz gesagt, nicht imstande zur Kooperation, weil es noch gar nicht in der Gegenwart angekommen war. Es herrschte Stillstand, man wartete ab, jeder versuchte einfach nur, sich über Wasser zu halten. Denn ein angekündigter und bereits begonnener Stellenabbau stand ebenfalls im Raum.

Es ging also im weiteren Verlauf des Prozesses vor allem um zwei Dinge: Führung und Mitarbeiter einander erstmal »näher zu bringen«, neue, gemeinsame Geschichten zu schaffen und im Unternehmen als Referenzrahmen zu etablieren, der die Gegenwart und eine mögliche Zukunft beinhaltete.

Drei Wochen später lud die Geschäftsführung in einer Rundmail interessierte Mitarbeiter zu einem zweitägigen Workshop ein. Die Storytelling-Ergebnisse sollten präsentiert werden und man wollte gemeinsam an der Leitbildentwicklung arbeiten. Wir hatten für 50 Mitarbeiter ein Seminarhotel gebucht. Die Geschäftsführer waren mehr als skeptisch. »Da kommt wahrscheinlich keiner freiwillig«, meinten sie. Aber schon nach zwei Tagen hatten wir mehr Anmeldungen als freie Plätze. Außer den gesetzten Personen aus Geschäfts- und Bereichsleitung kamen dann mehr als 30 Mitarbeiter aus beiden Standorten, aus ganz unterschiedlichen Abteilungen und allen Hierarchiestufen, am Tagungsort zusammen.

Wir stiegen mit der Präsentation der Storytelling-Ergebnisse in den Workshop ein. Bis zu diesem Zeitpunkt waren sie niemandem im Unternehmen bekannt, auch nicht den beiden Geschäftsführern, die wir davon überzeugen konnten, die Ergebnisse nicht schon vorab, sondern erst auf der Tagung gemeinsam mit den Mitarbeitern anzuhören. Wie sich dann auch zeigte, wurde dieser große Vertrauensvorschuss ihrer Geschäftsführung von den Mitarbeitern als ein erster, wichtiger Schritt auf dem Weg zu mehr Nähe und Offenheit verstanden.

Alle waren nach der Präsentation erstmal erstaunt, dass auch die »anderen«, also die Mitarbeiter des anderen Standorts, ihre Fragen, Unsicherheiten und Ängste bezüglich einer gemeinsamen Zukunft teilten. Die Spiegelung der tatsächlich erlebten Grundprobleme, der Sichtweise von Strukturen, Aufgaben, Möglichkeiten bei den Mitarbeitern in der Gruppe machte den Teilnehmern deutlich, dass sie jenseits der Standortfrage mehr Gemeinsamkeiten als Unterschiede aufwiesen. Das Problem des »Standortstreites« trat schlagartig hinter die Erkenntnis zurück, dass man gemeinsamen Herausforderungen gegenüberstand und dass man ähnliche Muster im Umgang mit bestimmten Problemen entwickelt hatte – im Guten wie im Schlechten. Mit der Energie, die dieser gemeinsame Erkenntnisprozess auslöste, im Hintergrund, ging es gleich in eine »Open-Space-Konferenz« über. Wichtig war jetzt, dass die Menschen sich ausgehend von der Analyse des Ist-Zustandes und seiner Geschichte, die durch die Storytelling-Analyse sichtbar geworden waren, aktiv und lösungsorientiert mit der Zukunft beschäftigten. In der Konferenz sollten sie erleben, was sie gemeinsam bewirken können.

Einen Nachmittag lang ging es nach Open-Space-Art darum, in kleinen, selbst organisierten Gruppen die Themen zu bearbeiten, die den Teilnehmern wichtig erschienen. Wie bei einer Open-Space-Konferenz üblich, wurden die Themen von den Teilnehmern selbst vorgeschlagen: Die Arbeitsgruppen entstehen dadurch, dass jemand ein Anliegen vorbringt, die Uhrzeit der Arbeitsgruppe nennt und Interessierte sich dann bei ihm eintragen und mitreden. Nach und nach trafen sich also die unterschiedlichsten Mitarbeiter quer durch Standorte und Hierarchien in den stündlich neu entstehenden Arbeitsgruppen. Schon am ersten Abend bei der Feedback-Runde hatte sich die anfangs etwas kühle, abwartende Stimmung gedreht. Die Teilnehmer hatten in den Gruppen etwas Neues erlebt: Dort waren die bisher durch Standorte und Hierarchien getrennten Menschen sich begegnet, hatten gemeinsam ein Thema bearbeitet. Eine ganz neue Erfahrung war es für die Mitarbeiter, dass die Führungskräfte und die Geschäftsführer ebenso wie sie selbst einfach nur mitredeten, sich für Themen eintrugen, sich an den Gruppen beteiligten. Beim Abendessen und anschließenden Bier hatten dann alle etwas Neues zu erzählen. »Mit den Geschäftsführern kann man ja richtig gut reden!«, sagten die Mitarbeiter. »Die Mitarbeiter sind ja gar nicht so unengagiert, wie wir dachten!«, sagten die Führungskräfte. Darüber hinaus entstand eine Unmenge neuer Geschichten durch die Themen, die in den Arbeitsgruppen besprochen wurden – und zwar durchwegs zukunftsorientierte Geschichten, bis hin zu ganzen Projektideen, die den Kern neuer umsetzbarer Geschäftsstrategien in sich bargen.

Nach den zwei Tagen hatten sich die Geschichten und mit ihnen das Unternehmen verändert, und nicht nur die Menschen, die teilgenommen hatten. Denn diese trugen ihre Begeisterung, den Spirit des Aufbruchs und die neu entstandenen Geschichten ins ganze Unternehmen hinein: Noch einmal kamen die ausgeprägten informellen Kommunikationswege dem Prozess zugute. In kürzester Zeit verbreiteten sich die neuen Geschichten im Unternehmen. Einige Teilnehmer luden ihre Kollegen zu Meetings ein und stellten ihnen vor, was bei der Storytelling-Analyse herausgekommen war und was sie bei der Open-Space-Konferenz besprochen hatten.

Was im ganzen Prozess scheinbar ins Hintertreffen geraten war, war der eigentliche »Auftrag«: die Leitbildentwicklung. Doch das war eben (noch) nicht der nächste Schritt. Erst musste das Unternehmen sich als Unternehmen überhaupt definieren können, um sich einen Wertekanon zu geben. Und dazu brauchte es einen Anfang: gemeinsame, auf die Zukunft gerichtete Geschichten. Sie wurden zur neuen Orientierung für alle Mitarbeiter und der rote Faden für die einzelnen Veränderungsprozesse, die nach dem Workshop von den Mitarbeitern weitergeführt wurden.

Leitbildimplementierung nach Harun al-Raschid

Wer die Erfahrungen der Mitarbeiter bei der Erstellung des Leitbilds einbezieht, wird selbst eine neue Erfahrung machen: dass dadurch die Phase der Erstellung schon ein Stück des Implementierungsprozesses ist. Bei den Workshops und Erzählrunden, auf den Plattformen, die zur Leitbildentwicklung genutzt wurden, hat die Auseinandersetzung mit den Leitwerten und Zielen des Unternehmens schon begonnen, wurde die Frage der Anwendbarkeit schon gestellt. Die Menschen, die am Erstellungsprozess beteiligt waren, sind außerdem die besten Botschafter, um die neu entwickelten oder neu belebten Leitwerte ins Unternehmen zu tragen. Und da man mit Geschichten arbeitet, die weitererzählt werden, wird der Nukleus der Unternehmensprinzipien ständig ohne eigens geplante Kommunikationsmaßnahmen tradiert und mit der Zeit in der Unternehmensstory verankert. Man hat also vielfältige »Verteiler« geschaffen: motivierte, beteiligte Menschen, Geschichten als Träger der Kernaussagen. Und man hat gleichzeitig eine zusätzliche »gute« Geschichte im Unternehmen kreiert, die die Mitarbeiter vom Prozess der Leitbildentwicklung erzählen können.

Jetzt kommt es darauf an, wie in der Folge mit dem umgegangen wird, was man geschaffen hat. Bei unseren Storytelling-Studien hören wir immer wieder, wie irritierend und demotivierend es für die Mitarbeiter ist, wenn in einer Firma das eine *gefordert*, aber das andere *gefördert* wird. Wenn etwa das Beförderungssystem Menschen dazu auffordert, sich mit Einzelleistungen zu profilieren, andererseits aber Teamgeist gezeigt werden soll. Wenn sich Führungskräfte bei der einen Fortbildung anhören müssen, wie sie ihre Durchsetzungskraft steigern, bei der anderen, wie sie die Potenziale der Mitarbeiter entwickeln. Wenn die Kommunikationswege zwischen Leitung und Mitarbeitern einseitig und anordnend sind, also die Voraussetzungen für die andererseits gewünschte Dialogfähigkeit schlecht sind. Wenn Mitarbeiter angehalten werden, bei Verhandlungen mit den Kunden das Optimale für die Firma herauszuholen, sie aber an anderer Stelle lesen, dass der Kundenwunsch im Mittelpunkt steht.

Implementierung, oft als reine Kommunikationsmaßnahme missverstanden, heißt nichts anderes als die Harmonisierung aller Themen mit der Grundhaltung des Unternehmens. Wenn Sie es ernst meinen mit dem Leitbild, dann klopfen Sie alle Themen im Unternehmen darauf ab, ob sie die Grundhaltung der Firma bestätigen. Die Kriterien in den Mitarbeitergesprächen, das Bonussystem, die Personalentwicklung, das Führungskräftetraining, die Fortbildungsmaßnahmen, die Aufstiegskriterien, das Vorschlagswesen, die Unternehmenskommunikation, der Außenauftritt: Alles muss Schritt für Schritt dem angeglichen werden, was man als zentrale Kriterien des Erfolgs in das Unternehmensleitbild aufgenommen hat.

Am Erleben ansetzen: Mehr als eine Leitbildentwicklung – Teil 2

Nach der Storytelling-Analyse, nach dem Workshop, von dem die Signalwirkung »da wollen wir hin« ausging, machte sich das Unternehmen an die Entwicklung des neuen Leitbilds. Wie schon von Anfang an, setzten wir dabei weiterhin auf das Wissen und das Engagement der Mitarbeiter. An beiden Standorten wurde dezentral in Workshops an den verschiedenen Themen gearbeitet, die aus der Analyse und der ersten Open-Space-Konferenz hervorgegangen waren. Es wurde in allen Gruppen ganz konkret an Verbesserungen gearbeitet, die die jeweiligen Teilnehmer in ihren Abteilungen, in ihrem Arbeitsumfeld sahen und umsetzen wollten. Da kamen Vorschläge zur Vereinfachung von Kommunikationsstrukturen, zahlreiche Hinweise, wie man ohne viel Aufwand Gelder einsparen konnte, viele kleine Initiativen zur Umsetzung von konkreten Projekten, und wie »nebenbei« lebten und entwarfen die Mitarbeiter auch die Leitwerte der Kooperation in der neuen Unternehmensstruktur. Es bildeten sich, bedingt durch die Arbeitsgruppen, übrigens viele informelle Beziehungsgeflechte zwischen den weit entfernten Standorten. E-Mails gingen hin und her, an vielen Stellen entstanden persönliche Kontakte zwischen Menschen, die vorher zwar offiziell miteinander zu tun hatten, sich aber nie kennen gelernt hatten.

Inzwischen sind in diesem Unternehmen nicht nur die Leitsätze formuliert, sondern gleichzeitig wurden viele die Zusammenarbeit und die gemeinsamen geschäftlichen Ziele betreffenden Fragen angegangen. Viele kleine Lösungen an vielen Stellen des Unternehmens förderten ein neues, zukunftsorientiertes Denken. Der Prozess der Leitbildentwicklung hat sich zu einem Prozess der Organisationsentwicklung ausgeweitet.

Leitbildtradierung nach Harun al-Raschid

Leitbildentwicklung ist, richtig verstanden, Organisationsentwicklung. Die Geschichte des Unternehmens wird nicht festgeschrieben, sie verändert sich. Wenn es gelingt, dass die gemeinsame Haltung sich in vielen individuellen Handlungen widerspiegelt, dann können sich neue, gute »Geschichten mit Ausrufezeichen« in den Köpfen der Menschen und damit im »Unternehmen im Kopf« der Mitarbeiter etablieren. Ein Unternehmen handelt dann selbst-bewusst, wenn die Handlungen jedes Einzelnen die gemeinsame Grundhaltung des Unternehmens illustrieren und bestätigen. Dadurch entstehen viele Geschichten nach innen und außen, die der entwickelten und gewachsenen Unternehmenskultur angemessen sind, die ausdrücken, wie die Firma sich als individuelle, einmalige »Persönlichkeit« definiert, was sie unter Erfolg versteht, wo sie sich von anderen Unternehmen unterscheidet, wie sie mit anderen umgeht. Wie bei einer Person auch, müssen eine Gemeinschaft, ein Verein, eine Organisation und ein Unternehmen ihre Haltungen ständig durch Handlungen bestätigen.

Um das Selbstbild der Organisation zu festigen und seine Identität zu stärken, kann man wiederum auf die Verbreitung und das Eigenleben guter, motivierender Geschichten vertrauen. Bringen Sie in Umlauf, wie im Unternehmen gehandelt wird. Sprechen Sie darüber, wie zwei Abteilungen ein gemeinsames Projekt erfolgreich gemacht haben. Erzählen Sie Ihren Kunden davon, wenn ein Mitarbeitervorschlag sich in der Praxis bewährt hat. Machen Sie Aufhebens von den Menschen, die normalerweise nicht so in der Öffentlichkeit stehen: von pfiffigen Verkaufsmitarbeitern, jungen Teams, die eine neue Idee umgesetzt haben. Fragen Sie in einem langweiligen Meeting, was Ihre Führungskräfte in letzter Zeit erlebt haben mit den Mitarbeitern, mit den Kunden. Räumen Sie Ihre Intranetseiten frei für Erfahrungsberichte Ihrer Praktikanten, für Erlebnisse Ihrer Teams, für das Lob eines zufriedenen Chefs an seine Abteilung, für einen Brief aus der Niederlassung im Ausland. In deutschen Firmen wird viel geredet, aber viel zu wenig erzählt von den kleinen Erfolgen, den witzigen Ideen oder unerwarteten Wendungen im Unternehmensalltag.

Aber auch ein offener, lernbereiter Umgang mit Fehlern und Misserfolgen sollte gepflegt werden. Einen Fehler zweimal zu machen ist ja erst wirklich ein Fehler. Deshalb können auch Geschichten von Fehlschlägen, falschen Entscheidungen und schwierigen Problemen dem Unternehmen nützen: Denn so lernt der Einzelne auch in Bereichen etwas dazu, in denen er noch keine Erfahrung gemacht hat. Projektabschlüsse sind beispielsweise eine gute Gelegenheit, auch mal von Krisen und Rückschlägen zu erzählen. Denn eine Geschichte macht immer die Zusammenhänge von Entscheidungen, Handlungen oder Unterlassungen deutlich und beinhaltet damit, »umgekehrt« gelesen, oft schon die Lösung. Die kann ein anderer beim nächsten Mal dann wirklich anwenden. Eine offene »Fehlerkultur« gemeinsam mit einer stolzen »Erfolgskultur« fördert eine selbst-bewusste, vitale und widerstandsfähige Grundkonstitution der Unternehmenskultur.

Das Sprungbrett in die Zukunft

Mit Springboard Stories den Wandel vorantreiben

Unternehmen bestehen aus Geschichten. In den alltäglichen und außergewöhnlichen Geschichten, die im und über das Unternehmen kursieren, bildet sich das Unternehmen ab wie in einem Spiegel. Und wenn man tief genug hineinschaut in diesen Spiegel – etwa mit dem analytischen Instrumentarium der Storytelling-Analyse –, dann offenbaren sich darin die Identität und der Charakter, die Denkweise und die Handlungsmöglichkeiten der Organisation: Merkmale einer ausgeprägten Persönlichkeit. Und so spricht man auch von Unternehmen als »Individuen«, die sich von anderen unterscheiden: Sie bevorzugen bestimmte Typen von Menschen, sie bringen ähnliche Charaktere hervor und nach vorne, sie entwickeln spezifische Denk- und Handlungsmuster, in ihnen zählen bestimmte Werte mehr als andere. Diese Individualität zeigt sich an ähnlichen Erlebnissen und Erfahrungen, die Menschen mit und in diesem Unternehmen gemacht haben. Geschichten sind der Speicher für all das, in ihnen finden die Identität, die Persönlichkeit und Einzigartigkeit eines Unternehmens ihren Niederschlag.

Die Geschichte(n) des Unternehmens zu kennen bringt einen Vorteil für die Gestaltung seiner Zukunft. Denn Zukunft ist zwar prinzipiell immer offen, aber deshalb nicht voraussetzungslos. Wer stolz verkündet, er schaue nur nach vorne, hat das Ganze ebenso wenig im Blick wie derjenige, der auf die Vergangenheit fixiert ist. Nur wer sich über die bisherige Praxis im Klaren ist, kann das zukünftige Handeln und das alte Denken so verändern, dass dabei wirklich

Alternativen entstehen und gleichzeitig das Bewahrenswerte erhalten wird.

In gewisser Weise sind Geschichten immer auch auf die Zukunft gerichtet, auch wenn sie erprobtes Wissen, Erfahrungen und Werte der Vergangenheit tradieren. Solche Geschichten kann man durchaus konservativ nennen, aber sie sind konservativ im Wortsinne: Sie bewahren Wichtiges für die Zukunft.

Da, wo Geschichten vom Misslingen, vom Scheitern, von Gefahren berichten, wo sie warnen, geht es darum, dass bestimmte Fehler in Zukunft vermieden werden, dass bestimmte Schicksale sich nicht wiederholen. »Oh, wäre dir deine Geschichte mit Nadeln in deine Augenwinkel gestichelt, so wäre sie eine Warnung für jeden, der sich belehren ließe!«, heißt es immer wieder in den Erzählungen aus 1001 Nacht.

Und schließlich gibt es all die Geschichten, die eine glückliche Wendung nehmen: Eine Idee bringt die Lösung, ein mutiger Schritt wird belohnt, ein Helfer rettet die Situation, ein kluger Rat bringt den Erfolg. Diese Geschichten offenbaren Möglichkeiten. Sie zeigen, dass Optionen auch da existieren, wo die Situation scheinbar ausweglos war, und sie führen vor, wie diese Optionen entdeckt und verwirklicht werden können. Sie sagen: Es gibt eine Alternative, einen Weg, den man übersehen hat, eine Lösung, die verborgen war. Sie sagen auch: Wenn es einmal möglich war, warum sollte es dann nicht wieder möglich sein? Wenn es damals Alternativen gab, warum dann nicht auch heute? Solche Geschichten machen Mut für die Zukunft. Sie motivieren, nach Alternativen zu suchen, neu wahrzunehmen und nachzudenken, Mut aufzubringen und ausgetretene Pfade zu verlassen.

Springboard Stories – Wandel anstoßen durch Geschichten

Diesen Typ von Geschichten bezeichnet der Australier Stephen Denning als Springboard Stories: Sprungbretter für einen Aufbruch in neue Sphären, für Veränderung und Zukunftsfähigkeit. Denning benutzte solche Springboard Stories erfolgreich, um die Menschen in seinem Unternehmen zu überzeugen, zu motivieren und für ein innovatives Projekt zu gewinnen. Und je länger er mit diesen Geschichten arbeitete, desto mehr machte er die Erfahrung, dass seine Geschichten weit mehr bewirkten als alle sorgfältig erarbeiteten Charts, Prognosen und Projektpläne, die er sonst einzusetzen gewohnt war.

Denning wurde Mitte der 90er Jahre von seinem Unternehmen, der Weltbank, beauftragt, sich um das Problem der internen Informationsflüsse zu kümmern. Es bestand zu dieser Zeit eine gewisse Unzufriedenheit an vielen Stellen des Unternehmens hinsichtlich der Verfügbarkeit und Weitergabe von Wissen, Daten, Erfahrungen. Die Weltbank führt unzählige Projekte in Entwicklungs- und Schwellenländern in aller Welt durch. Sie ist dabei nicht nur Geldgeber, sondern auch Berater und in gewissem Sinne auch Kontrolleur. Ob im Gesundheitssektor, im Aufbau von Infrastruktur, bei der öffentlichen Verwaltung, der Privatisierung von Staatsbetrieben und vielem mehr – überall, wo Mittel der Weltbank im Spiel sind, sind auch Teams der Bank mit im Spiel, die den Erfolg der Projekte und Maßnahmen sicherstellen sollen. Es war klar, dass innerhalb dieser globalen Organisation eine Unmenge an Erfahrungen, an Expertenwissen, an Projektberichten, Forschungsarbeiten, Statistiken etc. vorhanden sein musste. Und es war weiter klar, dass es immer wieder an verschiedenen Stellen der Erde zu ähnlichen Problemen und Konstellationen kam, bei denen das Wissen und die Erfahrung, die man bei vergleichbaren Projekten gemacht hatte, dringend gebraucht werden konnten. Die Erfahrung lehrte aber, dass es innerhalb eines solch riesigen Apparates Wochen und Monate dauerte, bis das »richtige« Wissen gefunden, gesammelt und verfügbar gemacht werden konnte – wenn überhaupt. Ganz zu schweigen von dem Wissen all der Universitäten, Institute und Organisationen, mit denen die Weltbank hier und da zusammenarbeitete, oder von denen sie sich fallweise beraten ließ.

Denning erkannte sehr bald, dass er die Probleme nicht durch Reformen an der bestehenden Praxis und den bisher gängigen Abläufen würde lösen können. Seiner Überzeugung nach musste die Bank ein radikal neues System installieren: Sie brauchte ein umfassendes Wissensmanagement-System mit entsprechender Technik, vor allem aber ein unternehmensweites neues Bewusstsein bei allen Führungskräften und Mitarbeitern. Damit stand er aber auch der Aufgabe gegenüber, die unterschiedlichen Gremien und Hierarchieebenen der weit verzweigten Organisation von der Notwendigkeit dieser fundamentalen Veränderung zu überzeugen. Es ging nicht mehr »nur« um besseren Informationsfluss, sondern um den Fluss von Wissen, Erfahrungen, Beispielen im ganzen Unternehmen und zwischen dem Unternehmen und seinen Klienten. Es ging darum, in der gesamten Organisation das Verständnis zu entwickeln, dass man inzwischen mehr als eine Bank war, nicht nur Geld für Projekte verlieh, sondern gleichzeitig auch »Knowledge Broker« geworden war.

Denning sah bald ein, dass er damit auf erhebliche Schwierigkeiten stoßen würde. Es hatte in den vergangenen Jahren bereits einige interne Studien zu dem Thema gegeben, die allesamt nur den Effekt hatten, dass eine weitere Studie in Auftrag gegeben wurde. Als einzige konkrete Maßnahme hatte man in der Folge versucht, in einem Pilotprojekt bestimmte Abteilungen dazu zu bringen, »Best Practice«-Erfahrungen in einer Datenbank zu sammeln und allgemein verfügbar zu machen. Das Projekt kämpfte allerdings mit dem Problem, dass sich die Beteiligten nicht darauf einigen konnten, welches Vorgehen eigentlich jeweils »Best Practice« sein sollte – zu unterschiedlich waren die Ansichten und Urteile der Teams und Experten.

Denning sah sich also vor die Aufgabe gestellt, einen Mentalitätswandel in der Organisation herbeiführen zu müssen. Er brauchte einerseits Verbündete, die die Idee eines umfassenden Wissensmanagements mit ihm teilten, und er musste die Führungsgremien davon überzeugen, dass ein offizielles Projekt etabliert werden sollte. Er erarbeitete Szenarien und Argumentationen, die die verschiedenen Trends, Möglichkeiten und Modelle für ein umfassendes »Knowledge Sharing« und »Knowledge Broking« darlegten. Er musste aber auch einsehen, dass er die Komplexität und die Vielfalt der Aspekte des Themas nicht in Präsentationen erfassen und im Zusammenhang visualisieren konnte. Er machte die Erfahrung, dass immer wieder einzelne Aspekte in den Diskussionen herausgepickt und zerredet wurden, dass seine Vision bei der Mehrheit keinen wirklichen Anklang fand und er kein Feuer entfachen konnte.

Geschichten als Sprungbretter für Veränderungen

In dieser Situation »stolperte« Denning, wie er selbst sagt, über Storytelling. In seinem Buch »The Springboard« (Denning 2001), zu Deutsch »Das Sprungbrett« – das übrigens nicht nur von Storytelling handelt, sondern auch als Lehrstück über die vielfältigen Schwierigkeiten des Change-Managements gelesen werden kann –, beschreibt er, wie er auf die Idee kam, es mit einer Geschichte zu versuchen. Bei einem gemeinsamen Mittagessen mit einem Kollegen erzählte er über seine Vorstellungen und Schwierigkeiten. Im Verlauf dieses Gesprächs berichtete der Kollege ihm wiederum ein Erlebnis, das er vor kurzem bei einem Projekt in

Sambia gehabt hatte. In der Gesundheitsstation eines Dorfes, Hunderte von Kilometern weit weg von der Hauptstadt, in einer der ärmsten Regionen der Welt, suchte eine Mitarbeiterin der Station nach neuen Behandlungsmöglichkeiten für Malaria. Die Station war kurz zuvor mit einem Internetzugang ausgestattet worden, und die Mitarbeiterin fand die Informationen, die sie brauchte, auf einer Site in Atlanta, beim Center of Disease Control. Man muss dazu anmerken, dass 1995 das Internet nicht so weit verbreitet und populär war wie heute, diese Geschichte damals also noch neuartig und »erzählenswert« war.

Denning fand in dieser kleinen Geschichte ein gutes Beispiel dafür, was er als die Vorteile und Möglichkeiten von »Knowledge Sharing« ansah. Er erkannte gleichzeitig, dass das, was hier im afrikanischen Hinterland zum Erfolg geführt hatte, in seinem eigenen Unternehmen nicht realisiert war: Weder verfügte die Weltbank zu diesem Zeitpunkt über entsprechende Wissensdatenbanken im Intranet, noch stellte sie selbst relevantes Wissen im Internet zur Verfügung.

In der Folgezeit baute er die Sambia-Geschichte in seine Präsentationen ein. Er eröffnete die Geschichte damit, dass er darauf hinwies, dass etwas, das wie Zukunftsmusik klingen könnte, heute bereits punktuell Realität sei. Und er schloss an die kurze Geschichte die Implikationen für das eigene Unternehmen an: Was, wenn wir einen ähnlichen Zugriff auf Wissen und Erfahrungen aus unseren zahllosen Projekten hätten? Was, wenn wir auch unsere Klienten an diesem Wissen unmittelbar beteiligen könnten? Was, wenn dieses Wissen so aufbereitet wäre, dass man genau die Beispiele, Daten, Empfehlungen herausgreifen könnte, die man in einem bestimmten Fall konkret benötigt?

Denning machte die Erfahrung, dass er ganz andere Reaktionen als früher auf seine Vorträge erhielt, wenn er mit dieser Geschichte arbeitete. Die Körpersprache der Zuhörenden änderte sich, wenn er erzählte, anstatt mit Hilfe von

Charts zu referieren. Es kamen nicht nur Nachfragen und Einwände, sondern auch Vorschläge und eigene Ideen aus dem Auditorium. Er begann, mit der Geschichte zu experimentieren. Er stellte fest, dass die Wirkung viel positiver war, wenn er die Geschichte zu Anfang seiner Präsentation erzählte, als wenn er sie in der Diskussion später quasi als »Argument« benutzte. Schließlich gelangte er zu einer Vortragsform, die ganz um die Geschichte herumgebaut war. Die Sambia-Story verbreitete sich, sie wurde weitererzählt, sie löste bei seinen Zuhörern eigenes Nachdenken und Fantasien aus. Diese erste Geschichte half ihm, die entscheidenden Gremien für seine Grundidee zu gewinnen und das Projekt »Knowledge Sharing« im Unternehmen zu lancieren.

In den folgenden Projektphasen kamen neue Geschichten hinzu. Stephen Denning sammelte Geschichten, die sich zur Illustration dessen eigneten, was er vorzuschlagen hatte, was in den kommenden Phasen wichtig war. Mehr und mehr konnte er dabei auch auf Geschichten zurückgreifen, die bereits Beispiele aus der eigenen Organisation erzählten. Beispiele, die bildhaft den Geist dessen illustrierten, was in Zukunft überall gelten sollte.

Dass der umfassende Change-Prozess, den das Projekt bedeutete, dennoch kein Kinderspiel war, darüber lässt Dennings eigene Geschichte keinen Zweifel. Wie gesagt ist sein Buch auch ein Beispiel für die vielfältigen Widerstände und Stolpersteine, die es bei einem Prozess zu bewältigen gilt, der auch einen Mentalitätswandel voraussetzt. Aber Dennings Erfahrungen mit dem Erzählen von Geschichten, um Zukunft zu gestalten, lässt vieles von dem deutlich werden, was wir hier bereits in anderen Zusammenhängen festgestellt haben.

Die wichtigsten Erfolgsmerkmale von Zukunftsgeschichten

Zukunftsgeschichten stehen in konkreten Zusammenhängen

Denning nutzte den Vorteil von Erzählungen, zu einem Thema immer einen konkreten Kontext mitzuliefern. Das Thema erscheint in einem konkreten Zusammenhang, den sich die Zuhörer vorstellen können, den sie nachvollziehen können, und nicht abstrakt und losgelöst von einer konkreten Situation. Der richtige Kontext verstärkt das eigentliche Anliegen der Geschichte.

Zukunftsgeschichten schaffen Identifikation

Das zweite Element, auf das Denning verweist, ist die Identifikationsfigur: Eine Springboard Story, die funktionieren soll, braucht immer eine Hauptfigur. Deshalb beginnen seine Geschichten immer mit einer Person, die vor ein Problem gestellt wird: die Gesundheitsdienst-Mitarbeiterin, der Leiter einer Projektgruppe etc. Man sollte diese Regel aber nicht zu eng auslegen. Wie wir noch ausführlicher darlegen werden (im Kapitel »Das Unternehmen auf Abenteuerreise«, Seite 251), kann der »Held« einer Geschichte auch eine ganze Gruppe oder das Unternehmen selbst sein. Denning streut in seinen Ausführungen die Idee, dass es der Einführung einer einzelnen Person bedarf, um bei den Zuhörern Identifikation auszulösen, und dass Identifikation die Aufnahme der Geschichte und der dahinter liegenden Idee erleichtert. Daran ist sicher einiges richtig, aber das Phänomen der Identifikation ist äußerst komplex. Erfolgreiche Filme und Bücher statten ihre Geschichten immer mit mehreren interessanten Figuren aus, denn erfolgreiche Autoren wissen, dass sich unterschiedliche Menschen und Gruppen mit unterschiedlichen Figuren identifizieren. Auf jeden Fall müssen die »Hauptfiguren«

Mitfühlen, Anteilnahme, Empathie bei den Zuhörern auslösen können. Denn Empathie, Einfühlung in die Situation der »Helden«, ist eine Voraussetzung dafür, sich auf eine Geschichte einzulassen, ihr zu folgen und sie gleichsam mitzudenken.

Zukunftsgeschichten öffnen Möglichkeitsräume

Um die Springboard Story herum, also die erzählte Episode, entsteht in den Köpfen der Zuhörer erst die eigentliche Geschichte. Auch bei Dennings erster Geschichte war es so, dass die erzählte Episode das Sprungbrett war, von dem aus die Idee des »Knowledge Sharing« sich in den Vorstellungen der Zuhörer etablieren konnte. Und diese neue Idee, eine neue Möglichkeit, eine Veränderung des »Vorher« in ein »Nachher«, bringt das Publikum auf die Geschichte hinter der Story: »Früher wäre das nicht möglich gewesen, früher wäre das Problem nicht lösbar gewesen, aber heute ist das prinzipiell möglich.« Die Springboard Story veranschaulicht plastisch und konkret einen neuen Lösungsansatz und bietet damit den Einstieg in einen neuen Möglichkeitsraum. In diesem Raum entsteht bei den Zuhörern eine neue Geschichte, die unter Umständen weit über das hinausgeht, was zunächst erzählt wurde.

Diese Geschichte ist es, in der die eigene Organisation (und damit jeder Zuhörer selbst) zum Helden werden kann. Die Zuhörer werden auf neue Ideen gebracht und können sich sagen: »Wenn auch wir diese neuen Möglichkeiten nutzen, dann wird das gesamte Unternehmen sich verändern und wir werden Dinge tun können, die wir bisher nicht getan haben, Möglichkeiten realisieren, die wir früher gar nicht wahrgenommen haben!« Jeder im Unternehmen, der zu dieser Veränderung beiträgt, der sich dafür einsetzt und dazu Schritte unternimmt, ist ein Auslöser und Träger von Wandel und Fortschritt – also ein »Held« in einer Geschichte. Genau diesen Effekt peilt Stephen Denning an, wenn er in seinen Springboard Stories die Implikationen aus der am Anfang geschilderten Episode ausbreitet: Stellt euch vor, wie es sein könnte, wenn wir...! Streng genommen gehört der Appell an diese Vorstellung, das Zitieren der Möglichkeiten gar nicht mehr zur Story. Dennoch präsentiert Denning sie immer als Teil seiner Springboard Stories. Es spricht viel dafür, dass ein solcher erklärender Anhang gar nicht unbedingt nötig ist, wenn man mit guten Geschichten arbeitet, dass die Folgerungen, die man aus dem Beispiel ziehen kann, in anschließenden Diskussionen und Workshops ganz von alleine aus der Gruppe kommen werden, wenn die Geschichte nur »stimmig« ist. Ein wesentlicher Aspekt einer solchen »Stimmigkeit« besteht darin, dass Geschichten, die auf die Zukunft verweisen, die Zuhörer für eine neue Idee, einen Wandel, eine Vision gewinnen sollen, trotzdem und gerade »authentisch« sein müssen. »A story that rings true«, nennt Denning diesen Aspekt.

Zukunftsgeschichten knüpfen an der Realität an

Eine Springboard Story nimmt auf konkrete Begebenheiten Bezug und entwirft kein abstraktes Zukunftsgemälde. Sie erlaubt es dem Zuhörer, von der Gegenwart aus die Zukunft »hochzurechnen«, aber sie entwirft kein Luftschloss. Visionsgeschichten, Fiktionen, die nicht in der erlebten Realität, an einer bereits gemachten Erfahrung anknüpfen, sondern voraussetzungslos eine zukünftige »Realität« vorstellen, können vielleicht kurzfristig Begeisterung auslösen, aber sie sind immer in Gefahr, von realen Schwierigkeiten und Erlebnissen sofort wieder entwertet zu werden.

Erfolgreiche Visionen dagegen haben immer einen Anknüpfungspunkt im Hier und Jetzt, vielleicht sogar in der Vergangenheit. Sie stellen nicht nur einen zukünftigen Zustand vor Augen, sondern liefern auch einen Ansatzpunkt für den Weg dorthin, eine Grundlage, von der aus die Möglichkeit des Erfolges gedacht werden kann. Durch eine konkrete Beispielgeschichte wird die darin enthaltene Vision »geerdet« – und erst das ermöglicht es, die Zuhörer mitzunehmen und nicht bereits am Anfang alle Skeptiker zu verlieren (»Wie soll das denn gehen?«).

John F. Kennedys Satz: »In zehn Jahren werden wir einen Mann auf den Mond schicken«, wird gern als Paradebeispiel für eine Vision zitiert, die eine ganze Nation in ihren Bann ziehen kann. Aber selbstverständlich war auch diese Vision »geerdet«, hatte dieses Ziel Anfang der 60er Jahre bereits sichtbare Voraussetzungen. Einerseits hatte die Sowjetunion durch den Sputnik bereits bewiesen, dass selbst diejenigen, die man für unterlegen hielt, es schaffen konnten, das scheinbar Unmögliche möglich zu machen. Und andererseits gab es bereits die eigene Raumfahrttechnologie, mit der man aufgeholt hatte und die als Vorstufe des Geplanten verfügbar war. Man muss sich nur vorstellen, ein amerikanischer Präsident hätte diesen Satz zehn oder 15 Jahre früher als Motto ausgegeben – man hätte den Mann für verrückt erklärt. Zukunftsgeschichten, die nachhaltig wirken sollen, anstatt bloß ein Strohfeuer zu entfachen, müssen in eben diesem Sinne »realistisch« sein.

Storytelling erzeugt Offenheit für neue Möglichkeiten

Springboard Stories konzentrieren sich auf die Grundidee, die man vermitteln will, aber sie lassen den Zuhörern viel Raum, um selbst ihre Folgerungen zu ziehen, selbst auf den Kern der Sache zu kommen und selbst zu überlegen, wie diese Idee verwirklicht werden könnte. Die erzählten Episoden sollen kernprägnant sein, indem sie eine konkrete Realisierung beinhalten, aber sie müssen auch genügend offen, also randunscharf bleiben. Das heißt, dass sie keine Details vorgeben, keine Einzelheiten ausbuchstabieren. Sie zeigen

Möglichkeiten auf, lassen aber auch vieles offen. Eine gute Geschichte in diesem Sinne muss eine unausgesprochene Einladung an die Zuhörer enthalten, die offenen Stellen der Geschichte selbst aufzufüllen. Eine Erkenntnis aus den Erfahrungen des Weltbank-Managers besteht darin, dass aktive Mitarbeit an einem solchen Change-Projekt, Engagement und Unterstützung nur dann wirkungsvoll ausgelöst werden können, wenn es gelingt, die Betroffenen zu Beteiligten zu machen – und das heißt zunächst, wenn die Möglichkeit geschaffen wird, dass die Menschen selbst auf die Idee kommen können, selbst zu erkennen, welche Chancen in dem angeregten Wandel stecken.

Storytelling in Form solcher Zukunftsgeschichten ist eine Form der Kommunikation, die zum Mitdenken und zum Selbst-Denken anregt. Wo bereits bis ins Detail vor-gedachte Pläne und Konzepte präsentiert werden, konzentriert sich ein Gutteil der Aufmerksamkeit von vornherein auf Zustimmung oder Ablehnung eben dieser Details, auf das Aufspüren von Fehlern, auf die Möglichkeit, bei spezifischen Vorschlägen da einzuhaken, wo man selbst Experte ist und es besser weiß. Zukunftsgeschichten oder Springboard Stories dagegen versuchen zunächst, den Grundstein dafür zu legen, sich gemeinsam eine neue Idee zu Eigen zu machen. Sie sind ein unaufdringliches Angebot zur Kooperation, und das öffnet die Köpfe und Herzen der Menschen viel mehr als das Auftischen fertiger Lösungen und Konzepte, die man eigentlich nur noch abnicken oder zerpflücken kann.

Das alles bedeutet natürlich nicht, dass die Change-Idee, die auf diese Weise in die Organisation getragen wird, nicht von klaren Analysen, sorgfältig recherchiertem Wissen und durchdachten Szenarien flankiert werden muss. Aber dieses Material muss eben Material bleiben, sozusagen als Unterfütterung eines Prozesses, der sich in der Zusammenarbeit mit denen entwickelt, die für die neue Idee gewonnen werden sollen.

So, wie die Geschichten, die die Change-Ideen in den Köpfen wachsen lassen, offen sein müssen, so muss es auch der Change-Prozess als Ganzes sein, wenn er nachhaltig erfolgreich sein will. Dies ist auch die Erfahrung, die Stephen Denning in seinem Buch eindringlich und überzeugend erzählt – Wissensmanagement ist heute in seinem Unternehmen fest verankert, aber der Prozess der Implementierung und des Lernens im Umgang mit »Knowledge Sharing«, mit »Wissensaustausch« geht unaufhörlich weiter – und bleibt offen.

Das gilt für alle Arten und Aspekte von Storytelling, die wir in diesem Buch vorstellen – ob nun auf der Ebene des Einzelnen, in der Workshoparbeit mit Gruppen oder bei der Storytelling-Analyse: Storytelling ist immer auch ein Weg, um Möglichkeiten aufzuspüren, die nicht sichtbar, nicht im Voraus planbar, nicht mit den herkömmlichen Prinzipien erfassbar sind. Storytelling beinhaltet immer die Chance, etwas Wertvolles zu finden, das man nicht von vornherein gezielt suchen konnte. Um auf diese Weise erfolgreich zu sein, bedarf es einer Haltung der Offenheit. Das Harun-al-Raschid-Prinzip ist die Metapher für diese Offenheit: aufbrechen in die Zukunft, dabei neugierig sein und vorbehaltlos zuhören. Harun al-Raschid hat den eigenen Palast, wo er allseitig geschützt war und allzeit unwidersprochen blieb, verlassen, um sich auf die Geschichten seines Reiches und damit auf das Abenteuer Wirklichkeit einzulassen. Mit Geschichten zu arbeiten bedeutet auch heute, eine Wirklichkeit zu entdecken, die größer, bunter, widersprüchlicher ist als die kleine Welt, die man vom Palast seiner vorgefassten Meinungen und festgezurrten Pläne aus überblicken und kontrollieren kann.

Storytelling ist ein Weg, das vorhandene Potenzial an Wissen, an Denkweisen, an Kreativität und Erfindungskraft der Menschen anzusprechen, zu aktivieren und zu nutzen. Gerade wenn es um Wandel geht, wenn das Neue Gestalt annehmen soll, wird das Wissen, werden die Ideen und Vorschläge vieler gebraucht. Der Corporate Mind, die kollektive Intelligenz ist reichhaltiger, facettenreicher, vielgestaltiger als die Vorstellungen einzelner Experten. Nichts spricht dafür, dieses Mehr an Wissen und Intelligenz brachliegen zu lassen.

Geschichten aus 1001 Mund

Storytelling in PR und Öffentlichkeitsarbeit

»Empfehlen Sie uns gerne weiter!« – Lange, bevor Werbung und Marketing, Öffentlichkeitsarbeit und Customer Relationship erfunden waren, entließen Geschäftsinhaber ihre zufriedenen Kunden mit diesem Satz. Sie vertrauten darauf, dass ein Mensch, der etwas Gutes bei ihnen erlebt hatte, das auch anderen weitererzählen würde. Heute, im Zeitalter der Massenmedien, der großen Werbe- und Imagekampagnen, scheinen wir manchmal vergessen zu haben, dass der Ruf eines Unternehmens sich immer noch großteils über Geschichten »von Mund zu Mund« verbreitet.

Durch die gesteigerte Mobilität der Menschen ist die Effektivität der Mundpropaganda sogar noch angewachsen: Firmen mit gutem Ruf können sich die besten Uniabgänger aussuchen (»Geh da hin, bei denen kann man sich entwickeln!«), die begehrten »High Potentials« mailen sich gegenseitig interessante Adressen zu (»Da wird an interessanten Projekten gearbeitet«), Kunden kommen wieder und empfehlen den Anbieter weiter (»Weil man da auch kompetente Ansprechpartner für individuelle Lösungen hat«). Wer auf Messen und in Hotelbars, in den Lounges der Flughäfen oder im ICE die Ohren aufsperrt, wird schnell erfahren, dass auch dort ein Strom von Geschichten in Umlauf gebracht wird. Geschichten über ein Unternehmen, über seine Produkte, seinen Umgang mit Kunden, Lieferanten und Mitarbeitern werden auch da verbreitet, wo die Firma und ihre Abteilung für Öffentlichkeitsarbeit eine »Öffentlichkeit« gar nicht vermuten würden. Immer wenn Menschen mit einem Unternehmen direkt oder indirekt in Berührung kommen, entstehen Eindrücke, Erlebnisse, Begegnungen, die sich – sofern sie nur intensiv und prägnant genug sind –

zu Anekdoten und Storys verdichten können. Und die Geschichten ziehen ihre Kreise weit über den Zirkel ihrer direkten Beziehungsnetze von Kunden, Lieferanten und Partnern hinaus.

Ist eine Geschichte erst einmal in Umlauf, dann ist sie nicht mehr zu kontrollieren. Aber jedes Unternehmen hat Einfluss darauf, ob Gutes oder Schlechtes erzählt wird, ob die Geschichte zur Empfehlung wird oder zur Warnung. Der Ursprung der Geschichten liegt immer im Unternehmen selbst.

> Herr P., der Gründer und Geschäftsführer eines mittelständischen Unternehmens, das auf die Herstellung von maßgeschneiderten Maschinenteilen aus High-Tech-Material spezialisiert ist, erzählte uns folgende Begebenheit: Eines Tages rief ihn der Einkaufschef eines Neukunden an und orderte bei ihm eine große Anzahl von Teilen. Auf die Frage, wie der Einkaufsleiter denn auf seine Firma gekommen sei, erzählte er, man habe ihm das Unternehmen wärmstens empfohlen: als vertrauenswürdig, zuverlässig, ehrlich, kundenorientiert.
> Überraschenderweise kam die Empfehlung von einer Firma, die selbst nicht einmal zum Kundenkreis des Herstellers gehörte. Herr P. erinnerte sich, dass er dem Einkäufer dieser Firma, der sich vor einigen Monaten nach Material für einen ganz bestimmten Zweck erkundigt hatte, abgeraten hatte, bei ihm zu ordern und ihn auf ein kostengünstigeres, aber für seine Zwecke völlig ausreichendes Material hingewiesen hatte, das er dann bei einer anderen Firma bezog. Eine ungewohnte Ehrlichkeit. Aber diese unerwartete Haltung hatte der »Kunde« weitererzählt und sie hat offenkundig inzwischen weite Kreise gezogen. Denn die Firma kam in den folgenden Jahren noch zu einer Reihe weiterer Auftraggeber, die sich auf diese Geschichte beriefen.

In unserem Beispiel war eine ganz bestimmte Haltung des Firmeninhabers der Ausgangspunkt für eine positive Geschichte, die sich verbreitete und schließlich zu Geschäftskontakten und neuen Aufträgen führte: Die Geschichte wirkte als Empfehlung und verschaffte der Firma einen Vertrauensvorschuss schon vor dem ersten direkten Kontakt mit dem Kunden. Genau das ist gemeint, wenn man sagt, einem Unternehmen eile ein guter Ruf voraus. Letztlich besteht dieser Ruf in nichts anderem als einer Reihe von Geschichten, die sich verbreiten. Und Geschichten gehen ihren Weg immer von innen nach außen. In Umkehrung des Sprichwortes gilt für Unternehmen: »Wie man aus dem Wald herausruft, so schallt es zurück.« Mitarbeiter sind die ersten und wichtigsten Botschafter eines Unternehmens. Was sie draußen bei Kunden und Partnern, im Freundeskreis, am Stammtisch oder beim Gespräch mit Berufskollegen erzählen, kann durchaus massive Auswirkungen auf das Image und damit auch auf den Erfolg eines Unternehmens haben.

Es lohnt sich demnach, alles zu tun, damit im gesamten Unternehmen eine Haltung herrscht, die die Entstehung und Verbreitung positiver Geschichten fördert. Denn eine nachhaltig gute Öffentlichkeitsarbeit beginnt immer im Unternehmen – und zwar bei weitem nicht nur in der »zuständigen« Abteilung, sondern an jedem einzelnen Arbeitsplatz. Mit dem guten Ruf verhält es sich wie mit wahrer Schönheit: Beides kommt (auch) von innen.

Informelle Öffentlichkeitsarbeit – was Mitarbeiter beim Kunden erzählen

Den Stoff für Geschichten, die aus dem Unternehmen nach außen getragen werden, liefert das, was Mitarbeiter in der Firma tatsächlich und täglich erleben. Bei den Geschichten endet der Einfluss der Sprachgewalt der Vorstände, Internetauftritte und Imagebroschüren. Was im Inneren des Unternehmens geschieht, dringt in Form von Geschichten nach außen und schlägt Wellen. Überlegen Sie einmal selbst, ob Sie nicht eine ganze Reihe von Geschichten kennen, die Ihnen als

Kunde von Außendienstmitarbeitern so ganz am Rande erzählt wurden, und die Sie durchaus nachdenklich gemacht haben. Etwa der Servicemann, der ein defektes Gerät sichtlich frustriert repariert und Ihnen erzählt, dass dieses Modell auch bei anderen Kunden ständig Probleme macht, dass er das »denen von der Entwicklung« auch schon »Tausend Mal gesagt« hat, aber »die hören ja nicht auf uns«.

Erlebnisse mit Firmen prägen den Eindruck, den man von ihr hat und den man weitererzählt. Wenn die Leute vom Messestand eines Anbieters nicht gerade inspiriert von ihrem Produkt sprechen, wenn das Abwickeln eines Auftrags sich wegen langwieriger Reklamationen hinzieht oder auch, wenn eine besonders freundliche und kompetente Chefsekretärin ihre Kontakte spielen lässt, um schnell noch einen Gesprächstermin in einer anderen Abteilung zu organisieren – all das kann der Ausgangspunkt für eine Geschichte sein.

Viele solcher Geschichten kreisen um ein Unternehmen, und wer auf den Ruf seines Unternehmens bedacht ist, sorgt dafür, dass es viele gute sind. Man kann nicht verhindern, dass Menschen schlechte Geschichten erzählen, indem man es ihnen verbietet. Aber man kann dafür sorgen, dass sie Dinge erleben, aus denen gute Geschichten werden, indem bereits am Ursprung solcher Geschichten anders gehandelt und kommuniziert wird. Wer erst einmal erkannt hat, welchen Einfluss Geschichten, die im Umfeld des Unternehmens erzählt werden, auf den Geschäftserfolg haben, der wird auch darangehen, positive Geschichten bewusst zu fördern.

Beziehungsmanagement mit Storytelling

Wenn Sie Ihre Kunden begeistern wollen: Begeistern Sie zuerst Ihre Mitarbeiter! Denn nicht nur Ihre Produkte gelangen zum Kunden, jede Lieferung ist flankiert von Kontakten, Kommunikationen und Erlebnissen, die der Kunde mit

Ihrem Unternehmen hat. Sie brauchen also neben guten Produkten auch eine offene und permanente Mitarbeiterinformation, eine Unternehmenskultur, die dem Einzelnen und seinen Fähigkeiten Raum gibt, und Werte, die von »oben« vorgelebt werden. Wirkliche Kundenorientierung entsteht nicht erst beim Kontakt mit dem Kunden, sondern schon viel früher. Sie ist eine Haltung. Mitarbeiter, die intern nicht ernst genommen werden, die nur in Hierarchien und Zuständigkeiten denken dürfen und keine offene Kommunikation erleben, werden auch beim Kunden nicht als Weltmeister in partnerschaftlichem Umgang und Dialog auftreten.

Gute Produkte und eine gesunde Unternehmenskultur sind die Pflicht. Die Kür geht wie immer einen Schritt weiter und erfordert mehr Kreativität. Wer erreichen will, dass von seinem Unternehmen aus positive Geschichten in Umlauf kommen, sollte sich nicht mit dem Normalmaß zufrieden geben. Wenn »business as usual« angesagt ist, dann gibt es nämlich eigentlich nichts zu erzählen – weder Positives noch Negatives. Alles geht seinen geordneten Gang, niemand hat Grund zur Klage, es gibt aber auch nichts, was erzählenswert sein könnte. Wie langweilig! In einem solchen Unternehmen wird man wohl kaum begeisterte Mitarbeiter finden – und nur begeisterte Mitarbeiter haben »draußen«, beim Kunden und in ihrem persönlichen Umfeld, gute Geschichten parat.

Der Turnaround in der Unternehmensgeschichte

Eigentlich war es schon lange nicht mehr so einfach, positive Geschichten bei den Kunden zu erzeugen – zumindest auf dem deutschen Markt. Denn als Normalfall hat sich bei uns in vielen Bereichen eingebürgert, Kunden an der unteren Grenze des Standards abzufertigen. Die freundliche Bedienung, der Handwerker, der Ihre Wohnung nicht als

Schlachtfeld zurücklässt, der Servicemitarbeiter, der Ihr Problem zu seinem macht und nicht locker lässt, bis er es für Sie gelöst hat: All das sind erzählenswerte Geschichten, die schnell die Runde machen. Warum? Weil sie noch die Ausnahme von der Regel sind. Wieso sonst erzählen uns Freunde und Bekannte prompt Geschichten, die so oder ähnlich anfangen: »Stell dir vor, heute hatte ich Probleme mit Verspätungen im ICE« (bis hierher noch nichts Besonderes), »aber eine Zugbegleiterin hat mir gleich weitergeholfen und mich auf eine andere Verbindung aufmerksam gemacht, mit der ich doch noch rechtzeitig zu meinem Termin gekommen bin.«

Erzählenswert ist diese Episode nur, weil der Ruf der Bahn mittlerweile derart gelitten hat, dass gute Erlebnisse als interessanter Gesprächsstoff in jeder Runde taugen. Ein erfolgreiches Unternehmen im Wettbewerb muss eine andere Geschichte kreieren können: Es muss als Ganzes (!) Anlass für eine positive Story sein. Und das schafft es nur durch die Summe vieler positiver Einzelgeschichten, die schließlich darin münden, dass es heißt: »Im Gegensatz zur Konkurrenz ist dieses Unternehmen weit vorne.« Oder auch: »Im Gegensatz zu früher ist dieses Unternehmen heute so, wie man es sich als Kunde immer gewünscht hat.« Vielleicht sollten sich in Zukunft Unternehmenslenker nicht nur daran messen, ob sie den »Turnaround« bei den Ergebniszahlen schaffen. Sie sollten sich vielmehr daran messen (lassen), ob sie es schaffen, die ganze Unternehmensgeschichte zu drehen. Daran, ob sie es schaffen, dass die Kunden positive Geschichten über das Unternehmen erzählen. Dass das Unternehmen Gesprächsstoff ist – und zwar als Vorbild. Das langfristige »Klima« der Kundenbeziehungen ist ein viel verlässlicherer Indikator für nachhaltigen Unternehmenserfolg, als es die »Zwischenhochs« von Jahresbilanzen oder gar Quartalszahlen erfahrungsgemäß sind.

Ganz Ohr für den Kunden

So viele Firmen haben sich Kundenorientierung auf die Fahnen geschrieben. Eine gute Firma legt Wert darauf, das auch möglichst zu realisieren. Eine exzellente Firma lässt beim Thema Kundenorientierung keine Lücke zwischen Anspruch und Wirklichkeit zu. Unternehmen, die es ernst meinen mit ihrer Hinwendung zum Kunden, müssen selbst deren Gesprächspartner werden. Die Einrichtung von Callcentern und das regelmäßige Befragen von Kunden reicht dazu nicht aus. Das gesamte Unternehmen muss seine Antennen ausrichten, muss auf »Empfang« gehen und zu einem großen Ohr für den Kunden werden. »Erzähl mal!« muss zum Motto für jeden werden, der mit dem Kunden in Kontakt kommt: Erzähl mir deine Erlebnisse, erzähl mir deine Erfahrungen, Wünsche, Frustrationen, erzähl mir, was dich zufrieden gemacht, gefreut, vielleicht sogar begeistert hat. »Die erfolgreichsten Unternehmen werden in Zukunft diejenigen sein, die den Kunden lieben«, hat der Witten-Herdecker Ökonomieprofessor Birger Priddat vor kurzem prophezeit (Priddat 2000). Wer einen anderen liebt, der interessiert sich für seine Geschichte und Geschichten. Der will wissen, was der andere erlebt hat und verstehen, wie es ihm ergeht – auch und gerade mit einem selbst. Aufmerksamkeit und Interesse manifestieren sich im Zuhören. Und das können nur Menschen. »Sprechen Sie mit uns und nicht mit einem Computer!«, lautet der erfolgreiche Slogan eines Dienstleisters, der damit bei vielen Verbrauchern einen Nerv getroffen hat. In einem kundenorientierten Unternehmen, das diese Bezeichnung auch tatsächlich verdient, ist jeder einzelne Mitarbeiter, der einem Kunden begegnet, bereit, diesem Menschen zuzuhören, und Mitarbeiter wie Führungskräfte untereinander hören sich gegenseitig mit der gleichen Bereitschaft zu. Kundenorientierung ist erfolgreich nur zu verwirklichen, wenn sie als Haltung von Personen tagtäglich gelebt wird.

Diese Haltung setzt Vorstellungskraft für die Situation des »anderen« voraus. Angenommen, man stellt sich bei jedem Kontakt über die Firmengrenze hinaus eine ganz einfache Frage: Was für eine Geschichte wird mein Gegenüber wohl erzählen, wenn er diese Situation schildert? Wird er etwas Interessantes, Schönes, Erfreuliches zu erzählen haben? Je mehr Menschen in Ihrem Unternehmen so auf die Begegnung mit dem Kunden eingehen, desto weniger wird man in der Firma über »Kundenorientierung« diskutieren müssen. Die Welt des Kunden wird in vielen Geschichten beispielhaft und situationsbezogen immer präsent sein: und zwar sowohl im Unternehmen als auch in der Öffentlichkeit. Denn zum Harun-al-Raschid-Prinzip gehört es auch, dafür zu sorgen, dass diese Geschichten im Unternehmen kreisen können. Sammeln und dokumentieren Sie die besten Geschichten von und mit Kunden: Sie sind ein ausgezeichneter Gradmesser für die Entwicklung der Beziehungen und ein Fundus an Wissen, das Ihre Mitarbeiter dringend brauchen. Dass die griffigsten Storys dabei ein exzellentes Material für Ihre Marketing- und PR-Aktivitäten sind, versteht sich von selbst.

Für den Einstieg in das Storytelling mit den Kunden gibt es verschiedene Möglichkeiten. Eine Storytelling-Analyse auf Kundenseite als Vorstufe kann sich in vielen Fällen lohnen: einerseits, um gezieltes Eingehen auf bestimmte Vorstellungen und Denkmuster von Kunden zu ermöglichen, aber auch in allen Bereichen, in denen Anonymität wichtig sein kann (etwa bei Finanzdienstleistern, im Gesundheitssektor oder wenn es bei einem langfristigen Kundenstamm zu Irritationen gekommen ist).

In anderen Fällen aber kann auch direkt losgelegt werden: mit kleinen Foren für und mit Kunden, in denen Austausch ermöglicht wird. Wichtig dabei: Jetzt stehen einmal nicht der Anbieter oder seine Produkte im Mittelpunkt, sondern der Kunde selbst, seine Erlebnisse, seine Ideen, seine Geschichten. Der Kunde ist Gast und soll erleben, dass er tatsächlich wichtig ist und ernst genommen wird. Dann wird auch die Offenheit entstehen, die für den Austausch notwendig ist.

Gute Geschichten als Immunsystem für das Image

Wenn ein Unternehmen es geschafft hat, dass negative Geschichten als Ausnahme von der Regel erzählt werden, dann hat es bereits den wesentlichen Schritt geschafft. Zufriedene Kunden springen gerne in die Bresche, wenn jemand auch mal eine schlechte Erfahrung gemacht hat. »Das ist mir aber noch nie passiert!« und »Da müssen Sie aber ausnahmsweise mal Pech gehabt haben«: So beginnen meist die Geschichten, die man in so einem Fall zu hören bekommt. Gute Geschichten bilden das Immunsystem für das Image eines Unternehmens. Menschen glauben entgegen dem landläufigen Vorurteil nicht einfach alles, was in der Zeitung steht. Damit sie etwas glauben, braucht es schon eine gewisse Bereitschaft, eine bestimmte Vor-Erfahrung. Ein Unternehmen, das immer mal wieder positiv von sich reden gemacht hat, von dem auch viele gute Geschichten kursieren, hat eine starke Abwehrkraft entwickelt gegen Negativschlagzeilen, die jeden einmal treffen können, und wird sie verkraften. Jeder erinnert sich noch an die Meldung vom missglückten »Elchtest«, aber langfristig konnte diese Nachricht dem guten Ruf der Mercedes-Autos nichts anhaben. Auch deshalb, weil die Kunden dem Unternehmen abgenommen haben, dass es alles versuchen würde, diesen technischen Mangel zu beheben. Wo dagegen gute Vorerfahrungen und gute Geschichten Mangelware sind, ist der Ruf des Unternehmens unter Umständen durch eine einzige Story zu ruinieren, die durch die Medien geht. Denn negative Meldungen wirken dann besonders fatal, wenn sich bereits im Vorfeld bestimmte Ressentiments aufbauen konnten.

Die Wirkungen der Geschichten, die über ein Unternehmen erzählt werden, kann man gut nachweisen, wenn es um die Rekrutierung interessanter Mitarbeiter geht. Gerade für hoch qualifizierte Nachwuchskräfte werden das Image eines Unternehmens, die Atmosphäre am Arbeitsplatz, Anerkennung und Freiheitsgrade immer wichtiger, wenn es um die Entscheidung für oder gegen einen Arbeitgeber geht. Die soziologischen Untersuchungen der letzten Jahre bestätigen durchgehend diesen Trend. Geld ist der Generation der neuen, gut ausgebildeten Leistungsträger zwar wichtig, aber es ist eben nicht mehr alles. Gute Bezahlung wird vorausgesetzt. Ausschlaggebend aber sind Entwicklungs- und Entfaltungsmöglichkeiten, die Möglichkeit, Arbeit und Privatleben unter einen Hut zu bekommen und nicht zuletzt gute und offene Beziehungen zu Kollegen und Vorgesetzten. Es sind vor allem, aber nicht ausschließlich, diese Menschen, die sich sehr genau über einen Arbeitgeber informieren und dazu die unterschiedlichsten Kanäle nutzen. An erster Stelle dabei stehen die Erfahrungsberichte von Menschen aus dem eigenen Beziehungsnetzwerk. Ihre Geschichten darüber, was sie in einer Firma – ob als Praktikant, Werkstudentin oder Mitarbeiter – erlebt haben, sind oft ausschlaggebend für die Entscheidung, welcher Firma jemand den Vorzug gibt. Personalfachleute kennen diesen Effekt von seiner positiven Seite: Auf die Frage, warum sie sich gerade bei dieser Firma vorstellen, antworten die meisten Bewerber, dass sie Positives gehört haben. Eine Firma, der in den Beziehungsnetzwerken auf dem Arbeitsmarkt kein guter Ruf vorauseilt, wird das nur indirekt merken: daran nämlich, dass sie sehr viel in »Recruiting« investieren muss, ohne mit den Ergebnissen wirklich zufrieden zu sein. Viel wirksamer wirbt man die gesuchten High Potentials, wenn man dafür sorgt, dass diejenigen, die als Praktikanten und Nachwuchskräfte das Unternehmen neu kennen lernen, so behandelt, betreut und gefördert werden, dass sie in ihren Kreisen positive Geschichten über das Unternehmen verbreiten können.

Den Schatz der Geschichten im Unternehmen halten

Jeder Mensch, der eine gewisse Zeit in einem Unternehmen tätig war und es dann wieder verlässt, nimmt aus diesem Unternehmen Geschichten mit – und damit auch die Möglichkeit, das Image des Unternehmens zu beeinflussen. Es liegt daher durchaus im Interesse des Unternehmens, diese Geschichten zu kennen und daraus Schlüsse zu ziehen: Sind da positive Geschichten? Dann lohnt es sich, sie zu sammeln und mit ihnen zu arbeiten. Hat jemand schlechte Erfahrungen gemacht? Dann besitzt er oder sie Informationen, die Ihr Unternehmen gut brauchen kann, um sich gezielt weiterzuentwickeln und Schwachpunkte auszubessern. Mit anderen Worten: Wenn Menschen Ihr Unternehmen verlassen, dann sollten Sie nicht zulassen, dass sie einfach »verschwinden«. Storytelling bietet einfache und elegante Möglichkeiten, um die Geschichten, die jemand mitnimmt, wenn er geht, gleichzeitig auch dazulassen.

> Die Phonak AG in der Schweiz hat eine spezifische Art von Storytelling fest institutionalisiert: Mitarbeiter, die in den Ruhestand gehen, erzählen in der Abschiedsphase interessierten Nachwuchskräften, was sie in ihrer Zeit in der Firma so alles erlebt haben, welche Entwicklungen sie mitgemacht und mitgeprägt haben. Diese Art firmeninterner »Geschichtsunterricht« nimmt mehrere Nachmittage in Anspruch und sorgt dafür, dass das Erfahrungswissen der Vorgängergeneration im Unternehmen bleibt und dass die Jungen ein zusammenhängendes Bild von der Firma, ihren Produkten, dem Markt und den verschiedenen Pfaden erhalten, die bereits beschritten wurden.

Oder zum Beispiel Praktikanten und Werkstudenten: Schaffen Sie Gelegenheiten, dass Ihre Praktikanten zum Abschluss ihrer Zeit im Unternehmen erzählen können, wie es ihnen ergangen ist. Für die Abteilung ist das eine informative Spiegelung ihrer selbst, sie lernt, wenn sie erfährt, wie sie aus der Perspektive eines anderen erlebt wird.

Eine andere Möglichkeit besteht in einer Stabübergabe: Scheidende Praktikanten erzählen den neuen oder anderen Interessenten, wie sie ihre Zeit erlebt haben, was ihnen gefallen hat, worauf man achten sollte. Das gleiche Verfahren bietet sich auch an, wenn Mitarbeiter eine Abteilung verlassen, weil sie eine andere Stelle im oder außerhalb des Unternehmens annehmen. Wertvolles Erfahrungswissen dazulassen, Bilanz zu ziehen und sich bewusst zu verabschieden könnte in einem entsprechend selbstbewussten Unternehmen fester Bestandteil der »Trennungskultur« werden.

Doch nicht jede Trennung verläuft völlig konfliktfrei und nicht alle Erlebnisse und Eindrücke sind so, dass man sie den betroffenen Führungskräften oder Kollegen gegenüber offen aussprechen würde. Mancher verlässt ein Unternehmen auch enttäuscht oder gar im Zorn. Die Geschichten, die dahinter stecken, eignen sich vielleicht nicht für den offenen Austausch in der Abteilung. Aber sie können interessanter Lernstoff für Personaler und Führungskräfte sein, weil sie Indikatoren dafür enthalten, wo Konflikte schwelen, ungute Konstellationen herrschen, die der Unternehmensleitung oder den Betroffenen selbst oft gar nicht bewusst sind.

Was diejenigen, die die Firma verlassen, zu erzählen haben, ist für das Unternehmen eine wertvolle Wissensquelle und zollt denen, die ihre Geschichte zum Abschied erzählen, noch einmal Interesse, Respekt und Aufmerksamkeit. Und das Unternehmen bekommt einen wertvollen Schatz von Geschichten, der wiederum Grundlage für eine authentische Kommunikation nach außen werden kann.

Storytelling und PR: Das Leben schreibt die besten Geschichten

PR ist ein hervorragendes Mittel, um die Bekanntheit eines Unternehmens und seiner Produkte zu stärken und ein positives Image in der Öffentlichkeit zu pflegen. Aber in der aktuellen Medienlandschaft wird es immer schwieriger, mit seinen Botschaften durchzudringen. Die Zahl der Veröffentlichungen steigt ständig an, klassische Pressemitteilungen und -meldungen tun sich schwer, in den Redaktionen überhaupt noch wahrgenommen zu werden, geschweige denn, dass sie es zu einer Nachricht bringen, die auch tatsächlich gelesen und erinnert wird. Es zeichnet sich aber auch ein anderer Trend ab: die Tendenz zu Geschichten. Geschichten machen Dinge greifbar. Sie erwecken Interesse, sie zeigen den Kontext mit auf, sie transportieren auch emotionale Qualitäten mit, sie bleiben haften, sie werden weitererzählt. Geschichten wirken – und sind auch bei den Medien hoch willkommen. Wer eine gute Geschichte zu bieten hat, der kann erfolgreiche PR betreiben, auch wenn sein Unternehmen klein ist, die Produkte vielleicht bisher nur in Fachkreisen ein Begriff waren.

Erfolgreiche PR-Strategen setzen mehr und mehr darauf, die Botschaften über ihre Kunden in Geschichten zu verpacken. Das fängt schon auf der Ebene der Produkte an. So sind beispielsweise die Qualitätsprodukte vieler Mittelständler »unsichtbar«: Sie stecken als Komponenten in den Produkten anderer Firmen, aber allenfalls Insider wissen die Leistung und Zuverlässigkeit zu schätzen, die sich mit ihnen verbindet. Welcher Durchschnittsmensch interessiert sich schon für die Feinheiten einer Filteranlage, eines Hydrauliksystems oder einer Spezialdüse? Die Lösung liegt darin, den »Umweg« über Geschichten zu gehen, die beim Nutzer dieser Produkte ansetzen, bei Menschen und ihren Geschichten, die uns greifbar vorkommen, unser Interesse erwecken. Der Kreis von Leuten, die sich dafür interessieren, welche

Komponenten es erlauben, einen Traktor so umzurüsten, dass er auch mit Pflanzenöl fährt, ist noch begrenzt. Aber die Geschichte, wie ein junger Landwirt es schaffte, den Hof, der schon seit sieben Generationen in Familienbesitz ist, vor dem Ruin zu retten und in ein dynamisches kleines Unternehmen mit vielen innovativen Ideen zu verwandeln, interessiert einen weitaus größeren Kreis von Menschen. Dass der Jungbauer unter anderem auf seinem Biohof seinen Treibstoff selbst anbaut und seine Energie selbst erzeugt, und wie die Produkte der Firma X dabei helfen, das fasziniert die Menschen, und das nützt beiden: Potenzielle Kunden haben einen Impuls für den Einsatz der angebotenen Technik bekommen und die Firma X wird neue Kontakte gewinnen.

Ansatzpunkte für solche Arten von Geschichten kann jedes Unternehmen finden. Auch hier können Sie zunächst einmal darüber nachdenken, ob Sie oder Ihre Mitarbeiter nicht bereits entsprechende Geschichten »im Fundus« haben. Aufgabe einer guten PR-Agentur ist es, dabei zu helfen, die interessantesten Storys zu gestalten und in die Medien zu bringen.

Aber die Story kann noch weiter gehen: Wer hindert ein Unternehmen daran, selbst gute Geschichten zu erzeugen? Indem es außergewöhnliche Projekte fördert, indem es Kunden, Nutzer untereinander ins Gespräch bringt, indem es das eigene Know-how für soziale oder kulturelle Zwecke zur Verfügung stellt und dabei selbst neue Erfahrungen macht? Die Möglichkeiten sind vielfältig, der Fantasie ist keine Grenze gesetzt. Es geht auch hier wieder darum, ausgetretene Pfade zu verlassen und konsequent neue Wege zu beschreiten. Denn so gut ein Unternehmen auch auf seinen Kernfeldern sein mag – in Zukunft reicht es nicht mehr aus, sich nur noch auf seine Leistungsfähigkeit im Entwicklungs- und Produktionsbereich zu verlassen und die gewohnte Wertarbeit abzuliefern: In Zukunft geht es immer auch um die Fähigkeit zum Beziehungsmanagement nach innen und außen. Und dies nicht nur für PR und Öffentlichkeitsarbeit, sondern auch für das klassische Marketing und die Markenführung.

Geschichten erzählen, die einen Unterschied machen

Der entscheidende Punkt, das wesentliche Kriterium, das Begebenheiten zu Geschichten macht, die weitererzählt werden und wirken, ist: Sie machen einen Unterschied. Erzählungen, Stories, Anekdoten drehen sich darum, dass etwas anders geworden ist. Die Praktikantin erzählt, dass es in der Firma Z viel offener und lebendiger zugeht, als das etwas angestaubte Image vermuten lässt. Der Fabrikant erzählt, dass ihm ein Zulieferer den Tipp gegeben hat, sich woanders (!) ein für seine Zwecke viel passenderes und preiswerteres Teil zu besorgen – und empfiehlt diesen Lieferanten weiter. Geschichten werden weitererzählt und wirken, wenn sie »informativ« sind: Der Zuhörer weiß hinterher etwas, was er so nicht wusste. Information ist nach Gregory Bateson (Bateson 1981) »ein Unterschied, der einen Unterschied macht«: Ich höre die Geschichte und bin überrascht. Mir geht ein Licht auf: So machen die das! Das hätte ich nicht gedacht. Das ist ja wirklich etwas Besonderes!

In PR und Kundenbeziehungen auf Storytelling zu setzen heißt also, für positive Überraschungen zu sorgen. Immer wieder und zuverlässig. Das heißt, die ausgetretenen Pfade zu verlassen: in der Kommunikation, bei den Inhalten, im Umgang mit den Menschen. Sich etwas qualitativ Neues einfallen zu lassen. Und es heißt: so konsequent und dynamisch zu arbeiten, dass man sich den Luxus erlauben kann, authentisch zu sein. Geschichten, die nicht stimmen, die geschönt sind, hinter denen keine Substanz steckt, die nur Illusion sind – all dies ist nichts Neues und schon gar keine Überraschung. Es ist der Alltag in PR, Marketing und

Werbung. Business as usual. Menschen, die erzählen, dass sie etwas Positives erlebt haben, die begeistert sind von ihrer Arbeit, den Produkten, der Kommunikation mit den Kunden, die immer wieder auf neue Art erproben, wie die Werte und Leitideen ihres Unternehmens in die Tat umgesetzt werden können, solche Menschen und ihre Geschichten können begeistern. Sie sind neu, sie heben sich ab, sie machen einen Unterschied, der sich am Ende auch messen lässt.

Ein Beispiel: Die Sirona-Story

Einen Unterschied, der auch wahrgenommen wird, macht es beispielsweise auch, wenn ein Unternehmen sich selbst und seine Geschichte so darstellt, dass es dabei sozusagen »lebensecht« herüberkommt. Denn die meisten Unternehmen setzen in ihrer Außendarstellung, in der Präsentation ihrer Unternehmensgeschichte und ihrer Zukunftspläne auf hochglänzende Erfolgsstorys, die im wahrsten Sinne des Wortes »unglaublich« sind. Darauf hat einer von Hollywoods meistgeschätzten Story- und Drehbuchexperten, Robert McKee, in einem Gespräch mit »Harvard Business manager« hingewiesen (McKee 2003). Zu Recht meint er, dass solche Aneinanderreihungen von Erfolgen, Durchbrüchen und Siegen im Grunde gar keine Geschichten sind. In ihnen gibt es keine Krisen und keine Wendungen, keine Widerstände und daher auch keine echten Erfolge. Solche »Stories« können niemanden emotional berühren, weil es keinen Grund gibt, mitzuzittern und sich über bestandene Gefahren zu freuen. Und es gibt auch keinen Grund, ihnen zu glauben, weil sie den Erfahrungen der Menschen widersprechen. Gute Geschichten sind solche, die die Elemente haben, die letztlich auch den Reiz des Lebens selbst ausmachen: Es gibt Tiefen und Höhen, Schwierigkeiten und deren Meisterung, es gibt Krisen und die Chance, gestärkt aus ihnen hervorzugehen. Genau in dieser Hinsicht müssen gute

Geschichten »realistisch« sein – ganz gleich, ob sie in ferner Zukunft auf fremden Sternen spielen oder von einem Unternehmen handeln. Und außerdem: Wem würden Sie eher vertrauen, jemandem, von dem Sie wissen, dass er bereits erfolgreich Klippen umschifft und Krisen gemeistert hat, oder jemandem, bei dem scheinbar alles immer glatt lief?

Ein Unternehmen, das das Selbstbewusstsein hat, seine eigene Geschichte auf diese Weise realistisch darzustellen und dabei auch die Mitarbeiter und deren Erleben in den Vordergrund zu stellen, nutzt die Kraft der Geschichten richtig. Ein Beispiel dafür liefert die Firma Sirona in Bensheim.

1997 verkaufte die Siemens AG ihr Geschäftsgebiet Dentaltechnik an eine Investorengruppe unter Führung von Schroders Ventures (heute Permira). Die Mitarbeiter und Führungskräfte des Unternehmens, das nun als »Sirona« firmierte, fanden sich gewissermaßen über Nacht aus dem behüteten Dasein einer Großkonzern-Tochter in die raue Luft des Mittelstandes versetzt. So hatte das junge Unternehmen gleich zu Beginn eine handfeste Krise zu überstehen. Doch die Führung verstand es, diesen Schock in einem einzigartigen Change-Prozess aufzufangen und eine neue, selbstbewusste und zukunftsorientierte Unternehmenskultur zu schaffen. Wichtigstes Erfolgsprinzip dieses Prozesses war eine breite und konsequente Beteiligung der Mitarbeiter. In mehreren Open-Space-Konferenzen konnten die Mitarbeiter Abschied von ihrer Siemens-Vergangenheit nehmen und gemeinsam eine neue Kultur und ein tragfähiges Leitbild entwickeln. Von den etwa 1.000 Mitarbeitern nahmen mehr als 800 freiwillig an den Open-Space-Konferenzen teil. Durch die breite Einbeziehung der Mitarbeiter wurde die neue Unternehmenskultur von nahezu allen mitgetragen und konnte sich lebendig weiterentwickeln; einen Teil des Unternehmenserfolgs der nächsten Jahre führten Mitarbeiter ebenso wie Führungskräfte auf diese tief im Unternehmen verankerte Kultur zurück.

Fünf Jahre nach dem Verkauf beschloss das Management, Resümee zu ziehen und die Geschichte dieser »wilden Jahre« aufzuschreiben und den Mitarbeitern zugänglich zu machen. Auch hier sollten diese wieder an dem Projekt beteiligt sein; die Sirona-Führung entschied sich daher für ein Storytelling-Projekt als Basis für das Geschichts-Buch und beauftragte uns damit und mit der Redaktion der Geschichte. Wir führten daraufhin mit Mitarbeitern des Unternehmens Storytelling-Gespräche, analysierten diese (was dem Unternehmen zusätzlich den Mehrwert tiefer Einblicke in bisher nicht gesehene Winkel der Unternehmenskultur brachte) und schrieben auf dieser Grundlage die Geschichte der letzten fünf Sirona-Jahre in einem Zusammenspiel von Nacherzählung und »O-Tönen« auf. Es entstand ein etwa 100-seitiges Buch mit dem Titel »Wechsel Wandel Wachsen«, in dem die Geschichte mit allen Höhen und Tiefen »von unten«, aus Sicht der Mitarbeiter, erzählt wurde. Dieses Buch unterschied sich von den Hochglanzbroschüren, die sonst meist zu Unternehmensjubiläen produziert werden, vor allem dadurch, dass die Geschichte, die man darin lesen konnte, authentisch war: Die Worte und Perspektiven aller Beteiligten, der Führung ebenso wie die der »einfachen« Mitarbeiter, hatten darin Eingang gefunden. Es war sicher diese Authentizität, die den Erfolg dieses Buchs für Kundenbeziehungen und Öffentlichkeitsarbeit von Sirona auslöste: Ursprünglich nur für Mitarbeiter gedacht, waren die Kunden, und dann auch die Fachöffentlichkeit, sehr interessiert an dieser Geschichte: So konnten sie die Firma ganz neu und aus ganz neuen Blickwinkeln kennen lernen – gerade weil sie das Gefühl hatten, dass auch schwierige Zeiten nicht verschwiegen wurden. Wie uns Führungskräfte des Unternehmens sagten, trug diese authentische Sirona-Story in der Folge sehr viel zum sympathischen Image und zu positiven Kundenbeziehungen bei. Die besten Geschichten, auch für PR und Öffentlichkeitsarbeit, erzählt eben das Leben.

Produkte als Geschichten

Das Harun-al-Raschid-Prinzip in Werbung und Markenführung

Eine Werbebotschaft ist so gut wie die Geschichte, die sie erzählt oder auslöst. Marketingexperten und Werber wissen, dass eine Werbekampagne für ein Markenprodukt zu planen in den meisten Fällen bedeutet, eine Story zu konstruieren, ein »Drehbuch« zu schreiben. Natürlich existieren eine Menge Tipps und Überlegungen, wie man diese Geschichten so erzählt, dass sie Menschen zum Kaufen des Produkts animieren. Wir wollen hier aus der Storytelling-Perspektive einige Aspekte hinzufügen: Drei wesentliche Erfolgskriterien für gute Werbestorys zeigen, wie man bessere Werbestories erzählt und Fehler vermeidet, die häufig in der Werbung gemacht werden. Und wer das Harun-al-Raschid-Prinzip beherzigt, kann Geschichten auch weit über die Werbung hinaus für den Erfolg seiner Produkte einsetzen: als Impulsgeber für eine lebendige, authentische Markenführung.

Drei Erfolgskriterien für gute Werbestories

Ein sehr großer Teil der Fernseh- und Radiospots erzählt heute Geschichten, und auch die Motive sehr vieler Anzeigen oder Plakate in der Printwerbung sind gewissermaßen »Standbilder« aus Geschichten. Mercedes schaltete in der Hochphase der New Economy eine berühmt gewordene Anzeige für die A-Klasse, auf der zwei in ähnlichem Stil gekleidete junge Männer neben dem Fahrzeug zu sehen sind. »Wer ist der Lehrling? Wer der Chef?«, fragt der Text.

Diese Anzeige korrespondiert mit dem damaligen Werbespot, in dem ein junger Mann in legerem Outfit mit seinem A-Klasse-Mercedes nächtens zum Pizzaholen fährt, um die arbeitende Mannschaft im High-Tech-Büro einer Firma zu versorgen – und sich am Telefon dann als der Chef selbst entpuppt.

Hinter Printanzeige und Spot steht die Geschichte des damaligen Nimbus der New Economy und ihrer (tatsächlichen oder eingebildeten) Haltung, die hierarchischen Unterschiede zu nivellieren: Was zählt, ist nicht die alte hierarchische Differenz, sondern die gemeinsame Begeisterung für Aufbruch, Technik und Innovation. Diese Merkmale werden auf das Auto übertragen: Eine A-Klasse kann jeder fahren, der sich dieser neuen Kultur zugehörig fühlt, die keinen Wert mehr auf die »feinen Unterschiede« der »Klassen« legt – wohl aber auf Innovation, Design, Technik und auf einen pragmatischen Umgang mit den neuen Möglichkeiten.

Aus Storytelling-Sicht gibt es drei Erfolgskriterien für gute Werbestorys: Erfolgreiche Werbegeschichten setzen bei den Bedürfnissen des Zuhörers an und nicht bei den Vorstellungen des Erzählers. Sie sind so konstruiert, dass sie anschlussfähig genug sind, ein Eigenleben in der Welt der Kunden zu entwickeln und bestenfalls sogar weitererzählt zu werden. Und sie haben einen klaren Helden: die Marke.

Erfolgreich sind Geschichten, die bei den Bedürfnissen des Zuhörers ansetzen und nicht bei den Vorstellungen des Erzählers

Wenn man sich ansieht, welcher Aufwand an Marktforschung, Zielgruppenanalysen und Milieustudien getrieben wird, um für Marketing und Werbung genau herauszubekommen, was der Verbraucher will, auf welche Trends er anspricht, welche ästhetischen Modelle er bevorzugt, dann sollte man eigentlich denken, dass die Werber die umworbenen Menschen inzwischen gut kennen. Sieht man genauer hin, hat die ständige Erforschung des Verbrauchers nur dazu geführt, ihn in immer feinmaschigeren Netzen aus immer kleinteiligeren Zielgruppen-Nischen herausfischen zu wollen. Aber je spezifischer die Zielgruppendefinitionen der Marktforscher werden, desto mehr stellt sich die Frage, ob der Kunde sich wirklich noch angesprochen fühlt als so seltsames Wesen wie etwa der *Spirited Connaisseur*, der *Enthusiastic Achiever* oder *Self-rewarding empty Nester*, die beispielsweise ein Autohersteller als potenzielle Käufer eines seiner Modelle ausgemacht hat.

Wer die Menschen wirklich erreichen möchte, muss an ihren Lebenswelten anknüpfen und darf nicht nur die eigenen Vorstellungen bedienen. Auch wenn die Werbung das gerne hätte: Die Menschen haben nicht das Bedürfnis, als Mitglied einer Zielgruppe angesprochen zu werden; eines ihre Grundbedürfnisse ist es jedoch, sich in guten Geschichten wiederfinden zu können. Gute Werbegeschichten zu erzählen, die bei den Bedürfnissen der Zuhörer ansetzen und nicht bei den Vorstellungen des Erzählers, bietet einen Ausweg aus der Zersplitterung und Unsicherheit bezüglich der Kundenansprache. Erzählen Sie wieder Geschichten, die wirklich stimmig sind, und nicht nur eine fadenscheinige Verpackung für das schematische Abhandeln von Produktmerkmalen! Stimmige Geschichten kann man sich leichter merken, und man erzählt sie häufiger weiter. Mit stimmigen Geschichten erreichen Sie also nicht nur potenzielle Käufer besser, Sie haben auch mehr (kostenlose) Multiplikatoren. Und Geschichten transportieren äußerst effizient Informationen und Zusammenhänge – zum Beispiel über Markenwerte.

Genau wie beim Schreiben von Filmdrehbüchern darf man auch in der Werbung nicht vergessen, dass eine Geschichte erst dann wirklich erzählt ist, wenn sie beim Rezipienten ankommt. Wann ist nun eine Geschichte aus Zuhörer/Zuseher-Sicht stimmig? Eine Geschichte ist stimmig, wenn alles, was in der Geschichte vorkommt, auch zur Geschichte gehört!

Anders formuliert: In einer stimmigen Geschichte hat wirklich alles, was man erzählt, eine Funktion für die Geschichte: entweder, indem es die Story vorantreibt oder wichtige Informationen über die Figuren liefert oder Hintergründe und Kontexte klärt. Alles, was nicht in diesem Sinne funktional ist, hat nichts zu suchen in der Geschichte. Dieses eherne Prinzip fesselnden Erzählens wendete auch Altmeister Alfred Hitchcock an, der stets betonte, der Mord müsse mit den Mitteln durchgeführt werden, die der Ort und die Personen nahe legen (vgl. Truffaut 1984). Im Gegensatz dazu kennt jeder die Werbespots, in denen Figuren plötzlich »aus der Rolle fallen« und irgendwelche Dinge sagen, die weder zu ihrem Charakter noch zu der Situation passen: »Jetzt mit XF11« oder »Gibt es auch in Blau« etc. Solche Spots bringen sich selbst um die Aufmerksamkeit der Zuschauer, indem sie den aufgebauten Spannungsbogen der Erzählung unvermittelt zerstören. Der gleiche Fehler wird oft gemacht, wenn unbedingt noch der Produkt- oder Unternehmensname in die Geschichte integriert werden muss, ohne dass er eine Funktion in ihr hat. Ein im Grunde sehr schöner Werbespot der Bausparkasse Schwäbisch Hall, der 2003 im Fernsehen lief, bietet zunächst eine stimmige, nacherzählbare Geschichte an: Ein junger Mann und seine Freundin liegen auf dem Bett, sie sieht Fotos des großen Hauses und des Swimmingpools der Eltern des Jungen an. »Hey, sind deine Eltern Millionäre?«, fragt sie beeindruckt. Der junge Mann antwortet: »Nein, sie sind eigentlich ... Bausparer. Bei Schwäbisch Hall.« In dem Spot spielt der junge Mann sehr überzeugend sein Nachdenken, bevor er das Wort »Bausparer« ausspricht: »Ja, was sind meine Eltern eigentlich?«, scheint es ihm durch den Kopf zu gehen. Was nicht mehr dazupasst, nicht glaubwürdig ist, ist der Nachsatz: »Bei Schwäbisch Hall.« Hier ist der Junge aus seiner Rolle gefallen, hier merkt man den Willen der Marketingabteilung des Unternehmens, unbedingt den Firmennamen unterzubringen; das Bedürfnis des Zuschauers nach einer stimmigen Geschichte wird nicht erfüllt. In solchen Fällen wäre es besser, den Produkt- oder Firmennamen nur im so genannten »Packshot« (der so heißt, weil früher tatsächlich die Waschmittelpackungen am Ende des Spots in die Kamera gehalten wurden) zu zeigen, der ohnehin jeden Spot abschließt und die Aufgabe hat, Produkt und Markennamen nochmals eindringlich in den Mittelpunkt zu stellen.

Besonders gut ist es natürlich, wenn es gelingt, den Markennamen selbst in der Geschichte zu funktionalisieren. Ein klassisches Beispiel ist der berühmte Mercedes-Spot, in dem ein Mann spät nach Hause kommt, wo er ungeduldig von seiner wütenden Frau erwartet wird. »Ich hatte eine Panne«, versucht er sich zu entschuldigen. »Mit einem Mercedes?«, fragt sie und gibt ihm eine schallende Ohrfeige. Die Ausrede zieht einfach nicht, niemand traut einem Mercedes eine Panne zu. Hier hat der Markenname eine wirkliche Funktion für die erzählte Story, er ist der Höhepunkt der Geschichte und nicht nur ein störendes Anhängsel wie im Fall des Schwäbisch-Hall-Spots.

In der Praxis ist es natürlich häufig so, dass es nicht ganz leicht ist, unfunktionale Elemente aus der Werbestory zu verbannen. Denn normalerweise haben verschiedene Abteilungen und Personen im Unternehmen unterschiedliche Vorstellungen, was genau eine Werbekampagne kommunizieren soll: Produktmanagement, Vertrieb, Marketing, und evtl. die Geschäftsleitung haben jeweils aus ihrer Sicht ganz unterschiedliche Ansprüche. So wird das Briefing, was alles in der Kampagne kommuniziert werden soll, immer länger, und derjenige, der dazu eine Geschichte erzählen soll, sitzt ratlos vor seitenweisen Produktvorteilen, die er alle integrieren soll. Dass man auch mit einem unförmigen Briefing noch eine gute Geschichte erzählen kann, bewies auf witzige Weise vor einigen Jahren ein Spot von Ford, in dem ein neues Modell vorgestellt wurde: Man sieht eine Ford-Niederlassung, an der ein Transparent eine Probefahrt-Aktion ankündigt. Plötzlich hört man Schüsse und Sirenen, Bankräuber brausen in ihrem Fluchtauto vorbei. Ein atemloser Kommissar, der die Räuber verfolgt, springt in eines der Autos. Der daneben stehende Ford-Mitarbeiter steigt mechanisch und verdattert auf der Beifahrerseite ein, als ob es sich um eine normale Probefahrt handelte. Der Kommissar beschleunigt und nimmt die Verfolgung auf, ab und zu schießt er nach vorne – alles in allem eine dramatische Jagd. Der Ford-Verkäufer leiert völlig verängstigt, und wie um die Gefahr nicht wahrnehmen zu müssen, die Vorteile des neuen Modells herunter: »6-Zylinder-Einspritzmotor, serienmäßig ABS, …« und so weiter, eine endlose Liste. Hier wurden also all die Informationen untergebracht, die wohl im Briefing standen, und zwar auf stimmige Weise: Denn man nimmt dem Fordverkäufer ab, dass er in seiner Angst seinen gewohnten Verkaufsvortrag hält – wie ein Kind, das im dunklen Keller pfeift. Die Zuschauer erleben eine stimmige Geschichte; die einzelnen Produktvorteile kann sich natürlich niemand merken (aber das wäre in anderen Realisierungsformen nicht anders), aber man bekommt zumindest mit, dass das neue Ford-Modell eine ganze Menge von ihnen hat.

Erfolgreich sind Geschichten, die Menschen gerne weitererzählen und weiterspinnen

Wenn Sie es geschafft haben, dass die Geschichten bei den Rezipienten angekommen sind, können Sie auf eine zweite Stärke des Harun-al-Raschid-Prinzips vertrauen: Gute Geschichten entwickeln ein Eigenleben auch außerhalb des Mediums, in dem sie ursprünglich zu Hause waren. Sie werden weitererzählt. Gerade dann, wenn Sie nicht versuchen, die Menschen zum Sprachrohr Ihres Unternehmens zu machen, indem Sie ihnen die Vorteile Ihres Produkts vorbeten, gewinnen Sie unzählige Multiplikatoren, die in ihrem Umfeld (und das ist Ihre Zielgruppe!) gerne und aus freien

Stücken weitergeben, was Sie ihnen erzählt haben. Jeder Kinogänger hat schon erlebt, dass die Menschen, die aus einem Film kommen, über einen besonders pfiffigen Werbespot erzählen, und nicht über den Hauptfilm. Dieses Kunststück gelingt fast nur Spots mit einer guten, stimmigen Geschichte: Denn man erzählt nur weiter, was man interessant und »erzählenswert« findet. Das entscheidende Kriterium für Ihre Werbung sollte also in Zukunft sein: Gibt es einen Grund, diese Geschichte weiterzuerzählen?

Das Grundprinzip jeder Geschichte ist immer dasselbe – ganz gleich ob Werbegeschichte, Witz, Roman oder Märchen: Sie braucht einen Ausgangspunkt, eine Veränderung und eine durch diese Veränderung herbeigeführte Endsituation. Natürlich können auch Werbespots, die keine Geschichte erzählen, sondern nur eine Situation darstellen, zum Beispiel Menschen am Strand, die mit Kokos gefüllte Schokoriegel essen, weißen Rum trinken oder die wilde Frische von Fa genießen, erfolgreich sein; aber sie verzichten freiwillig auf ein großes Multiplikatoren-Potenzial. Denn niemand wird zu seinem Freund sagen: »Du, ich muss dir etwas erzählen. Da gibt es einen Spot, in dem junge Leute am Strand sitzen und Schoko essen.« ... »Und?«, wird der Freund fragen: Denn es fehlt die Wendung, die Veränderung, die Pointe, die eine Geschichte eben ausmacht, und somit der Erzählanlass. Den schon erwähnten Mercedes-Spot dagegen kann man gut weitererzählen (und den meisten ist er wohl auch schon mal erzählt worden). Werbe- und Marketingfachleute sprechen oft missverständlich von der »Story« einer Kampagne, auch wenn die Spots oder Anzeigen gar keine Geschichte im engeren Sinn enthalten. Ob Ihre Werbung als Geschichte »erzählenswert« ist, lässt sich schnell herausfinden: Es ist ein guter Test, bei internen Previews oder bei Screenings der Marktforschung die Teilnehmer zu bitten, die Geschichte in einigen Sätzen zu erzählen. Man merkt dabei sofort, ob überhaupt eine Geschichte dahinter steckt. Oder ob die Geschichte zu kompliziert oder zu wirr ist – die Erzähler verlieren dann den Faden und verheddern sich in Einzelheiten.

Wenn das Unternehmen, das eine Marke etablieren oder weiterführen will, eine stimmige Geschichte erzählt, bleiben Marke beziehungsweise Produkt mit den jeweils entscheidenden Merkmalen durch das Weitererzählen in den Köpfen präsent, auch wenn einmal eine Weile keine Werbung geschaltet wird. Eine lebendige Markenerzählung überbrückt gewissermaßen die Zeit zwischen der Wahrnehmung der Werbung und dem Kauf des Produkts – ein schöner und kostenloser Effekt des Harun-al-Raschid-Prinzips.

Aber das größte Glück, das einem Produkt oder einer Marke widerfahren kann, ist es, zum Mythos zu werden, zum Set von Geschichten, die selbstständig leben. Mythen in diesem Sinne sind ganze Landschaften oder Systeme von Geschichten, die sich über die Werbemedien hinausentwickeln, indem sie weitererzählt und vor allem weitergesponnen werden. Das Lebendigwerden der Werbegeschichten außerhalb ihres ursprünglichen Mediums ist der erste Schritt auf dem Weg zum Mythos. Und ein Mythos ist wichtig für die Bildung starker Marken:

> »Es gibt Markentechniker, die sagen: Der wahre Kern einer Marke ist ihr Mythos, dieser Überzeugung bin ich auch. Mythos – das heißt die Ur-Botschaft, die Sage, die Legende, die die Marke spinnt. Und sie sagen weiter: Marken sind da stark, wo sie von einem starken Mythos getragen werden, der deshalb so intensiv und mit der Zeit immer intensiver empfunden wird, weil er sich über einen langen Zeitraum entwickelt hat. Wobei er sich mit starker emotionaler Kraft in die Köpfe der Menschen gleichsam einbrennt.« (Baginski 2000, S. 123 f.)

Ein Beispiel für einen entstehenden Mythos ist die Jugendbuchserie »Harry Potter«: Der Zauberlehrling hat offenbar eine so große emotionale Kraft, dass er auch außerhalb der Buchdeckel und Zelluloidrollen, die seine ursprüngliche mediale Heimat waren, zum Leben erweckt wurde durch das Weiterspinnen seiner Geschichte in den Köpfen und der Kommunikation der Menschen. Es gibt inzwischen im Internet eine große Zahl an Foren, in denen Harry-Potter-Fans neue Geschichten rund um die Hauptfiguren schreiben und veröffentlichen. Der Harry-Potter-Kosmos wächst unaufhaltsam, ohne Zutun der Autorin J. K. Rowling, und ohne Einflussnahme der Unternehmen, die eigentlich (Mit-) Besitzer der Marke »Harry Potter« sind (der Verlag, die Merchandising-Agentur, die Filmproduktion).

Im Bereich der klassischen Marken ist der VW Käfer ein Beispiel für eine Marke mit starkem Mythos. Rund um Slogans wie: »Und läuft und läuft und läuft«, erzählte das Unternehmen Geschichten von der Unverwüstlichkeit und Zuverlässigkeit dieses Autos, die sich bald verselbstständigt haben: Es entstanden immer neue Geschichten über die erstaunlichen Tugenden des Käfers – von Damenstrümpfen, die man anstelle des gerissenen Keilriemens verwenden konnte, oder von Bananenbrei, den jemand einmal anstelle von Motoröl verwendet habe, und siehe da, der Käfer war's zufrieden. Heute knüpft VW an diese Mythenbildung nahtlos an, wenn es seine Modelle als fast schon menschliches Element persönlicher Biografien auftreten lässt: »Du hast mir Geborgenheit gegeben.«

Erfolgreich sind Geschichten, die einen klaren Helden haben: Die Marke

Es gibt Werbegeschichten, die stimmig sind und die man auch gerne weitererzählt, und trotzdem hat das Unternehmen, das den Spot finanziert hat, viel Geld zum Fenster hinausgeworfen.

Sie erinnern sich vielleicht an den Spot, in dem ein junger Mann in einer völlig überladenen und verramschten Küche hantiert und ihm ein Unglück nach dem anderen zustößt: Das Frühstücksbrot fällt ihm runter, das Wasser auf dem

Herd kocht über, er steht auf, um es vom Feuer zu nehmen, dabei stößt er den Tisch um. Als er ihn festhalten will, kommt er an das Hängekästchen, das ebenfalls herunterfällt. Das Handtuch, das er sich um die Hüfte gewickelt hatte, fällt dabei auf die Kochplatte und fängt sofort an zu kokeln. Als er den Brand löschen will, sieht er, dass auf der Straße gerade sein Auto abgeschleppt wird. Er rennt hinunter – und steht am Ende nackt auf der Straße und weiß nicht, ob er dem Abschleppwagen hinterherrennen oder sich um die Wohnung kümmern soll, aus deren Fenster jetzt dichter Rauch quillt. Dann erscheint ein Schriftinsert: »Brauchen Sie was Neues?« Und der Name eines Möbelhauses wird eingeblendet. Die Geschichte ist beim Zuschauer noch lange präsent, aber wofür hat der Spot noch gleich geworben?

Ein anderer Spot beginnt mit einem Telefonat eines jungen Mannes mit seiner offenbar weit entfernt wohnenden Freundin. Per Autostopp macht er sich auf den Weg zu ihr. Doch die Reise artet zu einer Odyssee aus und er kommt erst nach Jahren zottelbärtig und langmähnig beim Haus seiner Freundin an. Die öffnet die Tür, umgeben von mehreren Kindern und einem glatzköpfigen Ehemann. Eine Schrift erscheint: »Don't waste your life.« Und dann wird der Name einer Fluggesellschaft eingeblendet. Welcher? Moment, das war doch …?

Sie sehen, welches Problem hinter diesen sehr unterhaltsamen und filmisch gut umgesetzten Geschichten steckt? Dass es sich im ersten Fall um Ikea handelt und im zweiten um die skandinavische Fluglinie SAS, kann man nur allzu leicht vergessen, weil die Marken selbst in der Geschichte keine Rolle spielen. Man könnte den gleichen Spot genauso für ein anderes Möbelhaus oder eine andere Fluggesellschaft (vielleicht sogar für eine Automarke?) einsetzen. Sicher ist es Ihnen auch schon so ergangen, dass Sie jemandem einen tollen Spot erzählten, den Sie gestern Abend im Kino gesehen haben, aber sich nicht mehr erinnern konnten, um welche Marke es ging. War das jetzt Ford oder doch Opel? Es entsteht der so genannte Vampireffekt, die Branche als Ganze erfährt einen Imagegewinn durch den Spot, er nutzt also den Mitbewerbern genauso viel wie dem Unternehmen, das viel Geld für seine Produktion bezahlt hat. Bei dem Mercedes-Spot dagegen hat die Marke selbst eine Funktion in der Geschichte: Die Marke ist der eigentliche Held, sie bringt die Wendung in die Geschichte, entlarvt den Lügner und löst den Höhepunkt in Form der gut sitzenden Ohrfeige aus. Man kann diesen Spot gar nicht weitererzählen, ohne die Marke zu nennen, denn sie ist der Clou daran.

Das geheime Leben der Markengeschichten

»Das, was Produkte/Dienstleistungen auf dem Markt interessant und unterscheidbar, ›einzigartig‹ macht, ist eigentlich ihre Bedeutung« (Karmasin 1993). Und Bedeutungen werden am besten durch Geschichten transportiert. Auch eine Marke ist nichts anderes als eine Geschichte – oder besser gesagt: ein ganzes Bündel von Geschichten. Die Geschichte, die das Unternehmen selbst erzählt, ist aber nur ein kleiner (wenn auch wichtiger) Teil davon. Eine langfristig erfolgreiche Marke lebt in Geschichten der Kunden, der Händler, der Presse, kurz, in einer Öffentlichkeit, deren Erzählen nicht direkt vom Unternehmen, das die Markenprodukte vertreibt, kontrollierbar ist.

Hat man es einmal geschafft, dass in der Öffentlichkeit positive Geschichten über eine Marke erzählt werden, wäre es natürlich am besten, wenn man die Sache einfach laufen lassen könnte, in der berechtigten Hoffnung, dass positive Geschichten schon weitere ihrer Art erzeugen werden. Doch so etwas ist ein Glücksfall, wie er adidas in den 90ern widerfuhr, als die drei Streifen ihr Spießer-Image abstreiften und in der Hiphop-Szene »in« wurden. Doch in der Regel »altern« Geschichten, werden schal wie abgestandene Limonade, wenn sie nicht durch neuen Stoff, neue Erzählanlässe belebt werden. Markenführung durch Geschichten heißt also nicht nur, den Erzählstrom einmal in Fluss zu bringen, sondern ihn immer wieder anzustoßen.

Der Niedergang und das Ende einst großer Marken belegen, dass Marken und ihre Geschichten immer wieder neu belebt werden müssen. Und dazu muss man auch ein Ohr für den Kunden haben, darf sich als Unternehmen nicht nur auf das Senden verstehen, sondern muss selbst offen sein für Botschaften von »draußen«.

Der Unterhaltungselektronik-Hersteller Grundig scheint dies lange Zeit verschlafen zu haben: Die Geschichten, die von Grundig-Geräten erzählt wurden, rankten sich im Wesentlichen um das Etikett der »deutschen Wertarbeit«: Grundig-Fernseher galten (und gelten) als sehr zuverlässig und technisch ausgereift. Für viele Menschen der Nachkriegsgenerationen war ein »Grundig« der erste Fernseher, und sie blieben lange dieser Marke treu. Doch irgendwann einmal muss es passiert sein, dass Grundig zurückblieb. Dass sich der Grundig-Fernseher nicht mehr aus dem Ambiente der Schrankwand in »Eiche rustikal« befreien konnte, um auch in Ikea-Wohnungen oder auf den Fotos ambitionierterer Einrichtungszeitschriften Eindruck zu machen. Grundig wurde zunehmend zur Marke der Alten, zur Geschichte von gestern. Mehrere Rettungsversuche des Unternehmens schlugen fehl, und so wurde auch die Geschichte des ganzen Unternehmens Grundig schon fast eine von gestern. Erst in letzter Zeit scheint es ernsthafte Versuche zu geben, die Marke, aufbauend auf den alten Werten, wieder zu beleben. Man wird sehen, ob mit Erfolg.

Demgegenüber scheint es die deutsche Unterhaltungselektronik-Marke Loewe geschafft zu haben, seine Markengeschichten lebendig zu halten. Die Exzellenz, die sich bei Loewe ursprünglich ebenfalls in dem Etikett der »deutschen Wertarbeit« ausdrückte, konnte erfolgreich übertragen werden auf die Exzellenz im Designbereich: Loewe ist heute mit seinen Geräten im hochpreisigen und gestalterisch anspruchsvollen Segment erfolgreich.

Die alles entscheidende Frage ist daher: Wie können Markengeschichten erfolgreich lebendig gehalten werden? Und woran liegt es, dass manche Unternehmen offenbar eine glückliche Hand dabei haben und andere nicht? Haben sie einfach die besseren Werbeagenturen? Oder liegt es an bestimmten Merkmalen des Unternehmens selbst, an seiner Organisation, seiner Kultur, und daran, wie die Menschen in ihm kooperieren, wenn es ihm gelingt, eine Marke erfolgreich durch die Zeiten lebendig zu halten?

Die meisten Marketingleute nehmen an, dass die Marke und das, was über sie und das Unternehmen erzählt wird, relativ wenig mit dem zu tun haben, was tatsächlich im Unternehmen geschieht. Solange nicht irgendein Bilanz- oder Umwelt-Skandal an die Öffentlichkeit dringt, der die Marketingkommunikation konterkariert und das mühevoll aufgebaute Image gefährdet, halten sie die Marke für weitgehend unabhängig von Kultur und Organisation des Unternehmens. In Wirklichkeit jedoch haben die Kultur eines Unternehmens und die Werte, die hinter ihr stehen, meist sogar direkten Einfluss auf die offiziellen Werbebotschaften, die Geschichten, die das Unternehmen selbst über sein Produkt erzählt. Ein (wahres, aber hier anonymisiertes) Beispiel mag das verdeutlichen:

> Ein Unternehmen wollte ein neues, sehr jugendorientiertes Produkt auf den Markt bringen. Das war insofern neu für die Firma, als sie sich noch nie spezifisch an sehr junge Zielgruppen gewandt hat. Wir erfuhren davon durch eine Webagentur, die den Internetauftritt für dieses Produkt konzipieren sollte. Als Vorlage lieferte die Firma eine Printanzeige, die für das Produkt geschaltet werden sollte. Als der etwa 20-jährige Webdesigner diese Anzeige sah, meinte er: »Was soll denn das. Das ist ja nicht mal ne junge Frau auf dieser Anzeige.« Auf der Anzeige war eine hübsche Frau zu sehen, Mitte bis Ende 20, gekleidet in ein schickes Business-Outfit, mit dem Produkt in

der Hand. Natürlich war die Frau jung. Aber sicherlich nicht im Sinne des Webdesigners, der die Altersgruppe repräsentierte, aus der sich hauptsächlich die Nutzer und Käufer des Produkts rekrutieren würden. »An wen wollen die denn das verkaufen?«, fragte der Webdesigner weiter. »An Betriebswirtschaftsstudentinnen mit Einser-Examen?« Wir empfahlen der Webagentur, diese Reaktion des jungen Webdesigners (der eben genau die Zielgruppe des Produkts repräsentierte) ihren Auftraggebern zu kommunizieren. Die reagierten mit Humor und Interesse – und man setzte sich zusammen, um eine neue, zielgruppenadäquate Form der Werbung für das Produkt zu entwickeln.

Es stellte sich heraus, dass die Werbeagentur zunächst einen Vorschlag für die Printanzeige gemacht hatte, die durchaus zur Zielgruppe gepasst hatte; das ursprünglich vorgesehene Anzeigenmotiv stellte eine »wirklich junge Frau« (im Sinne unseres Webdesigners) in scenigem Outfit dar. Im Unternehmen musste die Anzeige jedoch mehrere Abstimmungshürden passieren. Und da hatte die Kultur des Unternehmens, in der es wenig Offenheit für die ästhetischen Modelle der Jugendkultur gab, ihren Tribut gefordert: Dem einen war das ursprünglich abgebildete Mädchen »zu flippig«, dem anderen erschien es »nicht zum seriösen Image der Firma passend«, und so kam in mehreren Kompromissstufen die Lieblings-Schwiegertochter des Spitzenmanagements ins Bild der Anzeige.

Wenn ein Unternehmen wie in unserem Beispiel ein neues Produkt für eine Zielgruppe auf den Markt bringen will, mit der es bisher noch nicht gearbeitet hat, ist es besonders wichtig, dass nicht nur in der Werbeagentur, sondern auch im Unternehmen diese Zielgruppe verstanden wird. Gibt es überhaupt keine Berührungspunkte zwischen der Kultur der neuen Zielgruppe und der des Unternehmens, dann wird das neue Produkt nicht erfolgreich auf dem Markt lanciert werden können, auch wenn es zehnmal technisch top ist! Hätten die Verantwortlichen in unserem

Beispiel die Anzeigen mit der »alten jungen Frau« geschaltet, wäre das Produkt mit großer Wahrscheinlichkeit gefloppt. Aber auch mit der neuen, zielgruppengerechten Werbung allein ist es nicht getan. Das Unternehmen hat das Feedback des Webdesigners auch außerhalb der Marketingabteilung angenommen und sich aufgeschlossen gezeigt, intern durch einen moderaten Kulturwandel ihrer neuen Klientel einen Schritt entgegenzugehen.

Viele Unternehmen wären bei Produktinnovationen gut beraten, nicht nur die potenziellen Zielgruppen zu erforschen, sondern auch die eigene Kultur, und sich zu fragen, wo die Berührungspunkte zwischen Unternehmenskultur und den Werten der Zielgruppe liegen (der Humor und die Fähigkeit, über sich selbst zu lachen, war in unserem Beispiel sicher ein erster Berührungspunkt zur anvisierten so genannten »Spaß-Generation«). Findet man gar keine Berührungspunkte, sollte man die Produktinnovation überdenken oder zum Anlass nehmen, die eigene Unternehmenskultur ebenfalls zu innovieren. Denn für eine langfristig erfolgreiche Markenführung genügt es nicht, wenn nur einige Spezialisten in der Marketingabteilung Zugang zu den Markenwerten haben und Verständnis für das kulturelle Umfeld der Kunden beziehungsweise Zielgruppen aufbringen. Wo in der Kultur des Unternehmens die Werte der Marke nicht lebendig sind, ist die Wahrscheinlichkeit groß, dass sich »falsche Töne« in Produktgestaltung und Marketingkommunikation einschleichen. Markenführung in einer sich schnell verändernden Umwelt heißt, dass man nicht nur beobachtet, was sich »da draußen« tut, sondern die Kernwerte der Marke auch innerhalb der eigenen Kultur kommuniziert und lebendig macht. Alles andere kauft man auf Dauer einem Unternehmen, im wahrsten Sinne des Wortes, einfach nicht ab.

Zwei grundlegende Faktoren für langfristig erfolgreiche Markenführung

Die Zeiten, in denen man »ein für alle Mal« ermitteln konnte, was der Markt verlangt, welche Vermarktungsstrategie die Richtige ist, sind längst vorbei. Erfolgreiche Markenführung wird in Zukunft immer mehr davon abhängen, ob es dem Unternehmen gelingt, wechselnde Szenarien, Trends, Stimmungen und Ansprüche zu verstehen und zu beantworten. Am besten dafür gerüstet ist ein Unternehmen, das zum »Erzählraum« wird, offen für Geschichten, interessiert an Neuem, kreativ im Umgang mit Zeitströmungen und Mentalitätsveränderungen.

Die Marke muss deshalb auch innerhalb des Unternehmens »lebendig« bleiben. Da Marken letztlich Bündel von Geschichten über Produkte und ihre Nutzer sind, müssen diese Geschichten auch im Unternehmen leben, das heißt, erzählt werden. Und das Unternehmen muss offen sein für neue Erzählungen und Geschichten, die Veränderungen in der »Umwelt« ins Unternehmen hineinkommunizieren können.

Die Marke und ihre Käufer sind als Geschichten im Unternehmen lebendig

Für eine langfristig erfolgreiche Markenführung ist es unabdingbar, dass im Unternehmen Geschichten über die Marke, die Produkte, die Konsumenten und Kunden zirkulieren. Marke und Produkt müssen im Unternehmen »leben«. Können Sie sich vorstellen, dass die Mitarbeiter in Ihrem Unternehmen das Produkt so interessant finden, dass sie Geschichten darüber erzählen? Bei unseren Storytelling-Gesprächen hören wir unzählige Geschichten über das, was die Firma herstellt, selbst da, wo es »nur« Schrauben oder Werkstücke und keine großen Markenprodukte sind: Geschichten darüber, wie das Produkt beim Kunden ankommt.

Wie man selbst zum ersten Mal davon hörte. Welche Merkwürdigkeiten damit schon geschehen sind (man erinnere sich an die Geschichten rund um den VW Käfer). Wie es erfunden/entwickelt wurde. Welche Gespräche man darüber mit (potenziellen) Kunden oder sonst in der »Außenwelt« des Unternehmens geführt hat. Wie man einmal sehr stolz auf das Produkt war. Womit sich die Zielgruppe im Moment so beschäftigt. Und so weiter.

In Unternehmen, die auf ihrem Gebiet erfolgreich sind, gibt es immer Geschichten rund um Produkt und Kunde – egal ob das Produkt besonders »sexy« ist oder nicht. Wenn Sie irgendwann einmal einem Mitarbeiter des amerikanischen Konzerns 3M begegnen, wird er Ihnen mit hoher Wahrscheinlichkeit die Geschichte von der Erfindung der Post-it-Haftnotizen erzählen – jene gelben Zettel, von denen wahrscheinlich ein paar auch am Rand Ihres Computermonitors kleben. Gewiss kein Produkt, das einen wie ein Auto oder ein Designobjekt zur Identifikation einlädt. Trotzdem kursieren Geschichten über dieses Produkt im Unternehmen – und machen es interessanter, als es vielleicht eigentlich, ohne diese Geschichten, wäre.

Sie kennen die Geschichte von der Erfindung der Post-it-Haftnotizen noch nicht? Damit Sie nicht warten müssen, bis Sie einen 3M-Mitarbeiter treffen, hier die Kurzfassung:

> Ein Mitarbeiter von 3M leitete in seiner Freizeit einen Kirchenchor. Ihn nervte ungemein, dass seinen Sängern bei den Proben und Auftritten immer wieder die Einmerker aus den Gesangsbüchern fielen und so vor jedem neuen Lied ein längeres Geblättere stattfand, bis alle wieder die richtige Seite gefunden hatten. Da erinnerte sich der geplagte Chorleiter, dass ein Kollege bei 3M vor kurzer Zeit einen Klebstoff entwickelt hatte, der für den eigentlich vorgesehenen Zweck unbrauchbar war, weil die Klebestellen sich allzu leicht wieder voneinander lösten. Doch für die Lesezeichen in den Gesangsbüchern könnte dieser Klebstoff ideal sein. Und tatsächlich: Mit ein wenig Kleber bestrichen, blieben die Zeichen im Gesangsbuch, und jeder

> Sänger fand sofort das Lied, das an der Reihe war. Und für das nächste Programm ließen sich die Lesezeichen leicht und ohne Spuren zu hinterlassen wieder von den Seiten entfernen und woanders einkleben. Der Chorleiter erzählte von dieser Erfahrung im Unternehmen, und markierte so den Beginn einer äußerst erfolgreichen Produktgeschichte.

Die Mitarbeiter von 3M erzählen diese Geschichte übrigens nicht nur deshalb so gerne, weil sie auf amüsante Weise die Entstehung eines pfiffigen Produkts verdeutlicht. Nein, sie erzählen sie auch, weil in ihr sehr viel von dem steckt, warum sie auf ihr Unternehmen stolz sind und gerne in ihm arbeiten. Denn die Art, wie die Haftnotizen erfunden werden konnten, ist verbunden mit grundlegenden Qualitäten der Kultur des Unternehmens 3M:

- 3M sieht es gerne, wenn die Mitarbeiter neben der Arbeit auch anderen Interessen, wie zum Beispiel dem Dirigieren eines Kirchenchores, nachgehen. Denn die Führungskräfte von 3M wissen, dass neue Ideen (und damit neue Produkte) nur entstehen, wenn sich Menschen vielfältig interessieren und engagieren. Die privaten Interessen sind daher bei 3M bis zu einem gewissen Maße sehr gut zeitlich in den Arbeitstag integrierbar.
- Bei 3M wird die informelle Kommunikation zwischen den Mitarbeitern angeregt und gefördert. Deshalb wusste der Kirchenchorleiter auch über die »gescheiterte« Kleber-Erfindung seines Kollegen Bescheid.
- 3M ist grundsätzlich offen für Ideen und Innovationen der Mitarbeiter, gibt ihnen eine Realisierungschance und honoriert sie. Für den Chorleiter war es daher gar keine Frage, seine Haftnotizen dem Unternehmen zur Verfügung zu stellen. In vielen anderen Unternehmen durchaus keine Selbstverständlichkeit. Bedenken, ob und welchen Dank man erwarten kann, hätten den Entdecker vielleicht bewogen, sich lieber selbstständig zu machen oder die Idee zu

verkaufen. Oder er wäre gar nicht auf die Idee gekommen, dass in seiner Entdeckung eine Produktidee stecken könnte. So oder so wäre dem Unternehmen eine äußerst erfolgreiche Innovation durch die Lappen gegangen.

In einem anderen Unternehmen, das nach Maß angefertigte Teile aus einem Spezialwerkstoff herstellt, wurde uns bei allen Storytelling-Gesprächen von verschiedenen Seiten dieselbe Geschichte erzählt; ob in Werkstatt, Buchhaltung oder Sekretariat, überall hörten wir diese Geschichte: Ein Mitarbeiter hatte einmal einem verzweifelten Kunden, der bei einer Messepräsentation sonst aufgeschmissen gewesen wäre, abends noch schnell ein Ersatzteil gefräst und es ihm über Nacht per Eilkurier übersandt.

In dieser Geschichte werden, wenn man so will, die zentralen »Markenwerte« dieses Unternehmens kommuniziert: Flexibilität, Schnelligkeit und Präzision, die zusammen die Kultur des Unternehmens tragen.

Sie sehen, auch in Unternehmen, die keine von vorneherein emotional mitreißenden Produkte herstellen, tragen Geschichten über das Produkt und die Marke zur Unternehmensidentität bei. Natürlich hängt das auch davon ab, ob man die »richtigen« Leute hat – also Menschen, die dem Produkt nahe stehen und sich grundsätzlich dafür interessieren. Andererseits ist es jedoch auch gar nicht nötig, dass alle Mitarbeiter von vorneherein von Produkt oder Marke begeistert sind: Falls die Marke und ihre Werte fest in der Unternehmenskultur verankert sind – und das zeigt sich eben auch darin, dass sie Gegenstand von Erzählungen sind –, dann werden auch neue, zunächst vielleicht indifferente Mitarbeiter bald »angesteckt« werden. In solchen Unternehmen hören wir dann oft Sätze wie: »Erst konnte ich ja nicht viel mit dem Produkt anfangen. Aber jetzt finde ich es richtig spannend.«

Markenführung und Produktinnovationen lassen sich nicht trennen von der Kultur des Unternehmens und der Art und Weise, wie die Menschen sie leben. Die »richtige Kultur«, die »richtigen Produkte und Marken« und die »richtigen Mitarbeiter« bilden die Eckpunkte eines Dreiecks: Passt eines der drei nicht zu den anderen, wird es Probleme geben: in der Kooperation der Mitarbeiter ebenso wie in der Markenführung und damit letztlich im Absatz der Produkte.

Das Erzählen verbindet diese Eckpunkte zu einer stabilen, harmonischen und balancierten Form, denn die Geschichten des Unternehmens und damit seine Geschichte handeln immer gleichzeitig von seiner Kultur, seinen Produkten und von dem, was die Menschen damit erleben.

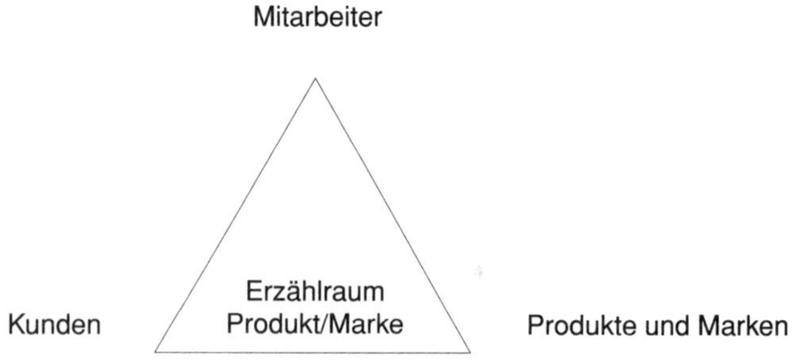

Dieser »Erlebnis- und Erzählraum«, der im Dreieck Kultur-Produkt-Mensch aufgespannt wird, trägt und belebt den Spirit des Unternehmens. Ein wichtiger Teil davon ist der »Erzählraum Produkt/Marke«. Er ist eine treibende Kraft für Identifikation und Engagement, für die Motivation und das Selbstverständnis der Menschen, die im und für das Unternehmen tätig sind, für Mitarbeiter und Kunden.

Auf seltsame Weise ausgeschlossen scheinen daraus aber oft die Manager und Unternehmenslenker selbst zu sein. Die gängige Praxis in großen Konzernen ist ja, Führungskräfte im Lauf ihrer Karriere in allen möglichen Geschäftsgebieten einzusetzen, die von den Produkten her gar nichts miteinander zu tun haben. Und auch an der Spitze vieler Unternehmen stehen Manager, die aus ganz anderen Branchen kommen: Der Wechsel von Hartmut Mehdorn vom Druckereimaschinen-Manager zum Chef der Deutschen Bahn ist ein prominentes Beispiel dafür.

Häufig gibt es ja gute Gründe für so einen Wechsel; und die Erfahrung, die jemand in einer anderen Branche gemacht hat, kann neuen Wind in das Unternehmen bringen. »Ob wir Mikrochips oder Lokomotiven herstellen oder verkaufen, hat keinen großen Einfluss auf meine Aufgabe«, so hat ein Manager im Storytelling-Gespräch auf den Punkt gebracht, was viele Führungskräfte denken. Doch die Auswertung von Storytelling-Analysen hat immer wieder gezeigt, dass Probleme in Bereichen und Abteilungen da entstehen, wo die Führungskraft sich in zu großer Distanz zum »Erzählraum Produkt/Marke« hält und damit signalisiert, dass ihr die (für die Mitarbeiter wichtigen) Inhalte von Produkt und Marke jenseits der durch sie erzielten Erträge gleichgültig sind.

Wenn es im Unternehmen eine »Kultur der Marke/des Produkts« gibt, dann ist es von entscheidender Bedeutung, dass sich die Führungskraft mit dieser Kultur aktiv auseinander setzt. Andernfalls kommt es über kurz oder lang zu Fehleinschätzungen des Marktes und der Kunden, die Mitarbeiter beginnen, das Vertrauen in die Strategien der Führungskraft zu verlieren. Damit wir nicht missverstanden werden: Wir reden hier keineswegs dem alten Konzept der »Fachführerschaft« (»der beste Ingenieur soll der Chef sein«) das Wort. Und wir meinen auch nicht, dass nur ein Autonarr ein Autounternehmen führen kann. Führungskräfte sollten es aber auch nicht als ihre ausschließliche Aufgabe ansehen, Prozesse und Mitarbeiter zu führen. Sie sollten ihre Distanz zum Produkt aufgeben und sich in den »Erzählraum Produkt/Marke« integrieren. Nur so können sie wirklich Verantwortung für ihre Produkte und Marken übernehmen. Denn »Markenverantwortung ist Chefsache«, wie der Markenexperte Peter Zernisch sagt (Zernisch 2003).

Ein solcher »Erzählraum Produkt/Marke« existiert in jedem Unternehmen in Ansätzen. Damit er zum Erfolg der Marke und zur Stärkung der Identität beiträgt, kann er (wieder)belebt werden. Dazu braucht es oft nur einen kleinen Anstoß.

Was Sie tun können, um in Ihrem Unternehmen einen lebendigen »Erzählraum Marke/Produkt« zu schaffen – die Marketingabteilung auf Geschichtensuche im Unternehmen:

- Achten Sie einmal bewusst darauf, was Mitarbeiter in Ihrem Unternehmen über Marke, Produkte und Kunden erzählen. In der Kantine, in Meetings, bei Präsentationen und Besprechungen. Sie können Mitarbeiter auch gezielt nach solchen Geschichten fragen. Schreiben Sie sich diese Geschichten nach dem Gespräch in Stichpunkten auf. Sie werden erstaunt sein, wie viele Geschichten Sie aufspüren.
- Geben Sie den Geschichten Raum: Veranstalten Sie einen Erzählworkshop. Sie können dazu das Workshop-Design nutzen, das wir ab Seite 227 (Erzählworkshop) beschrieben haben. Laden Sie Mitarbeiter aus ganz verschiedenen Hierarchieebenen und Tätigkeitsbereichen ein – je vielfältiger, desto besser, vom Meister bis zur Abteilungsleiterin, Konstrukteure, Vertriebler, Azubis. Was erzählen die Menschen zum Thema »Produkt/Marke/Kunde«?
- Jetzt sind sicher schon einige gute Geschichten im Fundus. Kommunizieren Sie einzelne dieser Geschichten auf verschiedenen Kanälen im Unternehmen: Bauen Sie mal eine davon in Ihren Vortrag ein. Vielleicht ist in der Mitarbeiterzeitschrift oder im Intranet Platz für eine regelmäßige Kolumne mit diesen Geschichten? Helfen Sie den Geschichten auf die Sprünge, aber seien Sie dabei behutsam. Bombardieren Sie Ihre Umgebung nicht mit Ihren Geschichten, halten Sie die Balance zwischen Erzählen und Zuhören!

- Vermeiden Sie auf jeden Fall Appelle (»Erzählt!« »Identifiziert euch mit der Marke!«). Vertrauen Sie darauf: Erzählen ist ansteckend. Bald schon wird der »Erzählraum Produkt/Marke/Kunde« alleine weiterwachsen. Sie werden sehen – Sie müssen gar nicht so viel tun.

Öffnen Sie die Grenzen Ihres Unternehmens für neue Geschichten

»Das einzige Verhängnis, der einzige Makel, der eine Menschengruppe treffen und an der vollen Entfaltung ihrer Natur hindern kann, ist, isoliert zu sein«, hat der französische Ethnologe Claude Lévi-Strauss festgestellt (Lévi-Strauss 1972, S. 70). Das gilt auch für Unternehmen und ihre Markenführung: Denn auch eine Marke »altert« mit der Zeit und muss behutsam immer wieder »renoviert« und so an Veränderungen der Konsumenten-Mentalitäten angepasst werden. Mittelfristig wird das nur einem Unternehmen gelingen, das in lebendigem Austausch mit seiner Umwelt beziehungsweise seinen Umwelten steht, das Sensoren für das entwickelt hat, was um es herum vor sich geht, was die Menschen interessiert und bewegt, was ihnen gefällt und was sie ablehnen. Und vor allem: was sie vermutlich in Zukunft interessieren und ansprechen wird. Sie können natürlich viel Geld für so genannte Trendforschung ausgeben; je nach Qualität des Instituts, das Sie beauftragen, werden Sie unterschiedliche Trefferquoten haben, die aller Erfahrung nach auf jeden Fall unter der der Wettervorhersage bleiben. Außerdem: Wenn ein Unternehmen selbst wenig Gespür und Wissen über die Außenwelt hat, werden ihm auch die zutreffendsten Trendprognosen, die ihm ein Forschungsinstitut liefert, nicht viel nutzen: Denn wer in diesem Unternehmen wird dann einschätzen können, was an dem prognostizierten Trend »dran« ist, und vor allem, wie man ihn in praktisches, zukunftsorientiertes Handeln umsetzen kann? IBM wurde in den 80ern prophezeit, dass in Zukunft der »persönliche Computer«, kurz PC genannt, eine große Rolle spielen werde. Bei IBM, dem damaligen Weltmeister der Großrechnerproduktion, hat man das nicht geglaubt und wäre an dieser Fehleinschätzung fast zugrunde gegangen.

Ein Unternehmen, das in lebendigem Austausch mit seiner Umwelt steht, kann Veränderungen selbst erkennen und Prognosen auf ihre Wahrscheinlichkeit hin einschätzen. Und die Marke und das Produktportfolio mit den wechselnden Anforderungen und Bedingungen des Marktes weiterentwickeln. Lebendiger Austausch heißt, dass ein Unternehmen ein »Ohr nach außen« entwickeln sollte, damit Geschichten, Entwicklungen, neue Lebensmodelle, aber auch technische Entwicklungen Eingang ins Unternehmen finden und von den Mitarbeitern diskutiert, weitererzählt, weitergedacht werden.

Es reicht aber nicht, die Außenwahrnehmung einzig und allein an eine Fachabteilung zu delegieren, an die Marketingabteilung oder an eine »Abteilung für strategische Entwicklung« etwa, die dann den Handy-Entwickler darüber unterrichtet, was der Handy-Nutzer möchte. Den Entwickler nur zu »briefen«, wie er seine Handys in Zukunft konstruieren soll, genügt nicht – er muss ein wirkliches Verständnis für die Lebenswelten der späteren Nutzer seiner Geräte haben, um erfolgreiche, markt- und nutzerfreundliche Produkte entwickeln zu können. Bis vor einigen Jahren lag hier ein großes Problem von Handys deutscher Produktion: Sie waren zu sehr aus »Ingenieurs-Perspektive« anstatt aus »Nutzer-Perspektive« konstruiert, technisch top, dafür aber kompliziert zu bedienen und teuer. In den Augen der Entwickler waren die Nutzer ebenso technikbegeistert wie sie selbst, die sich aber für ganz andere Möglichkeiten der mobilen Telefone interessierten, als sich durch komplizierte Menüs zu klicken.

Ein Denken, das sich ausschließlich in fachlichen Kategorien bewegt, ist geradezu prädestiniert dazu, »betriebsblind« zu werden: Man betrachtet alles nur aus der eigenen, gewohnten und in bestimmten Kontexten bewährten Logik, ohne zu sehen, was außerhalb vorgeht. Ein Unternehmen, das betriebsblind ist, ist sehr gefährdet, den Anschluss zu verlieren. Und ein Unternehmen ist dann betriebsblind, wenn in ihm eine »Kultur der Betriebsblindheit« herrscht: wenn alle Kommunikation, alles Erzählen, alle Diskussionen auf die immer gleiche, meist rein fachliche Logik beschränkt bleibt. Bei einem solchen Unternehmen genügt es auch nicht, ein oder zwei so genannte »Visionäre« ins Management zu berufen – eine positive Veränderung wird es erst geben, wenn die Außenwelt im gesamten Unternehmen präsent ist.

Zum Glück für Unternehmen sind seine Mitarbeiter niemals nur Ingenieure, Vertriebsmitarbeiterinnen, Buchhalter oder Werbetexterinnen, sondern immer auch Menschen – Menschen, die vielseitig interessiert sind und sich außerhalb des Berufsalltags in ganz verschiedenen Lebenswelten bewegen. Sie sind daher grundsätzlich offen und ansprechbar für Neues aus der »Außenwelt«, auch wenn sie vielleicht zunächst ob der Ungewohntheit reserviert reagieren. Sie sind bereit dafür, neues Wissen, neue Erzählungen aufzunehmen, zu diskutieren und weiterzugeben – kurz: die Grenzen des Unternehmens nach außen zu öffnen, wenn das Unternehmen eine offene Haltung zulässt und fördert.

Womit nun beginnen? Unternehmen können sich auch hier das Harun-al-Raschid-Prinzip zu Nutze machen: Erzählen ist ansteckend. Es genügt oft schon ein kleiner Anstoß, um das Unternehmen zum grenzüberschreitenden Erzählraum zu machen. Die meisten von uns werden sich an den Versuch im Chemieunterricht erinnern, bei dem der Lehrer in ein Becherglas mit einer bestimmten Flüssigkeit ein einzelnes Kristall warf – und im Nu verwandelte sich der gesamte Inhalt des Glases in schimmernde geometrische Strukturen. Ähnlich ist es mit dem Erzählen und dem Weitergeben von neuem Wissen: Eine Geschichte löst weitere aus, und nach einiger Zeit kann man sehr viel mehr Geschichten ernten, als man ursprünglich gesät hat.

Beispiele für erfolgreiche Grenzöffnungen

Die Columbus AG ist ein mittelständisches Unternehmen mit Sitz im süddeutschen Ravensburg, das sich mit IT-Finanzierungen und Netzwerklösungen beschäftigt. Seit einigen Jahren fördert das Unternehmen junge Künstler in einer eigenen Kunststiftung, der Columbus Art Foundation. Zu den zweimal im Jahr stattfindenden Ausstellungen werden jeweils auch die Mitarbeiter eingeladen. Mitarbeiter, mit denen wir gesprochen haben, berichteten vor allem von einer Ausstellung, die ihr Interesse besonders geweckt hatte: Unter dem Titel »Reality Check« hatten sich Künstler mit dem Phänomen des Computerspiels und der virtuellen Realität auseinander gesetzt. Im Unternehmen wurde darüber viel diskutiert, die Mitarbeiter erzählten von ihren eigenen Erfahrungen mit Computerspielen, und vor allem von ihren Kontakten mit der Lebenswelt von Jugendlichen, die begeisterte Spieler waren. Durch diese Erzählungen und Diskussionen unter den Mitarbeitern entwickelte sich im Unternehmen ein Wissen über diesen Realitätsbereich, das weit über den ursprünglichen Input, die Kunstausstellung, hinausging. Und dieses Wissen wird dem Unternehmen in Zukunft zugute kommen: Denn die Jugendlichen, die heute am Computer spielen und LAN-Partys veranstalten, werden schon bald Kunden oder Mitarbeiter des Unternehmens sein.

Die Öffnung eines Unternehmens hin zur Kunst und den Künstlern ist natürlich nur eine von vielen Möglichkeiten, neues Erzählen und damit neues Wissen über die Außenwelt im Unternehmen anzustoßen. Die Möglichkeiten sind nahezu unbegrenzt – es gilt, die zur Individualität des Unternehmens passenden Formen und Inhalte zu finden. Eine Grundregel jedoch lautet: Das Projekt darf für die Mitarbeiter nicht zu fremd sein, es muss Anschlussmöglichkeiten an ihre eigene »Welt« bieten. Sonst reagieren die Mitarbeiter mit Ablehnung. Es darf andererseits aber auch nicht zu gewöhnlich und alltäglich sein – sonst bestätigt es nur die gewohnten Denkroutinen und löst keine neuen Erzählungen aus. Im Zweifelsfall sollten Sie sich mit externen Experten beraten, um nicht selbst in die Falle der »Betriebsblindheit« zu tappen.

Vielleicht beginnen Sie damit, die Grenzen Ihres Unternehmens zu öffnen, indem Sie der Lebenswelt Ihrer Mitarbeiter, die ja auch Musikliebhaber und Heimwerker, Elternbeiräte oder Naturschützer sind, besser kennen zu lernen. Vielleicht finden sich im Hause viele »Experten«, die einen Vortrag anbieten, einen Workshop leiten könnten, die Kollegen und Externen von einer interessanten Organisation oder einer sinnvollen Initiative erzählen könnten. Ihr Mitarbeiter-Medium könnte berichten, was die Menschen im Unternehmen außerhalb ihrer Arbeitszeit bewegt. Oder bei der Betriebsversammlung könnten im Foyer Stellwände gestaltet werden, auf denen die »Lebenswelten« der Menschen sichtbar werden.

Die Außenwelt in den Erfahrungshorizont aufzunehmen kann auch über »Ausflüge« in andere Welten geschehen. Die Münchner Mitarbeiter von GE Frankona Re und GE CompuNet, beides Tochtergesellschaften der General Electric Company (GE), hatten im Oktober 2002 die Möglichkeit, ihr handwerkliches Können für andere einzusetzen. Man wollte es den Kindern in einer Asylantenunterkunft ermöglichen, gemeinsam mit ihren Eltern zu essen. Bisher mussten sie jeden Tag dreimal um ihr Essen anstehen, das dann jeder irgendwo auf dem Bett oder auf dem Gang schnell verzehrte. Eine große Küche und ein Speisesaal wurden eingerichtet. An diesen zwei Tagen konnten sich die Mitarbeiter gemeinsam für Menschen einsetzen, die vorher vielleicht in ihrer Welt keine große Rolle gespielt hatten. Es entstand eine »stimmige« Geschichte, da die Mitarbeiter selbst am sozialen Engagement des Unternehmens beteiligt waren.

Ein weiteres mit Erfolg durchgeführtes Grenzöffnungsprojekt ist zum Beispiel das »Jugendforum« der ehemaligen Hypo-Bank. Einmal im Jahr bevölkerten 250 Schülerzeitungsredakteure die Konzernzentrale. Von Freitagnachmittag bis Sonntag diskutierten sie im direkten Dialog mit Experten aus Wissenschaft, Medien, Wirtschaft und Politik, tauschten sich in Workshops und Gesprächsrunden mit Mitarbeitern aus und brachten zweieinhalb Tage lang eine ganz neue Stimmung in das Bürohochhaus. Die eingeladenen Jugendlichen waren meist selbst ziemlich erstaunt, dass in einer Bank nicht nur über Geld geredet wird. Und wirkten als Multiplikatoren, weil sie mit wirklich neuen und erzählenswerten Geschichten in ihre Schulen und Redaktionen zurückkehrten. Aber auch die Banker, die drei Tage lang miterlebt hatten, was Jugendliche bewegt, was sie denken und wie sie argumentieren, hatten danach einiges zu erzählen. So zählte der Lerneffekt bei den Bankmitarbeitern mindestens genauso wie der Imagegewinn, den das Unternehmen bei allen Beteiligten – Jugendlichen wie Experten – erzielen konnte.

Möglichkeiten gibt es viele. Welche auch immer Sie für Ihr Unternehmen oder Ihre Abteilung wählen: Sie werden sicher damit neue Erzählungen auslösen, die Grenze Ihres Unternehmens nach außen ein Stück weiter öffnen. Solche Veranstaltungen sind immer ein Anlass, sich selbst einmal anders zu erleben und Kontakt zu anderen Menschen, anderem Wissen und neuen Sichtweisen aufzunehmen.

Offenheit nach außen ist ein Weg, die Sinne und das Denken beweglich zu halten, den Anschluss zu anderen Lebenswelten und Denkweisen nicht zu verlieren und mittelfristig erfolgreiche Markenführung und Produktinnovationen auf eine viel breitere, den Entwicklungen in den Unternehmensumwelten anpassungsfähigere Basis zu stellen.

Erzähl mal!

Ihr persönlicher Weg zum Storytelling

Wenn Ihr Interesse an Storytelling geweckt und Ihnen bewusst geworden ist, welches Potenzial in Geschichten verborgen liegt, dann wollen Sie es jetzt vielleicht selbst einsetzen. Aber wie wird aus einem Menschen ein Erzähler? Kann man das Erzählen lernen? Ja und nein. Erinnern Sie sich an Harun al-Raschid: Man muss als Erstes Geschichten sammeln, einen Fundus aufbauen, aus dem man schöpfen kann. Der Weg zum Erzählen führt also über das Zuhören. Und Zuhören kann man lernen. Ihre Umgebung ist voller Geschichten, die bisher an Ihren Ohren »vorbeigerauscht« sind. Viele Menschen, denen Sie täglich begegnen, besitzen eine Geschichte, die Sie ihnen mit einer einfachen Frage entlocken können: »Und, wie war das genau, erzählen Sie doch mal!« Sie werden erfahren, dass Ihre Aufmerksamkeit sich ändert, wenn Sie darangehen, Geschichten zu sammeln. Die Wahrnehmung ändert sich mit unseren Interessen. Das ist, wie wenn jemand gerade dabei ist, eine Familie zu gründen. Jahrelang hat er nicht auf so etwas geachtet, aber jetzt »sieht« er in seiner Umgebung plötzlich lauter Männer mit Kindersitz im Auto, überall stößt er auf Babybilder, im Fernsehen hat er noch nie so viel Werbung für Kinderspielzeug gesehen. Wenn Sie Ihre Wahrnehmung für Geschichten schärfen, werden Sie auch welche hören. Und der nächste Schritt ist es, diese Geschichten zu bewahren. Schaffen Sie ein Notizbuch an, in dem Sie immer ein paar Stichpunkte notieren können. Mit der Zeit füllt sich die Kladde. Früher oder später kommt dann der Tag, an dem Sie eine der Geschichten für ein Meeting, ein Kundengespräch oder die Motivierung Ihrer Mitarbeiter brauchen können. Dann werden Sie zum Erzähler.

Der Weg zum Erzähler

Schritt 1: Der Einstieg

Entscheiden Sie sich, in der nächsten Zeit aufmerksam mit Ihren eigenen und den Geschichten anderer umzugehen, bewusst die Haltung des Zuhörers einzunehmen und diese Geschichten nicht mehr als selbstverständlich, sondern als bedeutsam zu nehmen. Die ersten beiden Grundregeln sind ganz simpel. Sie lauten:

Ich interessiere mich für die Geschichten, die die Menschen erzählen.

Ich interessiere mich für die Geschichten, die ich selbst erlebe und erlebt habe.

»Das mach ich sowieso, ich bin ein offener Mensch und guter Gesprächspartner!«, werden Sie jetzt vielleicht denken. Dann bringen Sie ja die besten Voraussetzungen mit. Vielleicht fällt Ihnen bei näherer Betrachtung allerdings auf, wie wenig Zeit und Gelegenheit Sie im Alltag haben, dieses Interesse auch in die Tat umzusetzen – sprich zuhören oder selbst erzählen zu können: Viele »wichtige Gespräche« verlaufen zwischen Tür und Angel. Besprechungen und Meetings sind mit Tagesordnungspunkten voll gestopft, so dass kaum Zeit für die Vorstellung der wichtigsten Fakten und Erörterung der wesentlichen Schritte bleibt, geschweige denn für die Annäherung an Hintergründe. »Erzählen kostet Zeit! Und die hat man bei solchen Gelegenheiten einfach nicht« – setzen Sie diesen Glaubenssatz einfach mal außer Kraft. Sagen Sie sich, dass Sie diese Zeit haben, weil Sie sich die Zeit nehmen, die Sie brauchen, um dazuzulernen.

Das Storytelling-Logbuch

Besorgen Sie sich ein Heft oder Notizbuch, das Sie als Storytelling-Logbuch verwenden (wenn Sie der Laptop-Typ sind, können Sie auch eine entsprechende Datei anlegen).

Benutzen Sie es, um Stories zu sammeln: Schreiben Sie zumindest stichwortartig die Geschichten auf, die Ihnen zu denken gegeben haben und die Sie auch weitererzählen würden: Erfahrungen, Erlebnisse, Anekdoten, die Ihnen Kollegen, Kunden, Mitarbeiter, Bekannte erzählen und die Sie typisch finden, die eine Sache auf den Punkt bringen, die überraschend oder lehrreich sind.

Natürlich sind auch Ihre eigenen Geschichten wichtig. Nicht nur andere, auch Sie selbst sind eine wichtige Story-Quelle: Überlegen Sie, welche Erlebnisse, Erfahrungen, Situationen und Menschen Sie am meisten geprägt haben. Wenn Sie an wichtige Menschen auf Ihrem Weg denken, welche Anekdoten fallen Ihnen dann spontan ein? Das Logbuch ist ein guter Einstieg in den Prozess, nicht nur um eine Gedächtnisstütze zu haben, sondern auch, damit Sie vor Augen haben, wie das Storytelling-Logbuch und damit Ihr Geschichten-Vorrat sich mit der Zeit füllt.

Schritt 2: Eine andere Aufmerksamkeit gewinnen

Wie gesagt: Beim Storytelling geht es genauso sehr um das Zuhören wie um das Erzählen selbst. Die ersten Schritte zielen daher darauf, dass Sie Ihre inneren Antennen neu auf Empfang ausrichten und Ihre Aufmerksamkeit erweitern.

Schärfen Sie zunächst einmal Ihre Wahrnehmung: Beobachten Sie mit Neugierde, was eigentlich gesprochen, präsentiert, diskutiert wird. Hinterfragen Sie, was von dem Gehörten und Gezeigten Sie eigentlich wirklich wichtig und informativ finden und was nicht. Erinnern Sie sich am Tag danach und überlegen Sie, was Sie sich tatsächlich haben merken können. Machen Sie also eine kleine, private Effizienzstudie: Wie viele Charts und Fakten wurden ungefähr vorgestellt? Welche waren wesentlich? Was ist hängen geblieben, was können Sie nachschauen (weil Sie noch wissen, wovon die Rede war), was haben Sie vergessen? Gibt es etwas, das scheinbar nebensächlich war, eigentlich gar nicht

»zur Sache« gehörte, aber Ihnen aufgefallen ist und Sie weiter beschäftigt?

Dann überlegen Sie doch einmal, über was alles nicht gesprochen wurde, obwohl es eigentlich auch zum Thema gehört: Was haben Sie zum Beispiel bei der Besprechung über das Team erfahren, das in den Prozess involviert ist, oder über die Zusammenarbeit zwischen den Abteilungen? Wurde etwas über die Kunden berichtet? Gab es nur Daten und Fakten, aber keine Erwähnung von Prozessen, Schwierigkeiten, Lösungen? Woran liegt das vermutlich? In einem nächsten Schritt können Sie sich dann für das nächste Treffen einmal entsprechende Fragen überlegen: »Wie ist denn so die Stimmung im Team zur Zeit?«, könnte eine solche Frage sein. Vielleicht ernten Sie damit schon eine Geschichte. Wenn die Antwort knapp ausfällt – »Prima!« –, können Sie weiterfragen: »Erzählen Sie doch mal ein Beispiel!«

Wenn Sie mit den oben genannten Fragen und Überlegungen in Besprechungen und Meetings gehen, werden Sie schnell merken, dass Sie auf ganz andere Weise zuhören. Sie werden dabei auch erleben, dass Sie andere und mehr Informationen mitnehmen als bisher. Ihre Wahrnehmung beginnt, sich zu verändern.

Nachfragen und Geschichten auslösen

Bleiben Sie dran an den Geschichten, die Ihnen begegnen. Seien Sie ruhig neugierig. Wenn beispielsweise bei einem Meeting jemand erzählt hat (vielleicht sogar auf Ihre Ermunterung hin), wie ein bestimmter Prozess läuft, wo eine Lösung gefunden oder ein Konflikt ausgetragen wird, dann fragen Sie bei Gelegenheit nach: »Wie ging denn die Geschichte jetzt weiter?« Sie zeigen damit Ihrem Gegenüber, dass Sie Interesse an seiner Sache und seinen Erlebnissen haben. Sie signalisieren, dass Sie aufmerksam zugehört haben. Menschen schätzen es ungemein, wenn man sich an ihre Geschichten erinnert und für ihren Fortgang interessiert. Wichtig dabei ist allerdings, dass Ihr Interesse »offen« ist und tatsächlich der Geschichte gilt und nicht einem bestimmten Ergebnis. Fragen Sie also nicht in der Art wie: »Na, wie steht denn die Sache: Ist das Problem jetzt im Griff?«, denn dann werden Sie als Reaktion höchstwahrscheinlich keine Geschichte erhalten, sondern eine Rechtfertigung oder Ausflüchte. Sie aber möchten ja etwas Neues lernen, Zusätzliches erfahren: Also müssen Sie auch so fragen und so zuhören, dass der andere die Möglichkeit hat, zu erzählen, was ihm wichtig erscheint – und nicht das zu sagen, wovon er glaubt, dass Sie es hören wollen.

Überlegen Sie, wo Ihnen das Wissen aus Geschichten noch nutzen könnte und in welchen Situationen Sie Geschichten hören oder zum Erzählen ermuntern können. Wird zum Beispiel gerade ein neues Projekt geplant, dann können Sie nach Mitarbeitern und Kollegen suchen, die ein ähnliches Projekt miterlebt haben. Lassen Sie sich erzählen, an was die Menschen sich erinnern, was besonders wichtig, gut oder schwierig war. Garantiert entdecken Sie dabei Faktoren, die bisher bei den Planungen nicht berücksichtigt wurden.

Situationen suchen und schaffen, in denen erzählt wird

Überlegen Sie sich, bei welchen Gelegenheiten Sie selbst und andere im Unternehmen besonders gut und häufig ins Gespräch kommen und einander etwas erzählen. Es gibt auch in Ihrem Unternehmen sicher Orte, wo man gern noch ein paar Minuten zusammen bleibt. Planen Sie auch mal einen Augenblick ein, um nach dem Meeting einen Kaffee mit anderen zu trinken. Nur wenn Sie auch ansprechbar sind, kann man Ihnen etwas erzählen. Manch ein Geschäftsführer geht täglich den gleichen, kürzesten Weg zu seinem Büro, isst mit denselben Kollegen zu Mittag – und begegnet dabei immer nur bestimmten Menschen und anderen nie. Überlegen Sie sich vor diesem Hintergrund Ihr eigenes Verhalten – und ändern Sie im Zweifelsfall Ihre Gewohnheiten. Suchen Sie bewusst Gelegenheiten, bei denen Sie mit unterschiedlichen Menschen in Ihrem Arbeitsumfeld ins Gespräch kommen können. (Auch zu Hause werden Sie bald mehr auf dem Laufenden sein, wenn Sie ab und zu ein Zeitfenster haben, in dem ein kleines Gespräch möglich wird.)

Die Technik des Zuhörens

Letztlich geht es bei der Kommunikation mit Geschichten immer darum, dass der Erzähler die Chance hat, Aspekte, Erfahrungen, Folgerungen, Relevanzen in seine Geschichte einzubauen, die vom Standard abweichen können, die überraschend, unerwartet und gerade deshalb informativ sind. Geschichten bieten die Möglichkeit, jenseits oder gar abseits dessen, was erwartet oder verlangt wird, Bedeutung aufzubauen und Informationen zu vermitteln. Was in einem Bericht und in einer Beschreibung überflüssig und abschweifend sein mag, ist in einer Geschichte oftmals wesentlich, um das Ganze zu verstehen.

Wenn die Aufmerksamkeit zu sehr auf bestimmte Erwartungen und Muster abgestellt ist, wird Ihnen so manche dieser Informationen entgehen. Sehr schnell wird man dann beim Zuhören ungeduldig, wünscht sich, der andere möge doch endlich »auf den Punkt kommen« (also auf das, was man selbst für den Punkt hält!) und verliert die Konzentration.

Gewöhnen Sie sich eine andere »Technik« des Zuhörens an: Lassen Sie sich auf den Gang der Erzählung Ihres Gegenübers ein und machen Sie sich frei von den eigenen Erwartungsmustern, davon, was Sie glauben, dass wichtig sei, was jetzt kommen müsse etc. Sagen Sie sich, dass es für die Dauer dieser Geschichte nichts Wichtigeres gibt als das, was der andere da gerade erzählt. Hören Sie zu wie ein Kommissar in einem Krimi: Jede Kleinigkeit kann von größter Bedeutung sein.

Die Grundregeln des versierten Zuhörers lauten:

Nichts von dem, was erzählt wird, als unwichtig ansehen.

Nichts von dem, was erzählt wird, als selbstverständlich ansehen.

Erst wenn man sich innerlich davon verabschiedet, vieles von dem, was man hört, für selbstverständlich zu halten, kann man erkennen, dass es ja tatsächlich zu fast allem, was da jeweils erzählt wurde, auch Alternativen gibt: Mein Gegenüber hätte seinen Chef erwähnen können – der spielte aber in seiner Geschichte keine Rolle, obwohl er damals der Projektverantwortliche war. Der Erzähler berichtet viel über die Zukunftsvisionen, die man damals innerhalb des Projektteams hatte, aber er erzählt nie über Diskussionen mit Kollegen aus den Abteilungen, für die die neue Anwendung konzipiert worden ist. Die produktivste Frage, die man sich angesichts einer Geschichte stellen kann, ist: Warum so – und nicht anders? Warum dieses – und jenes nicht? Vielleicht wird Ihnen, gerade zu Beginn, nicht jede Geschichte, die Sie hören, gleich eine Antwort liefern – aber wenn Sie mit dieser Haltung zuhören und reflektieren, dann wird jede Geschichte Ihnen wichtige Fragen liefern: Fragen, die Sie sich vorher nicht gestellt hatten und die Sie nun zu neuen Einsichten bringen und Sie auf die Suche nach Antworten führen wird, die für Sie und Ihr Unternehmen bedeutsam sein können.

Schritt 3: Selbst erzählen

Wenn Sie die Gelegenheiten wahrgenommen haben, sich im Zuhören zu üben und mit einer anderen Aufmerksamkeit zu reagieren, und wenn Sie sich die Zeit genommen haben, über das Erlebte zu reflektieren und Ihr Logbuch zu führen, dann haben Sie wahrscheinlich bereits ein paar Geschichten gesammelt, die Sie hellhörig und nachdenklich gemacht haben. Die eine oder andere dieser Geschichten hat bei Ihnen selbst sicher auch Erinnerungen wachgerufen: Bei mir war es ähnlich! Oder auch: Bei mir war es ganz anders! Oder: Das hat mir jemand schon einmal so ähnlich erzählt! Darüber hinaus haben Sie in Ihrem Logbuch schon die eine oder andere Geschichte notiert, die für Sie wichtig, prägend oder lehrreich war: in diesem Unternehmen oder einem anderen. Sie wissen selbst sehr gut, welche dieser Geschichten Sie »typisch« finden: typisch für das, was in Ihrem Unternehmen gut läuft oder auch nicht. Typisch für die Haltung, die früher bestimmend war und die heute anders ist. Typisch auch für Sie selbst, für das, was Sie schätzen, glauben, erwarten. Benutzen Sie diese Geschichten, wenn Sie etwas verdeutlichen, begreiflich machen wollen. Beginnen Sie, diese Erzählungen einzubringen.

Warten Sie ruhig ab, bis der »richtige« Zeitpunkt kommt. Ihr Gedächtnis ist jetzt gut gerüstet für den Augenblick, wo eine Geschichte passend ist, etwas veranschaulicht oder Ihren Kollegen etwas in Erinnerung ruft. Vielleicht antworten Sie in einem der nächsten Meetings auf die Forderung, auf den Preiskampf der Konkurrenz einzugehen, mit einer Geschichte, in der deutlich wird, warum viele Kunden, die auf Qualität setzen, Ihrem Hause vertrauen, auch wenn Ihre Produkte teuerer sind. Vielleicht erzählen Sie ein Beispiel für gelungene Kooperation in Ihrer Firma, wenn Sie einen Vortrag halten. Sie werden im Lauf der Zeit ein Gefühl dafür entwickeln, wo ein Erlebnis, ein Beispiel, ein Impuls durch eine Erzählung besser passt als eine sachlich vorgetragene Argumentation.

Probieren Sie aus, in welchen Situationen Sie Geschichten für Ihre persönliche Kommunikation einsetzen können: zum Beispiel, um eine Entscheidung verständlicher zu machen, die Sie getroffen haben. Oder um Menschen für sich zu gewinnen. Oder um eine Idee zu streuen, die Ihnen wichtig ist. Wenn Sie eine Erfahrung erzählen, ein Erlebnis, durch das Sie etwas gelernt und erkannt haben, das für Sie auch heute noch Gültigkeit hat, dann teilen Sie damit nicht nur *etwas* mit, sondern Sie teilen gleichzeitig auch *sich selbst* mit. Die beste Art, Geschichten zu erhalten, ist, selbst eine zu erzählen. Sie machen den ersten Schritt, geben als Erster etwas, und eröffnen dadurch einen Tausch von Wissen, Erfahrungen, Ideen. Das schafft Vertrauen, Teilhabe,

Offenheit und die Möglichkeit, neue Anknüpfungspunkte zu entdecken. Mit anderen Worten: Sie schaffen Voraussetzungen für Beziehung.

Offenheit und Aufmerksamkeit

Wie Sie wahrscheinlich schon bemerkt haben werden, geht es bei vielen der genannten Tipps und Übungen immer auch um den Umgang mit Zeit: Wer sich entschließt, durch Zuhören und Aufmerksamkeit zu lernen und sein Wissen zu erweitern, der muss ruhiger werden. Es geht darum, eine andere Art der Effizienz zu entdecken. Dazu gehört auch, dass Sie nicht ungeduldig mit sich selbst werden. Daher ist eine wichtige Voraussetzung: Zwingen Sie nichts und denken Sie nicht in Quantitäten.

Wenn Sie sich vornehmen, in zwei Wochen mindestens 20 »verwertbare« Geschichten in Ihrem Logbuch zu haben, dann sind Sie dabei, einen falschen Weg einzuschlagen. Seien Sie auch nicht enttäuscht, wenn auf Ihre Angebote, zu erzählen, auch mal belanglose Anekdoten kommen. Schließlich versuchen Sie etwas Neues in einer jahrelang gewachsenen Kommunikationskultur.

Die Grundhaltung von Storytelling sind Aufmerksamkeit und Offenheit, damit Sie auch etwas finden, wonach Sie nicht gezielt gesucht haben. Storytelling ist primär eine Technik des Findens, nicht des Suchens. Das klingt vielleicht paradox – ist aber vollkommen logisch, wenn man sich erst einmal klar macht, dass Techniken des gezielten Suchens immer auch Techniken des Ausblendens, Ignorierens, Aussondierens dessen sind, wovon man glaubt, dass es nicht »dazugehört«. Dabei geht oft Wichtiges unter. So ging es dem Archäologen Schliemann bei den Ausgrabungen in Troja. Auf der Suche nach »seinem« Troja, das er in einer bestimmten Erdschicht vermutete, zerstörte er vieles Darüberliegende, und damit letztlich auch die

Schicht, in der das Troja der Ilias lag, das er eigentlich finden wollte.

Wer zuhört, sucht nichts Bestimmtes, aber gerade durch seine Offenheit findet er bestimmt etwas. Wenn Sie sich auf Storytelling einlassen, dann werden Sie Ihren eigenen Erfahrungsschatz erweitern. Was sagen Ihre Erlebnisse über die Atmosphäre in Ihrer Firma aus? Sie haben womöglich schon erste Einblicke in Bereiche Ihres Unternehmens, über die Arbeitsweise und Problemlösungsmöglichkeiten mancher Menschen und Teams gewonnen, die Sie bisher nicht hatten. Vielleicht stellen Sie inzwischen fest, dass Sie ein viel besserer Zuhörer sind, als Sie dachten. Auf jeden Fall werden Sie mit der Haltung von Storytelling etwas gewinnen: Die Zeit, die Sie in das Zuhören und in den Austausch von Geschichten investieren, bekommen Sie als Geschenk wieder zurück, denn Kooperation und Kommunikation profitieren davon, wenn Verständigung, Wissensaustausch und Offenheit in Ihrer Umgebung an den Geschichten wachsen.

Power ohne Point

Präsentieren und begeistern mit Geschichten

Geschichten gehören zum Unternehmensalltag. Überall dort, wo informelle Begegnungen stattfinden, spielen sie eine wichtige Rolle. Sobald es aber offiziell und »wichtig« wird, haben Geschichten scheinbar nichts mehr verloren. Bei Meetings und Versammlungen wird »reported« und erklärt, vorgetragen und argumentiert, aber nicht erzählt. Wie in der Schule werden dann frontal Daten, Fakten und Konzepte zum Besten gegeben. Wo es ernst wird, soll es objektiv und eindeutig zugehen. Das Erzählen scheint zu unscharf, um die Wirklichkeit exakt und objektiv wiedergeben zu können.

Aber verstellt nicht gerade der Versuch, sich auf quantifizierbare Aspekte zu konzentrieren und nur die harten Fakten detailliert darzustellen, oft den Blick auf das Zusammenwirken unterschiedlichster Faktoren, auf die Beziehungen zwischen Maßnahmen, Menschen und Mitteln? Und warum sind Meetings, Besprechungen, Veranstaltungen nicht selten quälend langweilig, ermüdend, ineffizient? Berichte über die eigene Meetingkultur werden von den meisten Mitarbeitern und Führungskräften von einem Stöhnen begleitet: Der meistgenannte Eindruck ist, dass sie einen von der »eigentlichen Arbeit abhalten«.

Mit Geschichten das ganze Bild vermitteln

Die Angelsachsen sprechen vom »big picture«, wenn sie ausdrücken wollen, dass jemand eine Sache oder ein Thema auch in seinen großen Zusammenhängen versteht. Das

»große Bild« erlaubt es, die wesentlichen Strukturen im Überblick vor sich zu sehen. Interessanterweise benutzen die Amerikaner in diesem Kontext immer wieder ein Lehnwort aus dem Deutschen und sprechen von »gestalt«. Die »Gestalt« erfassen zu können, das »Große und Ganze« zu überblicken ist eine Voraussetzung für Orientierung. Orientiert-Sein befähigt Menschen, aktiv zu werden, eigenständig zu handeln, sich einzusetzen. Wer orientiert ist, ist wesentlich motivierter und engagierter als jemand, der nur einen winzigen Aspekt einer Sache sieht, die er ansonsten nicht überblicken kann. Wer weiß, welchen Beitrag er selbst zu einem Ganzen leistet, der sieht auch den Sinn seines Tuns. Wer das »ganze Bild« kennt, kann viel mehr beitragen, erkennt Schnittstellen, Möglichkeiten und mögliche Fehlerquellen und wird sich entsprechend äußern.

Wäre es nicht fantastisch, die Zuhörer, Kollegen und Mitarbeiter schnell und umfassend über das Ganze ins Bild setzen zu können, den Zusammenhang zwischen verschiedenen Faktoren zu verdeutlichen und das Interesse aller wecken zu können?

Es gibt eine einfache und erprobte Möglichkeit dazu: Es ist das Erzählen passender Geschichten. Geschichten sind hervorragend geeignet, anderen eine Vorstellung vom »big picture«, vom »ganzen Bild« zu vermitteln. Sie sind eine Aufforderung zum Mitdenken, Miterleben, Miterzählen. Dort, wo in einem Chart bereits alle Faktoren aufgezeichnet und alle Verbindungslinien gezogen sind, die der Referent für richtig und wichtig erachtet, liefern Geschichten nach und nach die Elemente, aus denen der Zuhörer selbst ein ganzes Bild der erzählten Welt baut. Jeder, der die Geschichte hört, sich auf sie einlässt und ihr folgt, ergänzt aus seiner Vorstellung die einzelnen Elemente, und zieht aus seiner Erfahrung und mit seinem Wissen die Verbindungslinien zwischen ihnen. Aus dem Material weniger Worte macht der Zuhörer der Geschichte eine ganze, realistische, konsistente und sinnvolle Welt. Er zieht die Folgerungen, er erkennt die Möglichkeiten, die in ihr stecken, er macht sich klar, wie diese Welt sich von anderen unterscheidet. Das alles ist geistige Aktivität und Aufmerksamkeit. Diese Aufmerksamkeit ist wesentlich höher als beim Hören von Erklärungen, beim Präsentieren von Konzepten und Aufstellungen, weil sie schöpferische Eigenleistung erhält, während im anderen Fall alles bereits vorgekaut und vorgeklärt ist.

»Die beste Präsentation des Tages!«

Im Herbst 2001 nahmen wir als Beobachter an einer Bereichs- und Abteilungsleiter-Veranstaltung bei einem Kunden teil. Mehr als 40 Menschen waren versammelt, um mit der Geschäftsführung des etwa 1.000 Mitarbeiter starken mittelständischen Unternehmens den Stand und die Zukunft des vor einem halben Jahr beschlossenen Kostensparprogramms zu kommunizieren.

Es war einer jener uncharmanten, uninspirierenden Tagungsräume, die den Eindruck erwecken, sie seien entworfen, damit Menschen möglichst nicht kommunizieren. Das Licht war gedimmt, die Klimaanlage surrte, die trockenen Staubteilchen tanzten im Licht der Projektorlampe, während ein Verantwortlicher nach dem anderen aufzeigte, welche Erfolge er bereits bei der Umsetzung von Kostensenkungen erreicht hatte. Die Stimmung im Saal war gedrückt: Die Leute hatten ein paar Monate lang bereits harte Schnitte machen müssen, für die sie der Finanzvorstand in seiner Eröffnungsrede auch ausdrücklich gelobt hatte, aber allen war klar gemacht worden, dass das nicht reichen würde. Manche Berichte umfassten über 40 Charts. Zahlenkolonnen zogen an den Augen des Publikums vorbei, Matrix für Matrix, in denen Einst-Jetzt- und Ist-Soll-Daten in klein gedruckten Beträgen einander gegenübergestellt waren. Es gab viele technische Details und Mitarbeiterkapazitätsberechnungen mit Viertel- und Achtel-MAKs und vieles mehr. Im Verlauf der ersten Stunde änderte sich die Körpersprache der Menschen im Auditorium merklich. Die üblichen Gesten der unkommoden Anspannung, der Ablehnung, der uneinlösbaren Fluchtreflexe. Das Zurücklehnen mit steif verschränkten Armen, das Durch-die-Haare-Fahren, Nasenrückenreiben, die Beschäftigung mit dem Jackettknopf oder das versunkene Betrachten der Fingernägel. Die Luft schien dünner und dünner zu werden, Müdigkeit machte sich breit.

Jeder Referent berichtete auch über durchgeführte und geplante Maßnahmen. Es wurde schnell deutlich, dass das wesentliche und einzige Kriterium für die Wahl einer Maßnahme jeweils darin bestand, dass sie kostensparend war. Das und genau das rechtfertigte eine Maßnahme und machte sie wertvoll. Andere Aspekte kamen nicht vor. Es war, als ob das ganze Unternehmen auf einen einzigen Punkt starrte, wie jemand, der sich ganz dicht vor ein Gemälde hinstellt und nur noch einen Farbfleck fixiert, aber kein Bild mehr sieht. Auswirkungen auf andere Abteilungen, interne und externe Kunden, Perspektiven für neue Dienstleistungen und Produkte spielten keine Rolle, und damit war auch die Zukunft aus dem Blickfeld verschwunden.

In dieser Situation trat der Leiter einer kleinen Abteilung auf, der mit seinen Mitarbeitern täglich mit Dienstleistungen direkt für den Kunden beschäftigt war. Er schaltete den Projektor aus – und begann zu erzählen. »Ich möchte Ihnen zunächst kurz schildern, wie die Abteilung sich in den letzten Jahren entwickelt hat und was wir dementsprechend heute eigentlich genau machen«, begann er seine kurze Geschichte der Abteilung. Er erzählte, was ursprünglich das Arbeitsfeld gewesen war, wie durch die Einführung einer neuen Technologie die Arbeitsorganisation, aber auch der Umfang der Dienstleistungen sich geändert hatten, und was heute die Schwerpunkte waren. Dann erzählte er zwei kurze Geschichten: Die erste Geschichte handelte davon, dass es vor einem halben Jahr immer wieder zu Spannungen mit bestimmten Kunden gekommen war, bis man feststellte, dass diese Kunden unter einem hohen Druck standen und diesen an seine Abteilung weitergaben. Die zweite Geschichte war ein Beispiel dafür, wie man mittlerweile, durch den Einsatz einer neuen Technologie, die es erlaubte, wesentlich schneller zu arbeiten, und speziellen Technikern, die diese Technologie beherrschten und gezielt mit dieser Kundengruppe zusammenarbeiteten, die Problematik gelöst hatte.

Erst danach stellte der Abteilungsleiter seine Maßnahmen vor und lieferte dazu auch entsprechende Zahlen. Schon während er erzählt hatte, hatte sich die Atmosphäre im Raum merklich verändert. Die Anspannung war gespanntem Zuhören gewichen, mancher war aus seinem Dämmerzustand erwacht. Durch die Erzählung über die Abteilung war vielen bewusst geworden, dass ihnen bisher gar nicht so klar gewesen war, was diese Abteilung eigentlich genau machte. Und durch die Geschichten über die Kunden war auf einmal eine Dimension wieder in die Veranstaltung gekommen, die vorher verschwunden gewesen war: dass die Firma nämlich eine Außenwelt hatte und Leistungen erbrachte, dass sie etwas herstellte und davon lebte und dass das Überleben der Organisation in erster Linie von der Qualität dieser Leistungen für den Kunden abhing – und nur im Zusammenhang damit vom Sparen. Was der Abteilungsleiter jetzt über seine Reorganisationsmaßnahmen erzählte, machte Sinn, denn es war auf die Geschichten beziehbar, die er zuvor erzählt hatte. Aus diesen Geschichten wussten die Zuhörer, dass mittlerweile viele Kunden selbst unter einem völlig anderen Zeitdruck standen als früher. Diese Situation konnte durch den Einsatz neuer Geräte und vor allem der richtigen Techniker an den Geräten bewältigt werden. Durch ein eigenes System interner Weiterbildung war es gelungen, mehr Mitarbeiter fit für diese Technologie zu machen und dabei Kosten für externe Schulung zu sparen. Anhand der typischen Stories war für jeden nachvollziehbar, an welchen Stellen Maßnahmen ansetzen konnten und an welchen sie kontraproduktiv sein würden. Die Kollegen hatten aufgrund dieser Präsentation wieder ein ganzes Bild vor Augen. In der anschließenden Kaffeepause war die Präsentation Gesprächsthema Nummer eins: Einhellig war man der Meinung, sie sei die einzige gewesen, die etwas gebracht hatte.

Der Abteilungsleiter in unserem Beispiel hat intuitiv die wesentlichen Dinge richtig gemacht. Er hat nicht irgendwelche Geschichten erzählt, sondern Geschichten, die aus dem Umfeld selbst stammten und an die seine Zuhörer mit ihren Erfahrungen anknüpfen konnten. Er hat Geschichten ausgewählt, in denen die wichtigsten Faktoren vorkamen, die die Welt des Unternehmens ausmachen: die Mitarbeiter, die genutzte Technologie und vor allem der Kunde, der kommt, weil er eine bestimmte Leistung braucht, dabei ein zusätzliches Problem – Zeitdruck – mitbringt, und die Möglichkeit, dieses Problem für den Kunden zu lösen. Er hat seine Präsentation mit Geschichten eröffnet und damit ein Bild geliefert, auf das sich seine späteren, faktischen Ausführungen beziehen konnten. Er hat damit eine konkrete Basis geschaffen, auf die sich seine abstrakten Ausführungen greifbar und vorstellbar beziehen konnten.

Das Beispiel zeigt, dass die Verwendung von Geschichten in Präsentationen in vielen Fällen äußerst wirksam sein kann, dass es nicht immer besonders ausgefallene, »große« Geschichten sein müssen, die man dazu braucht und dass man auch nicht unbedingt eine besondere Ausbildung dafür benötigt.

Was man allerdings braucht, ist ein Gespür für die richtige Geschichte, für die Situation und die Zuhörer – und vielleicht auch ein wenig Mut, mal etwas Neues zu erproben.

Storytelling-Tipps für bessere Präsentationen

Kommunikationstrainer empfehlen, Präsentationen zwischendurch mit Beispielen, Anekdoten und auch mal einer witzigen Geschichte aufzulockern und in Meetings auch von Zeit zu Zeit über besondere Vorkommnisse, über die Stimmung im Team und Ähnliches zu sprechen. Das sind in der Tat gute Mittel, um die Aufmerksamkeit zu heben und für eine lockere Atmosphäre zu sorgen, aber mit Storytelling können Sie wesentlich mehr erreichen. Sie können mit Hilfe von Geschichten die Zuhörer auf ein wichtiges Anliegen, eine zentrale Idee oder auf wichtige Zusammenhänge hinweisen und ihnen ermöglichen, wesentliche Dinge selbst wahrzunehmen, sich in neue Dinge hineinzuversetzen und mitzudenken. Die folgenden Tipps sollen Ihnen dabei helfen.

Tipp 1: Die Situation greifbar machen

Wenn Sie mit einer Geschichte arbeiten, dann helfen Sie damit den Zuhörern, sich in eine Situation besser hineinzuversetzen. Sie erleichtern es den Zuhörern, sich vorzustellen, wie es in der entsprechenden Projektgruppe, der Abteilung, dem Team oder bei der Begegnung mit dem Kunden konkret zugeht. Und damit fördern Sie Empathie und Verständnis für das, was Sie in der Folge sagen und vorschlagen wollen.

Überlegen Sie sich also, was die Menschen, vor denen Sie präsentieren, bereits wissen. Oft sind in Meetings Menschen aus verschiedenen Abteilungen zusammen, die zwar das Organigramm kennen, die wissen, was die jeweilige Funktion der anderen ist. Sie wissen aber manchmal nicht, wie das genau aussieht, was die anderen konkret tun, welche speziellen Umstände deren Arbeit begleiten. Vielleicht herrschen zur Zeit auch durch bestimmte Umstellungen oder äußere Umstände besondere Bedingungen in dem Bereich, über den Sie sprechen, aber Ihre Zuhörer können sich nicht konkret vorstellen, welche Auswirkungen das hat.

In solchen Fällen kann eine Geschichte das Verständnis für die folgenden Ausführungen zu Zahlen, Fakten, Maßnahmen etc. ungemein stärken.

Tipp 2: Mit Geschichten aus dem Umfeld beginnen

Sie können Ihre Zuhörer am besten gewinnen, wenn Sie Geschichten wählen, die aus dem jeweiligen Umfeld stammen, das Sie und Ihre Zuhörer kennen. Stories aus der eigenen Firma, aus ähnlichen Organisationen, aus Kontexten, die jeder kennt, sind am besten geeignet, um mit Storytelling anzufangen. Das erleichtert es allen Beteiligten, sich schnell in die Geschichten hineinzudenken. Bei Storytelling kommt es mehr auf Ihre Vorstellungskraft und Ihre persönliche Erfahrung an als auf schriftstellerische Fantasie. Sie müssen sich nichts ausdenken, aber Sie müssen sich vorstellen können, welche Geschichte Ihr Thema bebildern und anschaulich machen kann.

Tipp 3: Die Geschichte(n) möglichst an den Anfang stellen

Storytelling soll bei Präsentationen das Analytische und Faktische nicht ersetzen: Die Geschichten sollen vielmehr den Rahmen liefern, um Ihre Argumente in einem größeren Zusammenhang besser verstehbar und nachvollziehbar zu machen. Daher ist es am besten, wenn Sie ein solches Bild möglichst zu Beginn Ihrer Präsentation oder eines neuen Abschnitts Ihrer Präsentation einbauen und in der Folge immer wieder darauf Bezug nehmen. Natürlich können Sie später bestimmte Punkte auch noch zusätzlich mit Geschichten illustrieren, wenn Sie es für sinnvoll halten.

Tipp 4: Storytelling nutzen, wenn eine Idee, ein Anliegen, eine Neuerung vorliegt

Wie gesagt: Sie können mit Geschichten schon viel erreichen, indem Sie Ihren Zuhörern ein bestimmtes Umfeld, eine typische Situation oder Problematik anschaulich und greifbar näher bringen. Aber Sie können noch mehr: Nutzen Sie Stories aktiv, die zeigen, wie man ein Problem lösen kann, die ahnen lassen, welche Möglichkeiten in einem bestimmten Vorgehen oder einer bestimmten Idee stecken.

Hier eine kurze Geschichte als Beispiel:

Ein Logistikunternehmen wollte von einem IT-Dienstleister eine entsprechende Software. Dem Kunden war es wichtig, dass die Software auf die realen und alltäglichen Erfordernisse in der Logistik abgestimmt sein sollte. Daraufhin machte der Leiter des Programmiererteams den Vorschlag, dass eine Gruppe seiner Programmierer zunächst eine Woche lang als »Hilfsarbeiter« bei dem Logistikunternehmen mitarbeiten sollten. Kunde und Programmierer machten bei dem Projekt mit. Die Softwareleute lernten vor Ort und aus eigener Erfahrung die Abläufe und speziellen Anforderungen beim Kunden kennen. Programmierung, Abstimmung mit dem Kunden und Implementierung der Software gingen danach wesentlich schneller vonstatten als bei vergleichbaren Projekten. Der Kunde war hoch zufrieden.

Klar, das ist eine Geschichte zum Thema Kundenorientierung und Customer Relationship. Natürlich handelt es sich dabei um einen speziellen Fall – aber die Idee, die diese Geschichte vermittelt, ist übertragbar: Kundenorientierung heißt im wahrsten Sinne des Wortes »Kooperation mit dem Kunden«. Und: Es kann sehr lohnend sein, den Kunden und seine Situation intensiv kennen zu lernen.

Tipp 5: Wählen Sie Geschichten, die nicht zu fremd, aber auch nicht zu alltäglich sind

Nehmen wir an, Sie wollen die Idee der Kundenorientierung in Ihrem Unternehmen stärken. Wenn Ihre Firma komplexere Dienstleistungen erbringt oder Produkte herstellt, die customized werden können, dann ist die obige Geschichte wahrscheinlich passend. Wenn Ihr Unternehmen aber nur Produkte von der Stange herstellt, ist die Welt des IT-Dienstleisters wahrscheinlich als Beispiel zu fremd. Ihre Zuhörer werden sagen: Na und, was hat das mit uns zu tun? Wählen Sie also besser eine Geschichte, die an die konkreten Umstände anschlussfähig ist. Aber natürlich sollten Sie auch keine Geschichte erzählen, von der alle der Meinung sein werden, dass sie den ganz normalen Alltag wiedergibt, das, was man ja ohnehin schon tut. Hier gilt es, die Balance zu finden zwischen Wiedererkennbarkeit und Anschlussfähigkeit auf der einen Seite und Ungewöhnlichkeit auf der anderen Seite, damit die Geschichte eine Anregung zum Nach- und Weiterdenken ist.

Sie merken schnell, dass eine Erzählung zu »fremd« ist, wenn sie viele Beschreibungen und Erklärungen braucht und die Geschichte damit natürlich auch immer länger wird. Dann suchen Sie nach einer anderen. Eine gute, passende Geschichte ist im wahrsten Sinne des Wortes »schnell erzählt«.

Tipp 6: Wählen Sie glaubwürdige, wahre Geschichten aus

Auch wenn Ihre Geschichte letztlich auf einen erwünschten Zustand abzielt, so sollte sie doch nicht mit Wunschdenken arbeiten – sie sollte vielmehr Möglichkeiten aufzeigen, die tatsächlich bereits einmal realisiert worden sind, Prinzipien, die jemand bereits umgesetzt hat, Optionen, die tatsächlich schon einmal ergriffen worden sind. Storytelling hat nichts mit Märchenerzählen zu tun.

Tipp 7: Testen Sie Ihre Geschichten im Vorfeld

Wenn Sie Geschichten für Ihre Präsentation benutzen wollen, dann sammeln Sie im Vorfeld Reaktionen und Ideen dazu: Erzählen Sie die Geschichte Menschen, denen Sie vertrauen, und achten Sie darauf, was die Geschichte bei ihnen auslöst. Vielleicht ziehen viele Schlüsse aus der Geschichte, die Sie nicht gezogen hätten, oder stellen Fragen, die Sie überraschen. Denken Sie an das Harun-al-Raschid-Prinzip:

Das beste Zeichen für eine gute Geschichte ist, wenn Ihr Gegenüber durch sie angeregt wird, ebenfalls eine Geschichte zu erzählen.

Tipp 8: Erzählen Sie nicht mit erhobenem Zeigefinger, lassen Sie Ihre Zuhörer mitdenken

Der wesentliche Vorteil von Storytelling in Präsentationen ist, dass die Geschichten zum Mitdenken einladen, dass sie bei den Zuhörern geistige Teilnahme und Aktivität evozieren, dass sie bei ihnen eigene Ideen und Gedanken hervorrufen. Gute Geschichten sind »offen«. Sie lassen die großen Zusammenhänge aufscheinen, ohne sie im Einzelnen darzulegen und auszubuchstabieren. Sie sprechen nicht nur den analytischen Verstand an, sondern auch die emotionale Seite der Zuhörer, sie aktivieren die linke und die rechte Hirnhemisphäre, sie erreichen den ganzen Menschen. Aber die Geschichte muss auch den Raum dafür lassen, sie darf nicht alles bereits aussprechen, was der Hörer erst aus ihr folgern soll. Also: Nicht predigen, sondern tatsächlich erzählen! Ihre Geschichte ist ein Angebot zum Mitdenken, keine Anleitung oder Anweisung in Erzählform.

Tipp 9: Arbeiten Sie mit mehreren kurzen Geschichten

Wenn Sie zu einem komplexeren Thema präsentieren oder eine Idee mit vielen Facetten vorstellen wollen, dann werden Sie nicht unbedingt eine einzelne Geschichte finden können, die alle für Sie wichtigen Aspekte enthält. Sie können aber selbstverständlich mit einer zweiten oder dritten Geschichte arbeiten. Und in vielen Situationen wird es sich auch anbieten, mit einer Geschichte und ihrer »Gegen-Geschichte« den entscheidenden Unterschied zu demonstrieren und deutlich zu machen, worauf es ankommt. In jeder Organisation gibt es Geschichten, die für alle schlaglichtartig auf den Punkt bringen, wie bestimmte Mentalitäten, Verhaltensweisen,

Strukturen funktionieren: »So sind wir!«- und »So läuft es immer bei uns!«-Geschichten. Dahinter stehen oft Schwächen, Erstarrungen, unter denen einerseits zwar viele leiden, mit denen man sich andererseits aber schon so sehr abgefunden hat, dass sie schon fast zum Bestandteil der Unternehmensidentität geworden sind. Solche Geschichten sind durchaus geeignet, das Problem, das Sie anpacken wollen, ins Bewusstsein aller Anwesenden zu rücken, um dann mit einer »Gegen-Geschichte« die Möglichkeit vor aller Augen zu stellen, dass es dazu eben durchaus Alternativen gibt, die auch gelebt werden können.

Wie findet man geeignete Geschichten?

Sie müssen nur suchen, Geschichten sind überall zu finden. Unternehmen und Organisationen bestehen aus Geschichten. Wer Storytelling nutzen will, um besser zu präsentieren, mit Geschichten Ideen zu streuen und Menschen zum Mitdenken und Mitmachen zu animieren, braucht daher lediglich seine Aufmerksamkeit zu schärfen für Geschichten und damit für die Menschen in seiner Umgebung und das, was sie erzählen. Man muss sich umhören, sammeln, lesen, zuhören. Und sich erinnern: Was habe ich selbst erlebt, was hat mich geprägt, beeindruckt? Man muss mit vielen Menschen sprechen, seine Ideen austauschen, in Dialog treten – dabei lernt man nahezu immer neue Geschichten kennen. Stephen Denning, den wir im Kapitel über die Springboard Stories ja bereits kennen gelernt haben, hatte bei seinem Change-Projekt in der Weltbank schließlich sogar Mitarbeiter, die für ihn im Unternehmen nach geeigneten Geschichten suchten.

Wie das Beispiel des Abteilungsleiters gezeigt hat, müssen es aber bei weitem nicht immer die großen Reformen, Change-Ideen und Umwälzungen sein, die man mit Storytelling einleitet und begleitet. Geschichten helfen erheblich dabei, Dinge in ihren Zusammenhang zu stellen. Begreifbar zu machen, in welchem Kontext eine Idee, eine Maßnahme, ein Ziel steht – auch in den scheinbar kleinen Dingen.

Geschichten erleichtern es Menschen, Beziehungen herzustellen und zu erkennen, zu begreifen, dass die Welt nicht eingleisig und monokausal aufgebaut ist. Geschichten helfen uns, auf einfache, man könnte auch sagen: auf natürliche Art mit Komplexität umzugehen. Und das ist wohl einer der Gründe dafür, warum das Geschichten-Erzählen von jeher überall, wo Menschen zusammenkommen, praktiziert wird und auch im Internetzeitalter so kraftvoll und wirksam ist wie eh und je.

Storycoaching

Erzählend kreative Lösungen entwickeln

> Du kannst erst sagen, dass du jemanden verstanden hast, wenn du versucht hast, aus seinen Augen zu blicken.
> Sprichwort aus Ostafrika

»Aus den Augen eines anderen blicken«, »in den Mokassins des Nächsten gehen«, einen anderen Blickwinkel einnehmen, neue Perspektiven gewinnen – immer wenn es um Problem- oder Konfliktlösungen geht, taucht die Einsicht auf, dass es zielführend wäre, die Sache einmal von einer anderen Seite zu betrachten und dadurch neue Lösungsmöglichkeiten und Ideen zu entdecken. Im Berufsleben ist es häufig die Aufgabe eines Coaches, dabei zu helfen, neue Perspektiven einzunehmen und alternative Verhaltensweisen im Umgang mit Problemen zu entwickeln.

Storycoaching nutzt die Veränderungskraft von Geschichten, die ein hervorragendes Hilfsmittel für das Finden von Lösungen und Entscheidungen im Berufsalltag sein können. Denn mit Geschichten kann man Varianten erzeugen, experimentieren und Szenarien erstellen, neue Konstellationen und Gedanken erproben. Sehr weit gefasste Überlegungen und Ansätze, wie Geschichten in den Prozess der Beratung und des Coaching integriert werden können, bietet das Buch »Storymanagement« von Michael Loebbert (Loebbert 2003).

Unserer Erfahrung nach ist im Coaching der Perspektivwechsel durch Erzählen der am meisten zielführende

Storytelling-Ansatz zur Lösungs- und Entscheidungsfindung. Die Methoden, die Sie in diesem Kapitel finden, wenden wir im Coaching mit unseren Kunden an. Sie können aber auch selbst mit dem Erzählen arbeiten und Geschichten als »Coach« und Entscheidungshilfe nutzen: Indem Sie eine Situation erzählend nachvollziehen und diese Geschichte dann aus verschiedenen Blickwinkeln verändern, werden Sie neue Aspekte und damit neue Lösungsmöglichkeiten entdecken.

Die eigene Perspektive ergänzen

Versuchen Sie einmal folgendes Vorgehen, wenn Sie das Gefühl haben, in Ihrem beruflichen Alltag trotz allen Nachdenkens ein Problem einfach nicht lösen zu können, wenn Sie das Gefühl haben, sich im Kreis zu drehen, und immer wieder an die gleiche unüberwindliche Wand stoßen. Es ist gut möglich, dass Ihnen das Erzählen einen Ausweg aus dem Grübel-Karussell aufzeigt.

Schritt 1: Erzählen Sie die Geschichte des Problems

Wenn Sie gerne schreiben, dann bringen Sie die Geschichte zu Papier. Kurz und knapp, auf ein bis zwei Seiten. Oder Sie nehmen ein Diktiergerät oder einen Rekorder. Erzählen Sie ganz aus Ihrer Perspektive: Beginnen Sie bei dem Zeitpunkt, an dem das Problem zum ersten Mal aufgetreten ist, und erzählen Sie einfach weiter, was bis heute geschehen ist. Machen Sie sich keine Gedanken darüber, dass Sie etwas vergessen könnten – erzählen Sie nur, was Ihnen spontan einfällt.

Um Ihnen einen Eindruck davon zu geben, von welcher Art von Geschichten hier die Rede ist, ein Beispiel, wie es ähnlich in einem Storycoaching vorkommen kann. Markus L., Projektleiter mit 14 Mitarbeitern in einer großen Firma, erzählt:

»Ich habe Probleme mit meinem Mitarbeiter Walter K. Früher kam ich mit ihm blendend zurecht; wir haben viele Projekte gemeinsam durchgezogen. Seit ich vor drei Monaten zum Projektleiter befördert wurde, versucht er ständig, meine Autorität zu untergraben und mir das Leben schwer zu machen. Eine typische Situation war die Besprechung letzte Woche. Zwei Monate lang hatten wir verschiedene Projektplanungssoftwarelösungen getestet, und nun sollte die Entscheidung für eines der Programme getroffen werden. Eigentlich war alles schon klar, denn eine Software hatte unüberbietbare Vorteile für unseren Zweck. Alle im Team waren für diese Lösung, bis auf Walter. Er stellte ein Feature der Software nach dem anderen in Frage, zweifelte an diesem und jenem, und wir diskutierten ewig über die Software. In Einzelheiten hat Walter natürlich Recht: Es gibt keine perfekte Software. Aber auf die Frage, welche andere Software er bevorzugen würde, antwortet er ausweichend: Das müsse man genau durchdenken, und man könne keine Entscheidung aus dem Ärmel schütteln. Am Ende hatte er so viele Teammitglieder überzeugt, dass die Entscheidung vertagt und noch ein Gutachten angefordert wurde. Denn ich kann ja auch nicht meine Teammitglieder zwingen, gegen ihren Willen eine Software zu benutzen. Das würde nur zu Problemen führen. Schließlich sitze ich mit einer Riesenwut im Bauch da und weiß nicht, wie ich diese weitere Verzögerung des Projekts nach oben kommunizieren soll. So ist es immer. Ich kann Walter aber auch nicht loswerden: Er ist außer mir der Einzige, der Erfahrung mit derartigen Projekten hat. Ich habe schon öfter versucht, mit ihm zu sprechen; aber er behauptet, dass er überhaupt nicht im Sinn habe, meine Autorität zu untergraben, sondern dass es ihm nur um die Sache gehe. Einmal, vor vier Wochen, habe ich bei einem anderen Thema seine Argumente einfach nicht zugelassen und autoritär eine Entscheidung getroffen. Danach wurde ich von vielen Teammitgliedern heftig kritisiert. Ich weiß jetzt auch nicht mehr, wie ich das Problem lösen soll.«

Schritt 2: Beantworten Sie die Fragen der »Erzählmatrix«

Wenn Sie mit einem Coach arbeiten, wird die Geschichte natürlich unmittelbar zum Anlass für das weitere Gespräch. Wenn Sie alleine mit der Geschichte arbeiten, kann es sinnvoll sein, die Geschichte eine Weile ruhen zu lassen und sie dann mit Abstand nochmals zu lesen oder anzuhören. Lassen Sie die Geschichte auf sich wirken und versuchen Sie zu erkennen, welche Ordnung, welche Sichtweise in der Geschichte widergespiegelt ist. Dabei hilft Ihnen die folgende »Erzählmatrix« (eine Kopiervorlage finden Sie im Anhang). Versuchen Sie, wenn Sie die Fragen der Erzählmatrix beantworten, an sich selbst und alle vorkommenden Menschen wirklich als an Figuren einer Geschichte zu denken; betrachten Sie sich und die anderen mit so viel Distanz und »Objektivität«, wie es Ihnen möglich ist.

Erzählmatrix

1	Wer ist die Hauptfigur?	Ich, Markus L.
2	Die drei für die Geschichte wichtigsten Eigenschaften/Gefühle/ Rollen der Hauptfigur:	– verantwortlich – wütend – projektorientiert
3	Wer ist der Gegenspieler?	Walter K.
4	Die drei für die Geschichte wichtigsten Eigenschaften/Gefühle/ Rollen des Gegenspielers:	– querulatorisch – herausfordernd – oppositionell

Fortsetzung von S. 189

5 Erzählte Zeit: Wenn Sie die Zeit, bevor das Problem auftrat (»früher«) betrachten – mit welchem Ereignis begann das Problem beziehungsweise die aktuelle schwierige Situation?	»früher« → Walter war einfach ein Kollege	Ereignis → Ich wurde Projektleiter	»jetzt« → Walter untergräbt meine Autorität
6 Erzählter Beziehungsraum: Für welchen Kontext/welche Kontexte ist das Problem relevant? In welcher Hinsicht?	– für das Team (Uneinigkeit, Handlungsunfähigkeit) – für das gesamte Unternehmen/Abteilung (Verzögerung des Projekts)		

Vielleicht fällt Ihnen an diesem Punkt bereits der eine oder andere Unterschied auf, und es spielt hier etwas eine Rolle, das Ihnen vorher als völlig nebensächlich erschien. Aber genauso gut können Sie sich durch Ihre Geschichte auch in Ihrem Erleben ganz und gar bestätigt fühlen. So oder so folgt nun der nächste Schritt.

Schritt 3: Erzählen Sie die Geschichte aus der Perspektive des »Gegenspielers«

Versuchen Sie, ein Stück »in den Schuhen des anderen zu gehen«. Zugegeben: Das ist nicht einfach und verlangt von Ihnen die Fähigkeit, Abstand zu nehmen, sich in das Erleben anderer hineinzudenken. Stellen Sie sich vor, ein Bekannter fragt Ihren »Gegenspieler«, wie es denn zur Zeit so in der Firma gehe. Was würde er wohl sagen? Schreiben Sie die Geschichte wieder nieder beziehungsweise zeichnen Sie sie auf Rekorder auf. In unserem Beispiel erzählte Markus L. aus der Perspektive des »Gegenspielers« Walter K. Folgendes:

»Das Problem ist, dass in letzter Zeit alle Entscheidungen nicht durchdacht genug sind, könnte man sagen. Zum Beispiel ging es neulich um die neue Projektplanungssoftware. Der Projektleiter wollte unbedingt eine Entscheidung für eine der Lösungen, die uns angeboten worden waren, durchdrücken, obwohl es deutliche Mängel an ihr gab. Ich hatte das Gefühl, dass es Markus hauptsächlich darum ging, möglichst schnell zu einer Lösung zu kommen – auch auf Kosten der Qualität. Als ich dann begann, die Mängel aufzuzählen, war er genervt. Aber viele der anderen Teammitglieder wurden nachdenklich, begannen die Mängel an der von Markus bevorzugten Lösung zu sehen. Markus wurde dann sauer, und es war kein Gespräch mehr möglich. Dabei war Markus selbst bis vor einiger Zeit noch sehr qualitätsbewusst. Er hätte sich früher nie leicht für eine Lösung, die ernste Mängel hat, entschieden. Doch seit er vor zwei Monaten von seinem Vorgesetzten vor versammelter Mannschaft angeraunzt wurde, ob er hier die »Entdeckung der Langsamkeit« inszenieren wolle, scheint er sich nur noch dafür zu interessieren, dass alles möglichst schnell über die Bühne geht.«

Natürlich zeigt unser Beispiel einen geglückten Fall, in dem die zweite, die »Gegengeschichte«, gleich sehr gutes Material für eine Bearbeitung der Situation erbracht hat. Aber wenn Sie diesen Weg ausprobieren, wenn Sie sich wirklich in die Rolle des anderen versetzen, werden auch Sie in dieser Erzählung automatisch neue Merkmale Ihrer eigenen Rolle wahrnehmen – Merkmale, die Sie nicht oder nicht deutlich sehen konnten, solange Sie nur in Ihrer eigenen Rolle blieben. Ob diese zweite Perspektive völlig identisch ist mit der Sichtweise, die Ihr realer »Gegenspieler« hat, ist übrigens dabei gar nicht so wichtig: Wichtig für die Suche nach Lösungen ist, dass Sie das Problem und Ihre Rolle dabei aus einem anderen Blickwinkel wahrnehmen.

In Storycoachings führt dieses »Gehen in den Schuhen des anderen« häufig zum Durchbruch: Der Erzähler nimmt an seiner eigenen Rolle einen Zug wahr, der ihm bisher entgangen war. In der »anderen Geschichte« spielen dabei jeweils Beobachtungen, Deutungen, Merkmale eine Rolle, die in der realen Situation tatsächlich bereits da waren, die man aber ausgeblendet hatte, weil sie die eigene Argumentation hätten irritieren können oder in diesem Augenblick nebensächlich zu sein schienen, nicht auf der Agenda standen. Nun aber zeigt sich, dass sie durchaus eine Rolle spielten. Durch den Trick des Perspektivwechsels kann man der eigenen, eingefahrenen Sichtweise eine weitere dazugesellen, das Verhalten der Beteiligten in einem neuen Licht betrachten und neue Zusammenhänge deutlich werden lassen.

Die Tatsache, dass beim Erzählen aus verschiedenen Perspektiven gewissermaßen automatisch neue Sichtweisen und damit neue Lösungsmöglichkeiten aufscheinen, hat mit der Natur von Geschichten zu tun. Wir haben ja schon mehrmals gesagt, dass Geschichten immer eine ganze Welt enthalten. Und wie diese Welt aussieht, hängt eben stark von der Perspektive ab, aus der sie erzählt wird. Stellen Sie sich vor, Sie sind Hobbymaler, und versuchen, einen Gebirgssee aus zwei verschiedenen Blickwinkeln möglichst realistisch zu malen: Einmal stellen Sie Ihre Staffelei am Ostufer auf und beim zweiten Bild auf einer Landzunge, die von Süden her in dem See eine Halbinsel bildet. Ihr zweites Bild wird Details enthalten, die dem ersten fehlten, und fehlen mussten: Die Bergkuppe hinter dem östlichen Ufer zum Beispiel konnte auf dem ersten Bild gar nicht zu sehen sein, weil Sie ihr beim Malen den Rücken zudrehten. Ähnlich ist es beim Erzählen: Eine neue Perspektive fördert andere, bisher ausgeblendete Einzelheiten aus Ihrer Erinnerung hervor, kombiniert die Fakten neu zu einem anderen Bild.

Schritt 4: Erstellen Sie eine Erzählmatrix für die »Gegengeschichte«

<table>
<tr><td>1 Wer ist die Hauptfigur?</td><td colspan="3">Walter K.</td></tr>
<tr><td>2 Die drei für die Geschichte wichtigsten Eigenschaften/Gefühle/ Rollen der Hauptfigur:</td><td colspan="3">– sachorientiert
– qualitätsbewusst
– oppositionell</td></tr>
<tr><td>3 Wer ist der Gegenspieler?</td><td colspan="3">Markus L.
→</td></tr>
<tr><td>4 Die drei für die Geschichte wichtigsten Eigenschaften/Gefühle/ Rollen des Gegenspielers:</td><td colspan="3">– schnell
– zeitorientiert
– nicht qualitätsorientiert</td></tr>
<tr><td rowspan="2">5 Erzählte Zeit:
Wenn Sie die Zeit, bevor das Problem auftrat (»früher«) betrachten – mit welchem Ereignis begann das Problem beziehungsweise die aktuelle schwierige Situation?</td><td>»früher«</td><td>Ereignis</td><td>»jetzt«</td></tr>
<tr><td>Markus war qualitätsorientiert</td><td>Markus wurde von seinem Chef angeraunzt</td><td>Markus agiert schnell und ineffizient</td></tr>
<tr><td>6 Erzählter Beziehungsraum: Für welchen Kontext/welche Kontexte ist das Problem relevant? In welcher Hinsicht?</td><td colspan="3">– für das Team (Uneinigkeit, Handlungsunfähigkeit)
– für das gesamte Unternehmen/ Abteilung: Arbeitsergebnisse werden schlechte Qualität haben</td></tr>
</table>

Schritt 5: Vergleichen Sie die beiden Erzählmatrices und suchen Sie nach Handlungsansätzen

Wenn Sie die beiden Erzählmatrices vergleichen, sehen Sie, dass die beiden Perspektiven die Ereignisse unterschiedlich ordnen: Für Markus begann der Konflikt, als er Projektleiter wurde – und er ist vielleicht versucht, Walters »Renitenz« auf dessen Neid zu schieben. Doch aus der Perspektive Walters ist das zentrale Ereignis ein anderes: der Rüffel durch den Chef. Dem Erzähler wird durch den Perspektivwechsel, durch das Erzählen »aus den Schuhen des anderen« eine andere Möglichkeit der Interpretation des Konflikts bewusst.

Fakt ist, dass die beiden immer aneinander vorbeireden, weil sie zwei verschiedene Bezugsrahmen für ihre Argumente haben. Markus argumentiert zeitorientiert (die Verzögerung des Projekts ist das Hauptproblem), Walter dagegen qualitätsorientiert (mangelhafte Qualität ist das Hauptproblem). Markus könnte in der nächsten Teamsitzung vorschlagen, zunächst einmal nur darüber zu reden, wie man die bestmögliche Qualität erzielen kann (Qualitätsrahmen), und dann im zweiten Schritt darüber, wie man diese hohe Qualität dann so schnell wie möglich erreichen kann (Zeitrahmen). Damit eröffnet sich im Team eine völlig neue Konstellation für die Lösung des Problems, für eine gemeinsame Strategie. Denn die beiden Protagonisten Walter und Markus waren vorher die exponierten Vertreter für zwei Sichtweisen, die zu einer Auseinandersetzung nach dem Modell »entweder – oder« führten und entsprechend das restliche Team spalteten.

Durch die Erkenntnis aus dem Storycoaching und die Thematisierung beider Perspektiven kann nun das gesamte Team seine Energie darauf konzentrieren, über eine »Sowohl-als-auch-Strategie« nachzudenken: Die Qualität soll gewährleistet sein, aber das Projekt muss auch in einem vertretbaren Zeitrahmen realisiert werden.

Mehr Möglichkeiten für den Perspektivwechsel

Nicht immer ist die entscheidende Erkenntnis auf so direktem Weg zu erlangen. Und nicht immer ist die Konstellation so, dass eine »Gegenspieler-Geschichte« nahe liegt oder nur sie allein zum Ziel führt. Es gibt eine Reihe von Möglichkeiten, neue Perspektiven einzunehmen, um eine »Gegengeschichte« zur eigenen Geschichte zu erhalten. Und selbstverständlich lassen sich mehrere Geschichten aus unterschiedlichen Perspektiven auch miteinander kombinieren, um schwierigere Situationen zu bearbeiten. In der Praxis haben sich neben der Perspektive des »Gegenspielers« vor allem die folgenden Erzählperspektiven als hilfreich erwiesen. Experimentieren Sie ruhig, welcher Perspektivwechsel sich für Ihre konkrete Situation am besten eignet. Probieren Sie Erzählperspektiven aus, und beobachten Sie, welche Ihnen neue Lösungswege zeigen können. Als Vergleichsgrundlage für diese »Gegengeschichten« brauchen Sie auch hier zunächst Ihre eigene Sichtweise. Erzählen Sie also vorher immer »Ihre Geschichte«.

Die Außenperspektive

In vielen Fällen kann es sinnvoll sein, die Perspektive eines Außenstehenden einzunehmen, der den Konflikt nur am Rande miterlebt oder in seinen Auswirkungen mitbekommt: der Chef, ein neues Teammitglied, die Praktikantin, der Kollege einer anderen Abteilung, mit dem Sie kooperieren, oder ein (interner oder externer) Kunde, mit dem Sie viel zu tun haben. Durch diese Perspektive verschaffen Sie sich Distanz zum Konflikt oder Problem und weiten damit Ihren Blick. Durch das Einnehmen dieser Perspektive können Sie Ihre Aufmerksamkeit auch auf den Unterschied zwischen objektiven Erfordernissen und Merkmalen der Situation und eher verdeckten, zwischenmenschlichen Faktoren schärfen. Ihnen kann zum Beispiel auffallen, dass der Konflikt, der hier auftaucht, für einen Außenstehenden womöglich nicht durchschaubar, vielleicht sogar absurd erscheinen muss, wenn er nur die sachliche Ebene sieht und von den persönlichen Konflikten und Vorgeschichten nichts weiß.

Die Berichterstatterperspektive

Die Berichterstatterperspektive ist besonders dann geeignet, wenn der Konflikt oder das Problem mit einem laufenden Projekt zu tun hat, dessen Erfolg von der Lösung des Konflikts abhängt. Gehen Sie in die Zukunft und stellen Sie sich vor, das Projekt sei erfolgreich abgeschlossen. Jemand anderes als Sie selbst wird gebeten, bei der Geschäftsleitung über das Projekt zu berichten und vor allem die Erfolgsfaktoren herauszuarbeiten. Nehmen Sie beim Erzählen die Rolle dieses neutralen Berichterstatters ein. Berichten Sie auch darüber, wie die Probleme auf dem Weg zum Erfolg gelöst wurden. Durch die Einnahme dieser Perspektive entdecken Sie in der Regel über Lösungsmöglichkeiten hinaus auch noch neue Möglichkeiten, das Projekt voranzutreiben.

Die Perspektive des »Problem Owner«

Als Führungskraft, aber auch in der normalen Kooperation mit Kollegen, haben Sie sicher schon öfter mit schwierigen oder unbefriedigenden Situationen zu tun gehabt, deren Ursache Sie bei einer ganz bestimmten Person festgemacht haben – dem so genannten »Problem Owner«: der Mitarbeiter, der es einfach nicht schafft, seine Arbeit so zu strukturieren, dass er sie in einem vernünftigen Zeitrahmen erledigen kann. Oder die Kollegin, die sich nie an die verabredeten Projektpläne hält und ständig für Chaos sorgt. Sie haben vielleicht schon viele vergebliche Versuche gemacht, dem Mitarbeiter oder der Kollegin zu helfen, ihr Problem zu lösen. Versetzen Sie sich in die Rolle des Problem Owner und erzählen Sie die Geschichte aus dessen Perspektive. Lassen Sie sich selber in der Geschichte vorkommen. Analysieren Sie die Geschichte dann mit Hilfe der Erzählmatrix und vergleichen Sie sie mit Ihrer Ursprungsgeschichte. Vielleicht werden Ihnen die Erwartungen des Mitarbeiters oder der Kollegin an Sie bewusst, und Sie können so neu auf das Problem reagieren. In den allermeisten Fällen werden Sie auch feststellen, dass die Wurzel des Problems gar nicht (allein) beim vermeintlichen Problem Owner liegt, sondern etwa in der Struktur der Abteilung und der daraus folgenden Logik der Abläufe, oder in der Kommunikation zwischen Ihnen und dem Kollegen, oder sogar bei Ihnen selbst. Letzteres ist natürlich diejenige Variante, bei der Sie die Lösung des Problems sofort angehen können!

Die Perspektive des Problem Owner einzunehmen kann uns auch klar machen, dass wir häufig zu eindimensional denken: Normalerweise glauben wir immer ganz genau zu wissen, wer an einem Problem oder an einer schwierigen Situation »Schuld« hat. Erzählt man dann aus verschiedenen Perspektiven, stellt man meist fest, dass der eigentliche Problem Owner das ganze Team ist: Das Problem und damit auch die Lösung stecken in den Beziehungen zwischen den Teammitgliedern.

Mit dem Konzept des Problem Owner hat man sich sehr stark in der systemischen Familientherapie beschäftigt; man nennt ihn dort den »identifizierten Patienten«: In der Regel »weiß« eine Familie, wenn sie zum Therapeuten kommt, sehr genau, wer der Patient ist, bei wem das Problem liegt: beim Sohn, der nicht lernen will, der Tochter, die ihr Leben nicht in die Hand nimmt oder beim Mann, der zu viel arbeitet und ständig weg ist. Vom Therapeuten erwartet die Familie, dass er den Patienten »heilt« und damit das Problem aus der Welt schafft. Ein guter Therapeut wird dieses Ansinnen behutsam zurückweisen und die ganze Familie mit auf einen Weg nehmen, in dessen Verlauf sie erkennen kann, dass in den Beziehungen der ganzen Familie untereinander das Problem, aber auch die Lösung zu finden ist, und dass es daher nicht darum geht, den »identifizierten Patienten« zu heilen. Wenn die Beziehungen wieder stimmen, verschwinden dessen Auffälligkeiten häufig »wie von selbst«. In jüngster Zeit ist festgestellt worden, dass Führungskräfte sich in der Regel sehr schnell, meist innerhalb weniger Tage, ein Urteil über Mitarbeiter bilden, sie in »Problemfälle« und

»brauchbare Mitarbeiter« klassifizieren und damit in der Folge Teamkonflikte, Demotivation und Leistungsabfall mit erzeugen. Jean-François Manzoni und Jean-Louis Barsoux haben diesen Mechanismus in ihrem Buch »Das Versager-Syndrom« (Barsoux/Manzoni 2003) ausführlich beschrieben. Die Perspektive des »Problem Owner« einzunehmen und sich erzählend einen neuen Zugang zum Mitarbeiter und zur Konstellation des gesamten Teams zu verschaffen kann ein ebenso einfaches wie wirksames Mittel zur Prophylaxe und Therapie dieses Syndroms darstellen.

Mit Storycoaching zur Entscheidungsfindung

Neben dem Auffinden von neuen Lösungswegen bei Konflikten und Problemen im engeren Sinn können Geschichten auch wichtige Hilfestellungen bei Entscheidungsprozessen geben: Ein Patt oder eine Entscheidungsschwierigkeit besteht ja gerade darin, dass scheinbar gleich viele und ähnlich gute, rationale Argumente für die eine wie die andere Lösung zu sprechen scheinen.

Das Erzählen ermöglicht es, verschiedene Varianten durchzuspielen, und zwar nicht nur rein rational-argumentativ – denn die Vor- und Nachteile der Entscheidungsalternativen listet man in der Regel ja als Erstes auf. Durch das Erzählen der Geschichte in mehreren denkbaren Varianten fließen neue Ideen in den Entscheidungsprozess ein, und dadurch werden bestehende Blockierungen oder Patt-Situationen zwischen Alternativen aufgelöst.

Nähern wir uns dieser Entscheidungstechnik wieder über eine Beispiel-Situation:

Karla K. ist Abteilungsleiterin in einem mittelständischen Unternehmen. Sie hat eine Gruppenleiterstelle nach einem Weggang neu zu besetzen. Von ihrer fachlichen Kompetenz und der bisher gezeigten Leistung käme Petra T. für diese Stelle in

Frage. Doch Karla ist sich nicht sicher, ob Petra auch den Anforderungen einer Führungskraft gewachsen ist; nach Karlas Beobachtungen neigt Petra dazu, »alles selber zu machen« und wenig zu delegieren. Natürlich würde Karla Petra helfen, die ihr noch fehlenden Qualifikationen zu entwickeln; dennoch ist sie sich nicht sicher, inwieweit eine Führungsrolle Petras Persönlichkeit entspricht. Mit Petra selbst will sie noch nicht sprechen, um ihr keine falschen Hoffnungen zu machen. Denn sie weiß noch nicht, wie sie sich entscheiden soll.

Um über das Erzählen in einer derartigen Situation neue Argumente für die Entscheidung zu entdecken, können Sie folgendermaßen vorgehen:

Schritt 1: Die Varianten

Erzählen Sie – wieder entweder schriftlich oder auf Rekorder – zunächst, was passiert, wenn Sie sich für die eine Variante (Petra wird Gruppenleiterin) entscheiden. Dann, als zweite Geschichte, wie es weitergeht, wenn Sie sich für die andere Variante (Petra wird nicht befördert) entscheiden. Versuchen Sie, sich eine möglichst konkrete Situation vorzustellen – zum Beispiel einen bestimmten Tag in drei Monaten. Wie läuft er ab, wenn Petra dann als Gruppenleiterin fungiert, und wie, wenn sie nicht aufgestiegen ist (es wird dann jemand anderer Gruppenleiter geworden sein; wie reagiert das Team etc.). Sie können sich für diese Zukunftserzählung bestimmte Situationen ausmalen, die in der Abteilung immer wieder vorkommen: Eine zusätzliche Aufgabe wird gestellt und soll dringlich erledigt werden, eine Präsentation soll erarbeitet werden, die Kaffeemaschine geht mal wieder kaputt und muss ersetzt werden etc. Wie reagieren die Hauptfiguren, wie reagieren die anderen Teammitglieder in dieser Situation? Lassen Sie ruhig Überraschendes, Unvorhergesehenes in Ihrer Geschichte passieren und malen Sie sich aus, was dann geschieht. Fordern Sie Ihre eigene Fantasie heraus, um auf Ideen und Sichtweisen zu stoßen, die in Ihrem bewussten Nachdenken bisher keinen Platz hatten.

Schritt 2: Die jeweiligen Konsequenzen

Vergleichen Sie die beiden Geschichten. Sind Ihnen schon während des Erzählens oder danach beim Durchlesen oder Anhören der Geschichten Konsequenzen der beiden Entscheidungsalternativen aufgefallen, die Ihnen vorher nicht bewusst waren? Teilen Sie ein Blatt Papier in zwei Spalten und stellen Sie die Konsequenzen (die erwarteten wie auch die nicht erwarteten), die sich in den beiden Geschichten gezeigt haben, gegenüber. Markieren Sie diejenigen Konsequenzen, die neu für Sie sind, an die Sie vor dem Erzählen nicht oder nur sehr beiläufig gedacht haben.

Für unser Beispiel sieht das folgendermaßen aus:

Petra T. wird GL:	**Jemand anderer wird GL:**
– Petra ist überlastet, weil sie zu wenig delegiert. ! – Zwei der MA »holen« sich Arbeit von Petra, weil sie sehen, dass Petra sie nicht »geben« kann. – Petra bemüht sich sehr, ihr Führungs-Know-how zu erweitern (Seminare etc.). – …	– Die Besetzung der Position zieht sich hin, weil es dauert, eine geeignete Person zu finden. ! – Einige MA leisten Widerstand gegen alle möglichen Kandidaten, weil sie Petra als GL haben möchten. – …

In beiden Geschichten tauchte hier eine überraschende Konsequenz auf; betrachtet man das Beispiel genau, hängen diese beiden Konsequenzen miteinander zusammen: Einige Mitarbeiter möchten unbedingt Petra als Gruppenleiterin haben; für dieses Ziel sind sie bereit, Petras Delegationsschwäche dadurch auszugleichen, dass sie sich die Arbeit von ihr selbst holen (sie wenden also gewissermaßen ein »Pull-Verfahren« statt eines »Push-Verfahrens« an). Hierin könnte eine Lösungsmöglichkeit für das bisher die Entscheidung blockierende Problem liegen: Man kann vielleicht mit Petra und ihren künftigen Mitarbeitern ein Verfahren entwickeln, wie die anstehende Arbeit im »Pull-Verfahren« verteilt wird und so die Delegationsschwäche von Petra gar nicht zum Tragen kommt.

Schritt 3: Rollenwechsel

Wenn Sie mit den »Varianten« neue Optionen entdeckt und sich jetzt entschieden haben, können Sie noch Schritt 3 durchführen: Erzählen Sie die »neue« Geschichte, die nach Ihrer Entscheidung entsteht, aus verschiedenen Perspektiven und Rollen, die die Situation anbietet (in unserem Beispiel: die Perspektive von Petra, die eines ihrer künftigen Mitarbeiter etc.). Sicher entdecken Sie damit Möglichkeiten, wie Sie positiv auf die Situation nach Ihrer Entscheidung Einfluss nehmen können. In unserem Beispiel entdeckt Karla vielleicht beim Erzählen aus Petras Perspektive, welche Hilfe diese von ihr als Vorgesetzter erwarten könnte.

Die Entscheidung selbst können Ihnen die Geschichten – genau wie jeder andere Berater oder Coach – nicht abnehmen. Aber wenn Sie sich durch Geschichten als »Coach« helfen lassen, werden Sie neue Ideen und Konsequenzen entdecken, die Ihre Entscheidung auf ein umfänglicheres Fundament stellt. Das Durchspielen möglicher Varianten, das Entwerfen von Szenarien in Erzählform zeigt Ihnen zusätzliche Faktoren und Optionen und gibt Ihnen ein zusammenhängendes Bild der Situation.

Geschichten als Frühwarnsystem

Widersprüche in der Organisation erkennen und vermeiden

Unternehmen bestehen aus Geschichten, und Tag für Tag spiegeln sich in ihnen das Denken und Erleben der Mitarbeiter, die Entscheidungen und Erfolge, die Konflikte und Lösungsversuche der Firma wider. Im Strom dieser alltäglichen Erzählungen spiegelt sich das ganze Unternehmen mit seiner Herkunft und seiner Aktualität, mit seinen materiellen und seinen menschlichen Prozessen, Defiziten und Leistungen.

Das Entscheidende ist dabei nicht unbedingt, ob »gute« oder »schlechte« Geschichten im Unternehmen kursieren. Wichtig ist, dass die Geschichten, die sozusagen die tieferen Schichten der Wirklichkeit repräsentieren, dem Diskurs an der Oberfläche des Unternehmens entsprechen. Angenommen, auf den Gängen einer Firma, die gerade ein neues Abrechnungssystem eingeführt hat, das noch an einigen Kinderkrankheiten leidet, wird andauernd über dessen Fehler gelästert, dann ist das im Grunde unproblematisch. Denn es gibt ja tatsächlich Probleme, und die Geschichten darüber bauen einen durchaus positiven Druck auf, diese Probleme zu beheben. Das Unternehmensklima sollte darunter nicht leiden. Wird aber demgegenüber »offiziell« behauptet, dass alles reibungslos verläuft, wird die Systemumstellung gar als erfolgreich und abgeschlossen dargestellt, dann steht dem Erlebten (und Erzählten) das Behauptete gegenüber, und zwischen den beiden Ebenen klafft eine Lücke. Und genau da, in solchen »Lücken«, liegt eine Gefahr für die Stimmung, das Klima und die Kultur eines Unternehmens.

Ein Ingenieur, den wir beim Storytelling-Interview in den edlen Empfangsräumen der Firma getroffen hatten, bat uns nach dem Gespräch, ihn noch kurz in sein Büro zu begleiten. Durch ein graues Treppenhaus gelangten wir in seine Abteilung. Da angekommen, führte er uns sein Arbeitsumfeld vor:
»In unserer Etage hängen immer noch die orangen Synthetik-Vorhänge aus den 70er Jahren, das ganze Büro ist total überaltert, schauen Sie, da steht mein Schreibtisch hinter all dem Computergerümpel. Früher waren wir hier zu viert, jetzt sind wir acht Leute und haben kaum noch Platz!« Der Raum war das pure Gegenteil dessen, was man eine gesunde Arbeitsumgebung nennt: stickig, eng und vollgepfercht mit einem Sammelsurium aus alten Büromöbeln. Wir standen etwas ratlos bei ihm, mussten eigentlich zum Zug. »Ich wollte nur, dass Sie das sehen, bevor Sie abreisen, Sie haben ja sonst einen völlig falschen Eindruck von den Zuständen bei uns«, verabschiedete er sich.

Der Entwicklungsingenieur gehört mit seinen Kollegen zu einer der umsatzstärksten Units der Firma. Ihr Produkt ist eine Eigenentwicklung, die Benchmark in der Branche und das Zugpferd des Verkaufs. Früher, so hatte er gerade beim Storytelling erzählt, waren die Entwickler, allesamt junge Uni-Abgänger, im alten Pförtnerhaus untergebracht gewesen, wo sie auch nicht gerade in Luxus gelebt hatten. Aber von dieser Zeit hatte er geschwärmt. Sie hatten sich in dieser Enklave ohne Schlips und Kragen wohl gefühlt, die Lokalität hatte zu ihrem Status als »Exoten« in der Firma perfekt gepasst. Nun aber sind sie fünf Jahre älter, haben ein Produkt zur Marktreife gebracht und sind eine wichtige Säule des Firmenerfolgs. Die bleierne Muffigkeit seines Büros drückt jetzt auf die Stimmung, vor allem im Vergleich zur gläsern-leichten Architektur der Räume, die Vorstand, Gästen und Kunden vorbehalten sind. Die neuen Gebäude erzählen vom Erfolg, von der Modernität und Offenheit des Unternehmens – das alte Büro scheint dagegen zu sagen, dass die Firma ihren Leistungsträgern die Anerkennung verweigert.

Wie positive Geschichten entstehen können

Diese Geschichte verdeutlicht, dass es nicht nur auf das Erlebte ankommt, sondern auch auf den Unterschied zwischen Erlebtem und Postuliertem. Wäre das überalterte Büro typisch für das ganze Firmendesign, dann würde zwar auch die eine oder andere Kritik laut, endlich mal zu renovieren. Aber dieses »außen hui, innen pfui«, der Abstand zwischen präsentiertem und erlebtem Firmenbild, ist der erste Schritt zu Distanz, Frustration, Zynismus.

Wenn das, was die Menschen täglich erleben und erzählen, im Widerspruch steht zu dem, was offiziell postuliert wird, dann kann die kommunikative Subkultur zum gewaltigen Energiefresser werden. Solche »Lücken« zwischen erlebter und behaupteter Wirklichkeit sind es, die die Menschen im Unternehmen überfordern, ihnen Energie abverlangen für den täglichen mentalen Spagat zwischen den Ebenen »hier ist es so, das erlebe ich« und »hier ist es anders, das wird behauptet«.

Wer möchte, dass die Geschichten dem Unternehmen nicht Energie rauben, sondern ihm Kraft geben, der muss die »Lücken«, die Widersprüche im Gefüge der Unternehmensrealität möglichst klein halten. Das verlangt ständige Aufmerksamkeit im Rundumblick, auch für Äußerungen und Handlungen, die gar nicht direkt im Unternehmen stattfinden: Nicht nur interne Faktoren wie das Leitbild, die Führungskultur, das (informelle) Belohnungssystem, sondern auch das Marketing und die Außenkommunikation müssen mit überprüft werden. Wenn im Unternehmen schon Witze über den vorsintflutlichen Maschinenpark kursieren, dann sollte die Geschäftsleitung nicht ausgerechnet die einzig neue Maschine auf der Hochglanzbroschüre für die Kunden abbilden. Denn damit würde sie in der Außenkommunikation ein Bild von der Firma zeigen, das mit dem, was die Mitarbeiter erleben, nicht kompatibel ist. In der so entstandenen Lücke beginnen die Geschichten, gegeneinander zu arbeiten.

Man kann eine solche Abweichung zwischen Innen- und Außenbild sicher nicht immer vermeiden, aber man sollte sich ihrer bewusst sein und beispielsweise im beschriebenen Fall intern offen ansprechen, wieso (noch) nicht in Neuanschaffungen investiert wird.

Der Ruf, den eine Firma bei ihren derzeitigen und zukünftigen Kunden, bei den begehrten High Potentials oder ganz allgemein in der Branche hat, setzt sich aus den Erlebnissen vieler Einzelner zusammen. Dazu zählt auch, was die Unternehmensangehörigen täglich erleben und erzählen. Denn jeder Mitarbeiter ist sowohl intern ein Meinungsbildner als auch extern ein Botschafter der Unternehmenskultur. Für die Unternehmen wird deshalb ein glaubwürdiges, »rundes« Identifizierungsangebot immer wichtiger. Es lohnt sich also, die Quellen für »negative« Geschichten im Unternehmen mit der Zeit versiegen zu lassen, indem man die Widersprüche beseitigt, die Lücken schließt, in denen sie entstehen können.

Die häufigsten Widersprüche erkennen und vermeiden

Widersprüche im Grad der Zielerreichung

Oft erleben wir bei Storytelling-Gesprächen, dass an verschiedenen Stellen im Unternehmen unterschiedliche »Zielerreichungs-Grade« von Projekten oder Vorhaben erzählt werden. Die Leitung erklärt etwa, dass die neu eingeführte Fertigungsweise die Produktionszeiten verkürzt. Die Leute in der Produktion erleben, dass zwar schneller produziert wird, dabei aber mehr Fehler auftauchen, und befürchten, dass die Nachbesserungen mehr Zeit kosten als eingespart wurde. In den Geschichten tauchen also Kriterien und Zusammenhänge auf, die in die offiziellen Messkriterien keinen Eingang gefunden haben, und so wird deutlich, dass im

Unternehmen zwei unterschiedliche Realitätsvorstellungen nebeneinander existieren. Herrscht über diesen unterschiedlichen Zielerreichungs-Grad im Unternehmen kein Konsens oder werden die unterschiedlichen Weltbilder nicht aktiv thematisiert, dann widersprechen sich die Geschichten: »Die da oben haben keine Ahnung von der Praxis, ich seh' doch hier, dass das nicht geht!« und »Die in der Produktion kommen mit Veränderungen eben nicht zurecht, die können sich nicht umstellen!«

Tipp 1: Für schnellen Austausch sorgen

Wichtige Umstellungen und Projekte im Unternehmen kann man von einem Team begleiten lassen, das sich regelmäßig trifft, und in dem alle Betroffenen die jeweiligen Standpunkte und Erlebnisse austauschen können. Das Team sollte so zusammengesetzt sein, dass auch Mitglieder vertreten sind, die nicht zu den involvierten Gruppen oder Abteilungen gehören, und die also moderierend tätig werden oder eine unabhängige Sichtweise einbringen können. Dieses Team ist auch als »Frühwarnsystem« geeignet, da in ihm Informationen fließen können, die sonst nicht den Weg durch die Instanzen nach »oben« finden würden. Außerdem ist es eine geeignete Plattform, auf der Verständnis und Kooperationsbereitschaft zwischen Abteilungen und Hierarchien entstehen können.

Wichtig ist, dass eine solche Prozessbegleitung von »oben« höchste Aufmerksamkeit und bei Bedarf Unterstützung erhält. Denn das ist ein Signal dafür, dass man den Umstellungsprozess auf der Basis realistischer Informationen gestalten möchte.

Widersprüche zwischen Außen- und Innenbild

Angenommen, ein Unternehmen wirbt auf dem Markt, also außerhalb der Firma, mit den Merkmalen »Innovation« und »Flexibilität«, innerhalb des Unternehmens erleben die

Mitarbeiter aber in ihrem Arbeitsalltag, dass die Entwicklungsabteilung Stellen abbaut und dass die Entscheidungswege in der Firma sich normalerweise in endlosen Abstimmungsschleifen in die Länge ziehen. Das Außenbild ist also mit positiven Merkmalen besetzt, die aus der Innensicht der Mitarbeiter nicht ausreichend gelebt werden. In dieser »Lücke« zwischen Innen- und Außenbild entwickeln sich jetzt Widersprüche und Dissonanzen, die der Identität des Unternehmens schaden können. Und irgendwann merkt es auch der Kunde, wenn Image und Außenauftritt nicht in der Unternehmenskultur verankert sind.

Tipp 2: Härtetest

Machen Sie doch mal den Versuch, die Inhalte Ihrer Außenkommunikation, also das, was Sie in Ihrer Image-Kampagne, in Werbung und Marketing veröffentlichen wollen, schon in einer relativ frühen Planungsphase auch vor unterschiedlichen Gruppen im Unternehmen zu präsentieren und mit ihnen zu testen. Wählen Sie auch Teams aus, die Sie vielleicht für relativ »kommunikationsfern« halten: Mitarbeiter in der Produktion zum Beispiel. Wenn Sie es schaffen, in diesen Präsentationen eine Atmosphäre der Offenheit und des Vertrauens herzustellen, werden Sie sehr schnell mitbekommen, welche Inhalte wahrscheinlich zu »Lücken« zwischen Innen- und Außensicht führen werden. Dann können Sie diese Inhalte nochmals überdenken, sie eventuell fallen lassen, oder innerhalb des Unternehmens offensiv kommunizieren, warum genau diese Inhalte in der Außenkommunikation nötig sind. In beiden Fällen werden Sie das Entstehen negativer Geschichten so weitgehend vermeiden. Werbung hat immer auch eine Innenwirkung, das sollten Sie nie vergessen.

Widersprüche zwischen Leitbild und Wirklichkeit

Ein Unternehmen, das seine Werte ausdrücklich festgehalten wissen will, gibt ein Bekenntnis ab und geht gleichzeitig ein hohes Risiko ein: Einmal ausgesprochen, müssen sich Wertekanon und Identitätsangebot auch an der Realität messen lassen. Wenn die Leitsätze auf dem Prüfstand des Unternehmensalltags nicht bestehen können und in den Augen der Mitarbeiter einer realitätsfernen Utopie näher kommen als dem alltäglich Erlebten, dann entstehen Spannungen zwischen Wunsch und Wirklichkeit, die demotivierend und frustrierend wirken.

Tipp 3: Beispielgeschichten sammeln
Ein guter Gradmesser für die Anwendbarkeit eines Wertekanons in einem Leitbild kann sein, zu jedem Punkt Geschichten zu sammeln, zum Beispiel zu der Leitbild-Formulierung: »Wir sind kundenorientiert.« Etwa bei einem Workshop mit Mitarbeitern. Das wird bei einigen Punkten des Leitbildes ganz schnell gehen, jedem fällt ein (reales) Erlebnis dazu ein, viele Erzählungen bebildern die Aussage. Wenn zu einem Punkt keine Geschichten erzählt werden können, zeigt sich, dass man hier noch nicht lebt, was geschrieben steht. Und wenn über einen Punkt sowohl bestätigende als auch widersprechende Geschichten erzählt werden, dann kann man ebenfalls darüber nachdenken, woran das liegt.

Widersprüche zwischen verschiedenen Vorstellungen von Kooperation

Jedes Unternehmen ist auf Kooperation, auf die Zusammenarbeit seiner Mitarbeiter angewiesen. Aber Kooperationsfähigkeit ist keine rein individuelle menschliche Qualität, die dem einem »von Natur aus« mehr, einem anderen weniger gegeben ist. Wir sehen bei unserer Arbeit immer wieder, wie groß der Einfluss der (informellen) Rahmenbedingungen einer Firma auf die Bereitschaft zur Zusammenarbeit ist. Deshalb sollte stets von neuem geprüft werden, ob im Unternehmen wirklich Konsens darüber besteht, was

Kooperation bedeutet und wie die Zusammenarbeit motiviert ist. Wenn sich in den Routinen des Arbeitsalltags mit der Zeit die »falschen« informellen Belohnungssysteme etabliert haben, also beispielsweise Menschen vorwiegend für Einzelleistungen und selten für gemeinsame Anstrengungen oder die Einordnung in ein Team belohnt werden, dann führt das auf Dauer dazu, dass sie ihre Anstrengungen den »informellen« Rahmenbedingungen angleichen und die Zusammenarbeit einschränken.

Das gilt auch umgekehrt. Menschen, die die Kooperation mit gegenseitiger Hilfe und Unterstützung verbinden, auf diese Weise Erfolg und Freude an der Arbeit erleben und die gemeinsame Anstrengung für gemeinsame Ziele auch mit ihrer persönlichen Karriere vereinbaren können, sind aktiv daran beteiligt, in ihrem Unternehmen eine ausgereiften Kultur der Zusammenarbeit zu entwickeln.

Die Kooperation in einem Unternehmen ist also immer genauso gut wie die Erlebnisse, die die Menschen bei der Zusammenarbeit mit anderen haben. Damit die Rahmenbedingungen der Kooperation so gestaltet werden können, dass möglichst gute, motivierende und erfolgreiche Erlebnisse damit möglich sind, muss man erst erfahren, was die Menschen im Unternehmensalltag als positiv oder negativ erleben.

Tipp 4: Erzählworkshop »Kooperation«
Die informellen Rahmenbedingungen, die Zusammenarbeit insgesamt beeinflussen, können am besten erforscht werden, wenn man die Erlebnisse unterschiedlicher Mitarbeiter mit Kooperation sammelt. Etwa bei einem Erzählworkshop mit verschiedensten Mitarbeitern quer durch das Unternehmen. (Wie geht's? Einen Vorschlag für das Workshop-Design finden Sie auf Seite 227).

In den Erzählungen, die in diesem Workshop ausgetauscht werden, können die im Arbeitsalltag bestehenden Anreize für Teamwork, aber auch die Hindernisse für Kooperation und Wissensaustausch, die Motivationen für Einzelkämpfertum sichtbar werden. Mit den Geschichten aus verschiedensten Ecken der Firma entsteht ein detailliertes und aussagekräftiges Bild über den »Status quo« als Ausgangspunkt für Verbesserungen. Außerdem erleben die Teilnehmer in einem solchen Workshop auch gleich, dass der Austausch von Wissen mit anderen neues Wissen für alle hervorbringt.

Zeitlücken zwischen Ereignis und Informationen

Wo immer Gerüchte entstehen, sie haben jeweils denselben Ursprung: einen Mangel an Information. Denn je weniger die »offiziellen« Informationsquellen zu einem brisanten Thema hergeben, desto üppiger sprießen die informellen Quellen. Erst sickern hier und da ein paar Hinweise durch, dass etwa eine Fusion geplant ist. Von offizieller Seite gibt es dazu aber keine Stellungnahme. Im Unternehmen bilden sich sofort vielfältige Synapsen, alle Informationskanäle, die unterschiedliche Mitarbeiter firmenintern für sich benutzen, laufen heiß. Aber es gibt einfach nichts Konkretes, das man in diese Kanäle einspeisen könnte. Doch irgendetwas muss ja im weitverzweigten Kommunikationsnetz ausgetauscht werden: Dinge vom Hörensagen, Befürchtungen, Annahmen rieseln in die Kanäle, jemand erzählt, er habe den X neulich in Y mit Z gesehen, der Nächste weiß schon, warum die sich trafen, innerhalb kürzester Zeit bilden sich Sammelbecken, in denen sich die ersten »Informationen« zu Gerüchten verschmelzen. Wenn diese Fusion dann tatsächlich realisiert wird und die Unternehmensleitungen sich das erste Mal selbst an die Belegschaft wenden, haben sich dort schon längst Meinungen und Haltungen verfestigt. Das Zusammengehen der zwei Unternehmen steht so, wahrscheinlich auf beiden Seiten, schon von vorneherein unter keinem guten Stern. Denn was sich da an Ängsten, Bedenken und Ablehnung gebildet hat, wird meist nicht ausgeräumt, einfach auch deshalb, weil es den Verantwortlichen nicht wirklich bekannt ist.

Oft gibt es gute Gründe, die Mitarbeiter über bestimmte Pläne zunächst einmal nicht zu informieren. Verhandlungen sollen nicht an die Öffentlichkeit gelangen, solange man noch nichts entschieden hat. Oder die AG-Bestimmungen verpflichten zur Verschwiegenheit. Aber nicht selten ist es ein anderer Grund: Man will keine unnötige Unruhe ins Unternehmen bringen. In diesem Fall verspielt das Management aus Sorge um die Stimmung wichtige Trümpfe im Umgang mit der Firma: die Kraft, die von Offenheit und Klarheit ausgehen kann. Wer die Mitarbeiter nicht nur als Betroffene, sondern als Mitbeteiligte der Unternehmensläufe ansieht, kann auch mehr Unterstützung und Beteiligung von ihnen erwarten. Auch wenn es mal eine »Kröte« zu schlucken gibt, Mitarbeiter sind erwachsene Menschen, und sie erkennen die Zusammenhänge und Notwendigkeiten von schwierigen Entscheidungen manchmal besser, als ihre Führungseliten sich das vorstellen können. Aber indem die »Entscheider« Informationen zu lange zurückhalten, verhindern sie Gewöhnungs- und Akzeptanzprozesse im Unternehmen, die manchmal eben, wie im Privatleben auch, ihre Zeit brauchen.

Der Unternehmensbereich, den Walter K. leitet, wird einen erheblichen Teil der Produktion vom deutschen Werk ins östliche Ausland verlagern. Jetzt muss der Bereichsleiter das seinen Leuten irgendwann sagen, die Verhandlungen mit Standorten in Osteuropa laufen schon. Er überlegt sich, wann und in welchem Rahmen er die Entscheidung verkünden soll. Auf der Weihnachtsfeier? Nein, das würde die Stimmung verderben. Er kann sich schon vorstellen, wie die Belegschaft reagiert. Dabei ist er überzeugt, mit diesem Schritt dem Standort in Süddeutschland die Zukunft zu sichern. Denn es soll die Fertigung für ein Produkt ausgelagert werden, das nur noch wenige Jahre hergestellt wird. Im Stammhaus will man auf neue Technik und modernere Produktionsprozesse setzen, was allerdings auch voraussetzt, dass die Menschen hier sich schnell weiterqualifizieren, um computergestützte Maschinen bedienen zu können. Für viele der älteren Mitarbeiter sicher eine Hürde. Jetzt feilt der Bereichsleiter an einem Rundschreiben mit der schwierigen Botschaft. Wir treffen uns an diesem Tag wegen etwas ganz anderem, aber als er uns die Geschichte erzählt hat, kommt er doch mit der Frage: »Sie sind doch Kommunikationsexperten, was würden Sie vorschlagen?«

Keine leichte Frage, denn der Königsweg zur Akzeptanz, die frühe Einbeziehung der Betroffenen schon in den Prozess der Entscheidung, ist jetzt nicht mehr gangbar. Möglich, dass sie jetzt, nachdem alles bereits unter Dach und Fach ist und ihnen nichts mehr zu tun übrig bleibt, als sich dreinzufinden, mit Ablehnung reagieren: »Man bestimmt über unsere Köpfe hinweg, man verrät den Standort Deutschland, die Billiglohn-Länder haben mal wieder uns deutschen Facharbeitern den Rang abgelaufen, wer weiß, was die Leitung als Nächstes plant, am Ende machen die hier ganz dicht« etc. Hätte er seine Mitarbeiter früher, also schon in der Phase der Entscheidungsfindung, einbezogen, dann hätten sie die Chance gehabt, die Ausgangslage zu sehen: die Problematik der auslaufenden Produktion. Sie hätten die Schritte, die schließlich zur Entscheidung geführt haben, miterlebt, selbst Alternativen diskutiert. Und sie hätten wahrscheinlich mit der Zeit anerkannt, dass es viele gute Gründe für die Auslagerung gibt. Sie hätten ihren Bereichsleiter als vorausschauenden Mann erleben können, dem ihre Zukunft und die des Standorts nicht egal ist. Dieser Weg lässt sich aber auch jetzt noch ein Stück weit gehen. Deshalb war unser Rat: Stellen Sie sich vor Ihre Leute und erzählen Sie ihnen persönlich die Geschichte genau so, wie sie sich abgespielt hat. Von Anfang an und bis zum Ende. Lassen Sie die Menschen die Entwicklungen, die Spannungskurve, die Höhen und Tiefen des Entscheidungsprozesses miterleben. Zeigen Sie, dass Ihnen die Zukunft des Standortes wichtig ist, dass sie die jetzige Entscheidung für richtig halten. Sagen

Sie offen, welche Aufgaben und Herausforderungen damit verbunden sind. Und geben Sie den Menschen dann etwas Zeit, sich damit auseinander zu setzen. Sie werden sicher nicht gleich applaudieren. Aber sie können jetzt selbst nachvollziehen, »wie es dazu kam«. Dadurch, dass sie die »ganze Geschichte« kennen, ist es ihnen eher möglich, die jetzige Lage als »Happy End« einer Krise zu empfinden.

Tipp 5: Zeitnah informieren

Unser Tipp in diesem Punkt lässt sich in zwei Sätzen zusammenfassen: Informieren Sie Ihre Mitarbeiter so zeitnah, wie Ihnen dies aus juristischen Gründen möglich ist. Machen Sie sich keine Sorgen um die Stimmung bei »schlechten« Nachrichten; die kann durch Offenheit nur besser werden.

Gute Stories, schlechte Stories: Die persönliche Performance

Auch wenn wir es nicht immer bemerken, aber jeder von uns steht unter Beobachtung, unsere Mitmenschen machen sich täglich neu ein Bild von uns. Sie fragen sich, warum wir so und nicht anders handeln. Warum wir dieses machen, jenes unterlassen, so reagieren und nicht anders. Aus vielen Einzelbeobachtungen entsteht in groben Zügen das Bild, das wir nach außen geben, das andere dazu ermutigt, schon »vorherzusagen«, wie wir wohl in bestimmten Situationen reagieren werden, und uns einzuschätzen.

Wir handeln aber nicht nur als Individuen. Was wir tun, wenn wir innerhalb eines Unternehmens tätig sind, repräsentiert dieses Unternehmen immer mit. In den Augen von Kunden etwa agieren wir stellvertretend für die Firma, aber als Abteilungsleiter, Vorgesetzte oder Personalrat, als Sachbearbeiter oder Kollegin prägen wir ebenfalls das Bild mit, das ein Unternehmen darstellt. Und somit formt sich die Fremdeinschätzung eines Unternehmens, wie es also nach außen wirkt, aus den Beziehungen, die zwischen innen und außen hergestellt werden.

Letztlich ist ein Unternehmen nichts anderes als alle Handlungen und Kommunikationen der beteiligten Menschen zusammengenommen. Was viele Einzelne tun, bestimmt also darüber, welche Geschichten man sich innerhalb und außerhalb des Unternehmens erzählen kann.

Eine Handlung allein ist aber noch keine Geschichte wert. Sonst hätten wir viel zu erzählen. Eine Episode wird erst eine Geschichte, wenn sie etwas eindrucksvoll bestätigt, was wir denken, etwas widerlegt, was wir zu wissen glaubten, uns irritiert in dem, was wir bisher erlebt haben, oder uns überrascht. Die höchste Aufmerksamkeit gilt in der Regel denjenigen Handlungen, die für uns und andere Konsequenzen haben, die eine Veränderung signalisieren, einen Anfang, eine Wendung, einen Abschluss. Solche Handlungen, solche kleinen und großen Ereignisse lösen bei Menschen Gefühle aus – und was bei uns Emotionen auslöst, das gilt uns als erzählenswert, das ist der Ausgangspunkt für das Entstehen von Geschichten.

> Der Chef verlangt am Freitag von einem Mitarbeiter, ein Konzept bis Montag fertig zu stellen. Am Montag hat er aber keine Zeit, sich das Ergebnis anzusehen, da ein Termin dazwischengekommen ist. Der Mitarbeiter, der den Samstag drangesetzt hatte, ist frustriert, wahrscheinlich auch sauer. In der Kaffeepause spricht er mit einer Kollegin, die ihm ihr Leid mit ihrem Vorgesetzten klagt: »Der X macht uns immer einen Riesendruck, und dann, wenn wir was fertig haben, passiert wochenlang nichts.« »Genau wie mein Chef«, antwortet der Mann, »erst konnte es ihm nicht schnell genug gehen, und jetzt ist er irgendwo in der Weltgeschichte unterwegs und schaut mein Konzept nicht mal an!«

Jeden Tag passieren in einer Firma Hunderte solcher kleiner Episoden, aus denen Hunderte kleiner Geschichten werden. *Dass* erzählt wird, wird niemand verhindern können. Aber *was* erzählt wird, das hat jeder weitgehend selbst in der Hand.

Die Voraussetzung für gute Geschichten ist die Stimmigkeit zwischen dem Verhalten, das man an den Tag legt und dem, was man verlangt, sagt, erwartet und predigt. Klar, dass ein Vorgesetzter, der Pünktlichkeit verlangt, selbst nicht unpünktlich sein darf. Aber oft tritt der Widerspruch zwischen unseren Maximen und unseren Handlungen nicht so offen zutage. Ohne es zu wollen, irritieren wir oft das Gesamtbild, die Gesamtgeschichte, die andere sich von uns und damit von dem Unternehmen machen. So entstehen »Geschichten mit Fragezeichen«. Sie passen nicht zu der Grundhaltung, die wir vertreten. Wenn wir wollen, dass »Geschichten mit Ausrufezeichen« entstehen, müssen wir mit unseren Handlungen unsere Grundhaltung bestätigen. Der Imperativ unserer täglichen Handlungen müsste also lauten: Verhalte dich immer so, dass eine gute Geschichte im Rahmen der Gesamtgeschichte daraus entstehen kann!

Storycheck: »Geschichten mit Ausrufezeichen« statt »Geschichten mit Fragezeichen«

Führen Sie sich doch von Zeit zu Zeit einmal bewusst vor Augen, was Sie für Geschichten auslösen mit dem, was sie an einem Tag tun und sagen. Sammeln Sie, was Sie im Verlauf eines Tages gemacht haben. Schreiben Sie die Handlungen auf.

Wir nehmen einmal an, ein Abteilungsleiter macht diesen Storycheck und schreibt sich unter anderem folgende Handlungen auf:

1. Ich habe heute beim Meeting meine Mitarbeiter aufgefordert, Reisekosten einzusparen.
2. Ich war am Nachmittag nicht im Büro, weil ich zu einem Kunden musste.

3. Ich hatte nach 19 Uhr im kleinen Kreis eine informelle und zufällige Besprechung, in der wichtige Themen behandelt wurden.
4. Dabei habe ich Frau Peters spontan gebeten, zu meiner morgigen Besprechung mit einem wichtigen Kunden mitzukommen.

Wenn man sich an seine Handlungen erinnert, sich also einmal bewusst macht, wie andere einen erleben, stellt man sich für einen Moment quasi »außerhalb« seiner Person und kann vielleicht besser nachvollziehen, was bei anderen wirklich ankommt, wie das eigene Handeln wirkt, was sichtbar wird und was verborgen bleibt von dem, was im eigenen Kopf vorgeht. Denn wir dürfen nicht vergessen, dass niemand außer uns wissen kann, was wir »eigentlich« meinen, wenn es nicht aus unseren Handlungen ablesbar ist.

Nehmen wir uns die vier Handlungen unseres Abteilungsleiters vor: Welche Signale hat er gegeben? Welche Grundhaltung ist aus dem ableitbar, was er gemacht hat? Welche Geschichten kann man über sein Verhalten erzählen? Sie können für sich noch die Frage anschließen: Passt das, was ich gelebt habe, zu der Grundhaltung, die ich vertrete?

Handlung 1:
Vorausgesetzt, dass es immer sinnvoll ist, auf die Kosten zu achten, ist der Sparappell an sich eine leicht verständliche und klare Aufforderung. Da er aber die Reisekosten betrifft, müssen die Mitarbeiter auch die bisherigen Kommunikationszyklen mit der Zentrale oder den Kunden und Zulieferern ändern. Wie hängt das mit der Kundenorientierung zusammen? Warum wird ausgerechnet hier gespart? Und was sind die Kriterien, nach denen die Mitarbeiter zukünftig entscheiden sollen, was Vorrang hat: Kundenpflege oder Reisekosteneinsparung?

Handlung 2:
Der Abteilungsleiter signalisiert, dass die Fahrt zum Kunden wichtiger ist als seine Anwesenheit im Büro. Im Zusammenhang mit Handlung 1, die auf eine Reduzierung der Reisetätigkeit hindeutet, entsteht die Frage, wie wichtig Kontakte außerhalb der Firma in Zukunft sein werden. Gilt die Regel nur für die unteren Ränge oder für alle? Und: War ein Tag, an dem der Vorgesetzte selbst unterwegs sein musste, wirklich der richtige Zeitpunkt, um diesen Sparappell zu verkünden?

Handlung 3 und 4:
Die Grundhaltung, dass Mitarbeiter wertvolle und wichtige Gesprächspartner für ihn sind, ist gekoppelt an ein bestimmtes Verhalten der Mitarbeiter. Es scheint sehr wichtig zu sein, dass man auch außerhalb der normalen Bürozeiten anwesend ist. Ist das seine Einstellung zur Work-Life-Balance? Sind Chancen und Anerkennung, wie sie die spontane Einladung an Frau Peters darstellt, an die abendliche Präsenz im Büro gekoppelt?

Der Abteilungsleiter in unserem Beispiel hat an einem Tag so gehandelt, dass einige Fragezeichen entstanden sind, aus denen sich wiederum »Geschichten mit Fragezeichen« ergeben können.

Wenn wir uns nochmal vor Augen führen, dass in einem Unternehmen täglich an vielen Stellen Geschichten aus Handlungen entstehen, dann wird deutlich, wie wichtig es ist, dass an jeder Stelle im Unternehmen an der »großen« Geschichte gearbeitet wird. Denn die Geschichten eines Unternehmens gehen nicht von einem Punkt aus, sondern entstehen aus vielen einzelnen Handlungen zwischen den Menschen innerhalb und außerhalb des Unternehmens. »Schlechte« Geschichten zu verhindern heißt, Handlungen zu vermeiden, die nicht zuzuordnen sind, irritierend oder demotivierend wirken und falsche Signale setzen. Denn solche »Geschichten mit Fragezeichen« rauben dem Unternehmen Energien.

Unter besonderer Beobachtung stehen natürlich Führungskräfte, Manager und generell alle Entscheider und Entscheidungen des Unternehmens. Da kann ein Widerspruch schnell zum Fiasko ausufern, wenn die Signale und Kommunikationen im Widerspruch stehen. Ganz einfache Geschichten sind es oft, die den Mitarbeitern die Lust an der Arbeit nehmen, weil einfach zu viel »Un-Sinn« produziert wird durch Nachlässigkeit der Verantwortlichen.

> Das Unternehmen hatte zum strikten Sparen aufgefordert, worauf ein Leser in der Mitarbeiterzeitschrift vorschlug, die Zeitung doch vom teuren Vierfarbdruck auf Schwarz-Weiß umzustellen. Der Vorstand antwortete wirklich in der nächsten Ausgabe: Das sei ein netter Vorschlag, bringe aber nichts, denn so könne man nur 10.000 Euro pro Ausgabe einsparen.

Wie die Mitarbeiter in der Folge reagiert haben, wenn sie auf Fortbildungen verzichten mussten oder andere Beiträge zur Kostenreduzierung mittragen sollten, kann man sich gut vorstellen. Solche Geschichten verbreiten sich wie ein Lauffeuer, denn sie drücken etwas aus, fassen eine (unterstellte oder wirkliche) Haltung der Führung zusammen.

»Geschichten mit Fragezeichen« können einem Unternehmen schaden, weil sie irritieren. Erfolgreiche Unternehmen brauchen viele »Geschichten mit Ausrufezeichen«, die die Kultur und die Identität der Firma stärken, weil sie ihre Grundhaltung erlebbar machen.

Von dieser Grundhaltung innerhalb des Unternehmens wird auch das Bild geprägt, das sich die Kunden vom Unternehmen machen.

Nehmen wir als Beispiel ein Restaurant: Wenn der Gast eine Reklamation vorbringt, etwa dass die Nudeln nicht al dente waren oder das Fleisch trocken, wird er sich nicht an den Verantwortlichen, also an den Koch wenden. Er wird es dem Ober sagen. Und von der Reaktion des Obers hängt es jetzt ab, ob der Kunde das Haus zufrieden verlässt. Wie geht er mit der Beschwerde um? Schimpft er auf den Koch? Wiegelt er ab? Nickt er nur oder bietet er eine Nachspeise aufs Haus als Trost für entgangene Gaumenfreuden an? Das Unternehmen »Restaurant« ist in diesem Moment total auf die Art und Weise angewiesen, mit der der Ober den Kunden behandelt. Die Reaktion des Obers hängt wiederum davon ab, was er glaubt, dass der Besitzer gut finden würde. Es müssen im Unternehmen also schon vor dem Kundenkontakt zwei Fragen geklärt sein: Wie gehen wir mit den Menschen um, die auf uns zukommen? Wie gehen wir auf die Menschen zu, mit denen wir in Kontakt treten?

Im Restaurant ist klar, wer den Kunden vor sich hat. In anderen Unternehmen sind die Aufgaben nicht so klar verteilt. Jeder Mitarbeiter kann potenziell die Person sein, die über den weiteren Verlauf der Kundenbeziehung entscheidet. Wenn man nachforscht, welche möglichen Berührungspunkte der Kunde mit dem Unternehmen hat, zeigt sich, dass viele Menschen, auch außerhalb der klassischen Bereiche wie Vertrieb oder Service, das Image der Firma nach außen mitprägen.

Zukunft braucht Geschichte(n)

Aus »alten Geschichten« neue Energien gewinnen

Firmen werden um eine Idee herum gegründet oder aus dem Wunsch heraus, etwas gemeinsam zu machen. Das kann eine Innovation sein, die man vermarkten will, wie der Zeigertelegraf, dessen Erfindung durch Werner von Siemens den Ursprung des heutigen Weltunternehmens markiert. Oder der Wunsch, die Fähigkeiten und Talente Einzelner um ein gemeinsames Ziel herum zu bündeln; so sind viele Unternehmensberatungen, Werbeagenturen und Internetfirmen entstanden. Später, wenn die Firma sich entwickelt, geraten diese Anfangsideen in den Hintergrund. Vielleicht musste man inzwischen auch bei manchen Plänen Abstriche machen und von einigen großen Hoffnungen lassen. Vielleicht stehen die Last, die Arbeit und die Verpflichtungen, die man sich durch das Projekt angetan hat, mittlerweile im Vordergrund. Aber die Flamme der ersten Idee züngelt nach wie vor. Sie erlischt nur, wenn ihr die Nahrung entzogen ist, also wenn sich niemand mehr an sie erinnert und niemand mehr davon erzählt. Aber auch dann ist sie, wenn man ihr etwas Luft zufächelt, wieder entfachbar. Wenn Menschen sich wieder erinnern an die Geschichte eines Unternehmens, an die »Grundidee«, die Anfangsjahre, die Entwicklungen, die Wirren und Erfolge: Dann erlebt man, dass auch das Heute viel mit der Vergangenheit zu tun hat.

Geschichten besitzen, anstatt von ihnen besessen zu werden

Eine Rückschau bedeutet eben nicht, sich von der Zukunft abzuwenden oder die Vergangenheit zu verklären. Wo die Geschichte lebendig bleibt und gegenwärtig ist, entstehen Selbstvertrauen, Zutrauen und Orientierung auf dem Weg in die Zukunft.

Erinnern durch Erzählen sollte das Ziel haben, die Geschichten zu »besitzen«. Das ist das Gegenteil von dem häufigen Fall, dass ein Unternehmen von alten Geschichten »besessen« ist. Man erinnert sich wehmütig an die Zeit »vor der Fusion«, »vor dem Markteinbruch«, »mit dem alten Chef«, »vor dem Verkauf«, »vor der Umstrukturierung«, »als man noch jeden kannte« und so weiter. Oder man spricht nicht gerne und folglich selten über schwierige Entscheidungen, Weggänge, Personalabbau oder Krisen. Wir haben bei den Storytelling-Studien oft erlebt, dass Themen bei den Gesprächen hochkamen, die eigentlich im Unternehmen längst als abgehakt und verarbeitet galten, in der »Seele« der Firma aber offensichtlich noch weiterwirkten. Solche versteckten Geschichten noch einmal ans Tageslicht zu bringen ist ein wichtiger Schritt auf dem Weg zu einem sich selbst bewussten und damit wirklich selbstbewussten Unternehmen. Denn auch wenn diese Geschichten zu schlummern scheinen, sie beeinflussen doch das Handeln im Unternehmen – und wenn man Pech hat, negativ. In einem Unternehmen, das von alten Geschichten besessen ist, geschehen oft Dinge, die niemand sich erklären kann.

> »Warum haben wir nur so ein Pech mit unseren Vertriebsleitern?«, stöhnte der Geschäftsführer eines IT-Unternehmens und erzählte, dass in den letzten zwei Jahren diese Position viermal neu besetzt werden musste, weil niemand zu »passen« schien. Dabei waren alle Kandidaten hochkarätige Vertriebler mit besten Referenzen. Doch ständig gab es Konflikte, die Zu-

sammenarbeit im Unternehmen funktionierte nicht, die Kunden wurden unzufrieden. »Kann man wirklich so viel Pech haben?«, fragte der geplagte Chef schließlich. »Oder liegt die Wurzel des Problems irgendwo in meinem Unternehmen, und ich kann sie nur nicht sehen?«

Bei einer Storytelling-Analyse in diesem Unternehmen fanden wir neben vielem anderen heraus, dass sich bis vor zwei Jahren ein Mitbegründer des Unternehmens um den Vertrieb gekümmert hatte, der dann nach London gegangen war, um den dortigen Markt mit einer Schwesterfirma zu bedienen. Uns fiel schon zu Beginn der Analyse auf, dass dieser zweite Gründer – nennen wir ihn Herrn Ritter – in allen von uns im Unternehmen gesammelten Erzählungen vorkam, sogar in denen von Mitarbeitern, die ihn gar nicht mehr kennen gelernt hatten, weil sie erst nach seinem Weggang in das Unternehmen eingetreten waren. Dieser Gründer war offenbar eine charismatische Figur und verkörperte die sehr kooperative und partnerschaftliche Kommunikations- und Unternehmenskultur. Mit seinem Weggang fehlte er den Mitarbeitern vor allem in dieser Funktion sehr, es klaffte im Unternehmen ein Loch, das weit größer war als die Lücke, die er als Vertriebsleiter im offiziellen Organigramm der Firma hinterlassen hatte. Wenn nun ein neuer Vertriebsleiter gesucht wurde, so suchte man in Wirklichkeit, ohne es zu wissen, einen »zweiten Herrn Ritter«, der alle Funktionen des Originals übernehmen sollte. Da konnte natürlich keiner der neu eingestellten Vertriebsleiter passen. Auf der Basis dieses Wissens (dessen Präsentation einen großen Aha-Effekt bei der Geschäftsführung auslöste), entwickelten wir mit dem Unternehmen dann einen Prozess, in dessen Verlauf die kooperative Unternehmenskultur und die positive Kommunikation personenunabhängig im Unternehmen verankert werden konnte. Das Unternehmen konnte sich von Herrn Ritter verabschieden, es »besaß« jetzt dieses Kapitel der eigenen Geschichte und wurde nicht mehr von ihm »besessen«. Und der neue Vertriebsleiter war von dem übergroßen Erwartungsdruck befreit und konnte sich um seine eigentliche Aufgabe kümmern.

Erzählend die Seele nachholen

Wir haben eine Krise des Lebens ganz gut gemeistert, stellen uns auf die neue Situation nach Trennung, Kündigung, Krankheit oder Verlust ein, sind nach Monaten aus dem Gröbsten raus und wollen das erste Mal in einem Urlaub aufatmen und dann passiert es: Die Seele beginnt zu rumoren, Erinnerungen schleichen sich an, man sitzt am Strand und grübelt, statt zu dösen. Ausgerechnet jetzt, wo man es mal so schön haben könnte, legen sich Schatten auf die Sonnenuhren. Das hat meist seinen Grund darin, dass man bis jetzt so mit dem Bewältigen zu tun hatte, dass nicht genug Zeit und Kraft blieb, zu trauern. Und jetzt, wo man wieder gestärkt ist, schickt die Seele verdrängte Gefühle noch einmal nach oben. Es ist Zeit, noch einmal über alles nachzudenken und sich zu verabschieden.

Gerade nach überstandenen Krisen bleiben solche übergangenen Gefühle auch in der kollektiven Seele von Organisationen stecken. Etwa, wenn der Stellenabbau damals im Umfeld der Mitarbeiter viele Opfer gefordert hat und sie, ähnlich wie das Überlebende von Katastrophen beschreiben, jetzt ein schlechtes Gewissen haben, dass sie selbst verschont wurden. Oder wenn die Trennung vom bisherigen Management zwar richtig war, aber nicht ganz »sauber« gelaufen ist. Bei Bereichszusammenlegungen kann auf einer Seite das Gefühl der Zurücksetzung entstanden sein, nach einer Fusion lauert irgendwo das »Ossi-Wessi«-Syndrom.

Es kann sein, dass alte Narben gerade dann wieder schmerzen, wenn es ganz gut läuft. Deshalb ist es gerade nach größeren Veränderungen im Unternehmen wichtig, in die Tiefe zu gehen und nachzusehen, was dort noch auf die

Verarbeitung wartet. Das beste Mittel ist wieder die gemeinsame Erinnerung. Das Erzählen macht sichtbar, wo die Wunden verborgen sind. Oft genügt es schon, sich darüber auszutauschen, manchmal ist es aber auch notwendig, eine nachträgliche Feinjustierung vorzunehmen. Auf jeden Fall trägt das Erzählen dazu bei, die Stimmung, das Klima, das Miteinander im Unternehmen zu klären und damit die Möglichkeiten für eine gemeinsame Zukunftsorientierung zu verbessern.

> In einer Firma war die Zusammenarbeit von zwei Abteilungen denkbar schlecht. A und B sollten kooperieren, wollten aber nicht. Ganz im Gegenteil, jede Seite versuchte, der anderen das Leben möglichst schwer zu machen. Es stellte sich zum Beispiel heraus, dass die eine Seite (A), welche Teile vormontierte, sie der anderen Seite (B), der Endfertigung, intern zu höheren Preisen in Rechnung stellte als externen Kunden. Andererseits machte B den Mitarbeitern von A durch unangekündigte Stornierungen, zu späte Nachorder und scheinbar ungerechtfertigte Reklamationen das Leben schwer.

Beim Storytelling wurde klar, wie dieses Verhalten zustande kam: Die beiden Abteilungen waren im Zuge einer Restrukturierung vor einem Jahr getrennt und seither nach ihrem finanziellen Einzelerfolg bemessen worden. Und den versuchte A nun auf Kosten von B zu erwirtschaften, denn B war, im Gegensatz zu seinen externen Kunden, verpflichtet, bei A einzukaufen. So konnte die Preisgestaltung sie nicht abschrecken. B wiederum betrachtete sich nicht als normaler Kunde von A mit allen Rechten und Pflichten, weil sie ja so oder so dort bestellen mussten. Jede Seite fühlte sich im Recht, denn welchen Sinn sollte es auch für sie haben, den anderen einen Vorteil zu verschaffen? Und jede Abteilung war auf die andere schlecht zu sprechen, weil sie sich übervorteilt fühlte.

Das Management hatte also zwar Kooperation gefordert, dem Gemeinschaftssinn aber durch die getrennte Abrechnung und den Ausschluss von Konkurrenzanbietern auch Steine in den Weg gelegt. Nachdem diese »Steine« in der Storytelling-Analyse sichtbar wurden, entschied man, den von A und B gemeinsam erwirtschafteten Erfolg zur Grundlage zu nehmen. Die Bereitschaft zur Zusammenarbeit hat sich erwartungsgemäß zum Positiven verbessert. Beiden Abteilungen war jetzt klar, dass sie nur gemeinsam erfolgreich sein konnten. Das interne »Belohnungssystem«, das bis jetzt Eigennutz förderte und Kooperation verhinderte, war jetzt auf das Ziel »Erfolg für das Unternehmen« ausgerichtet. Statt intern Geld von der einen Tasche in die andere zu stecken, konnte jetzt angefangen werden, gewinnbringend für alle zu handeln.

Sich erinnern, erkennen, loslassen, weitergehen

Sich solcher sozusagen unverdauter, nicht bearbeiteter Aspekte der Unternehmensgeschichte bewusst zu erinnern, ihre Existenz anzuerkennen, sie zu verstehen und dann ruhig wieder abzulegen im kollektiven Gedächtnis ist die beste Voraussetzung für eine solide Zukunftsorientierung. Denn es ist erst möglich, gelassen und erwartungsvoll nach vorne zu blicken, wenn man hinter sich »geordnete« Verhältnisse weiß. Die eigene Geschichte zu kennen ist damit eine grundlegende Voraussetzung für jeden Wandelprozess.

Die größten Erfolgsaussichten haben Wandelprozesse dann, wenn sie bei dem ansetzen, was da ist. Nach unserer Erfahrung gelingt Change Management nachweisbar dort, wo es gelingt, Optionen, Kräfte, Ideen zu entdecken, die im Unternehmen bereits vorhanden sind (wenn auch verborgen, schlummernd, überlagert von bisherigen Strukturen und Gebräuchen), und gezielt an diese anzuknüpfen. Veränderungen können schlagartig entstehen, über einen hereinbrechen und sind dann nicht zu steuern. Wandel dagegen geschieht schrittweise, meist allmählich, nie aber unvermittelt und voraussetzungslos. Dass es dennoch möglich ist, einen schnellen – und erfolgreichen – Wandel herbeizuführen, liegt an der Tatsache der Anknüpfung: Wenn es gelingt, an bereits vorhandene und gewachsene Möglichkeiten und Chancen anzuschließen und die Bremsen zu lösen, die Mitarbeiter bisher von der Aktivierung dieser Potenziale abgehalten hatten, kann erfolgreicher Wandel rasch wirksam werden. Und diese Möglichkeiten liegen nicht zuletzt in der Geschichte des Unternehmens verborgen.

Gutes Change Management besteht darin, nicht nur die richtigen Ziele zu definieren, sondern auch den Weg dorthin zu finden und zu beschreiben. Und zu diesem Weg gehört auch der Ausgangspunkt. Wer irgendwo hin will, bricht auch von einem bestimmten Ort aus auf. Wer nur das Ziel nennt und so tut, als würde man von nirgendwo aufbrechen, als käme man aus dem Nichts, der wird keine Gefolgschaft finden, weil er den Weg nicht beschreiben kann. Es fährt kein Zug von nirgendwo zum Zielbahnhof. Das Wort »Wandel« ist etymologisch verwandt mit dem Wort »wandern«. Wer aufbricht, wer sich auf Wanderschaft begibt, der rüstet sich am Ausgangspunkt mit den nötigen Ressourcen aus. Es geht also darum, die Vergangenheit zu erforschen, die Erfolg versprechenden Optionen zu entdecken, zu erkennen, wo im eigenen Unternehmen bereits der Keim für eine Entwicklung angelegt ist, und diese gezielt zu fördern. In der Beschäftigung mit der Vergangenheit kann man aber auch diejenigen Barrieren erkennen und niederreißen, die die positiven Kräfte bisher an ihrer Entfaltung gehindert haben.

Zusammenhänge erkennen

Jede Veränderung im Unternehmen hat immer auch Folgen an Stellen, die man nicht von vorneherein absehen kann. Es geht jetzt nicht darum, so lange zu überlegen und abzuwarten, bis alle möglichen Folgen bedacht sind. Es ist aber sinnvoll, nach einer gewissen Anlaufphase, solche Konsequenzen aufzuspüren und die Prozesse dahingehend zu optimieren.

Als beispielsweise in den 80ern begonnen wurde, die Hierarchien in Unternehmen zu verflachen und viele Zwischenebenen der Unternehmenspyramide herauszunehmen, war das Ziel eine effektivere, schlankere Aufstellung. Eine Folge dieser Maßnahme, die viele Firmen dabei aber nicht von vorneherein mitbedachten, war, dass damit auch das Verhältnis Chef/in-Mitarbeiter sich veränderte. Unzählige Menschen verloren auf diese Weise von heute auf morgen genau die Person, die bisher für ihr Weiterkommen in der Firma zuständig war: ihren direkten Vorgesetzten. Der hatte Pläne mit ihnen, hatte ihnen vielleicht eine Stelle in Aussicht gestellt. Und dann war er plötzlich weg und die neue Führungskraft war viel weiter oben und hatte sich um viel mehr Mitarbeiter zu kümmern als bisher. Es entstand also durch die neue Aufstellung ein Defizit an beruflicher Orientierung bei den Mitarbeitern. Das an anderer Stelle abzufangen und zu ersetzen wurde oft erst Jahre später in Angriff genommen und in der Zwischenzeit waren viele Mitarbeiter orientierungslos und entsprechend frustriert. Mit entsprechenden Auswirkungen auf die Stimmung und ihr Engagement für das Unternehmen. Solche unerwarteten Folgen, sozusagen die Risiken und Nebenwirkung eines Wandelprozesses, die erwünschte Veränderungen oft begleiten, sind in den Köpfen der Mitarbeiter gespeichert und über ihre Erzählungen kann man diesen Informationen auf die Spur kommen.

Erzählworkshops: Ein Weg zum Besitz der eigenen Geschichte

Eine gute Möglichkeit, die Geschichte und Erfahrungen eines Teams schnell für Wandelprozesse und zur Problemlösung zu nutzen, sind Erzählworkshops. Sie lassen sich immer dann einsetzen, wenn es um mehr geht als um reine Information. Wenn der Erfahrungsaustausch auch neue Inspiration bringen soll, wenn Wissen weitergegeben wird, das aus Erfahrung entstanden ist, wenn es um Neudefinition und Empowerment der Zusammenarbeit geht. Und wenn man wissen möchte, ob die Teammitglieder eigentlich die gleiche Vergangenheit erlebt haben oder ob vielleicht bestimmte Irritationen aus unterschiedlichen Geschichten herrühren. Erzählen überbrückt den Abstand, der Menschen mit unterschiedlichen Erfahrungen normalerweise trennt und bringt oft neues Wissen zutage, das man noch gar nicht gesucht hat. Insofern ist das Erzählen und natürlich auch das Zuhören an jeder Stelle im Unternehmen sinnvoll, wo Menschen miteinander und füreinander arbeiten.

An Schnittstellen der Kooperation: Bringen Sie die richtigen Leute zusammen!

Kooperation heißt auch, die gleiche Geschichte von verschiedenen Seiten zu erleben. Da bringt ein gelegentlicher Austausch darüber, was sich an Erlebnissen angesammelt hat, mehr Klärung und Verständnis auf beiden Seiten.

Zum Erfahrungsaustausch: Bringen Sie die »falschen« Leute zusammen!

Wir erzählen unsere Geschichten gerne »ähnlichen« Menschen, denn die verstehen uns am besten. Das führt dann dazu, dass wir uns bestärkt fühlen in unserer Sicht und vielleicht Trost, Lob oder Verständnis finden. Aber wir lernen wenig dazu.

Deshalb ist gerade das Erzählen auf mehr Austausch angewiesen. Nicht nur diejenigen, die ohnehin miteinander zu tun haben, sollen sich erzählen, wie sie die Arbeit erleben. Sondern gerade an den Schnittstellen zu anderen Welten und Sichtweisen ist das Erzählen produktiv und kann neues

Wissen hervorbringen. Was glauben Sie, wie viel neues Wissen innerhalb von wenigen Stunden entsteht, wenn Menschen zusammenkommen, die ganz unterschiedliche Aufgaben und Rollen im Unternehmen haben? Schaffen Sie Anlässe zum Austausch zwischen heterogenen Gruppen. Zur Tagung sind Mitarbeiter aus dem Ausland angereist? Laden Sie gemeinsam mit deutschen Mitarbeitern zum Austausch bei einem Erzählworkshop ein! Und warum immer Seminare »von Frauen für Frauen« anbieten? Im Austausch zwischen weiblichen und männlichen Führungskräften lernen sicher beide Seiten etwas Neues. Wieso nicht eine Veranstaltung anbieten, bei der die Software-Entwickler Geschichten aus der Welt der Anwender erfahren?

Für den Wissenstransfer: Lassen Sie wertvolle Erfahrungen nicht ungenutzt!

Wenn Projekte enden, haben die beteiligten Mitarbeiter viel zu erzählen: Andere Projektleiter können durch ihre Geschichten vielleicht Fehler vermeiden und außerdem die Herangehensweise anderer Teams kennen lernen. Und könnte es nicht interessant sein, wenn »junge Füchse« und »alte Hasen« sich mal gegenseitig zuhören? Wenn Mitarbeiter der Zentrale erfahren, was in den Außenstellen los ist?

Zur Integration: Der erste Eindruck (er)zählt!

Zwei Abteilungen werden zusammengelegt, ein Zukauf soll ins Unternehmen integriert werden: Meist gibt es auf beiden Seiten Vorbehalte und Misstrauen. Ermöglichen Sie den Menschen, sich selbst ein Bild zu machen und ihre Kollegen als Erzähler und Zuhörer erstmal kennen zu lernen. Nicht nur die »Neuen« lernen dann etwas über das Unternehmen, auch die »angestammten« Mitarbeiter werden sehen, dass ihre neuen Kollegen vieles mitbringen, was für die gemeinsame Zukunft wertvoll sein kann.

Als Begleitinstrument des Wandels: Veränderungen ins Erleben integrieren!

Änderungen rufen oft Widerstände hervor, weil sie langjährige Gewohnheiten und Einstellungen in Frage stellen. Wenn man am Erleben der Menschen ansetzt und sie ihre Erfahrungen mit den Veränderungen erzählend austauschen lässt, kann nicht nur aufgestauter Unmut entschärft werden: Das Erzählen ist auch eine Möglichkeit, sich selbst in der veränderten Welt zu verorten. Welche positiven Geschichten sind entstanden? Welche Erlebnisse zeigen, dass es einen Wandel gibt? Vielleicht findet sich eine Springboard Story, die beispielhaft sein kann für andere, mit dem Wandel umzugehen?

Workshop-Design: Heißt Storytelling nur Geschichten erzählen?

Beim Storytelling-Workshop nutzt man den Austausch von Erfahrungen für neue Erkenntnisse. Die Geschichten sind also eine Wissensquelle, die über das Erzählen zugänglich wird. Daran schließt sich als zweiter Baustein die Auswertung an, das neue Wissen wird gebündelt und sortiert, damit es Anstoß für weitere Maßnahmen geben kann. In diesem Fall hat der Workshop also zwei Teile: Ein Teil ist dem Erzählen gewidmet, im nächsten Schritt wird diskutiert, bewertet, zusammengefasst, geplant.

Es kann aber auch sinnvoll sein, einen Workshop »nur« dem Austausch von Geschichten zu widmen. Die Ergebnisse werden in diesem Fall nicht unmittelbar sichtbar. Was das Zuhören, der Einblick in die Erlebnisse anderer, der Austausch der Sichtweisen und Erlebnisse bei den einzelnen Teilnehmern auslöst, wird nicht sofort besprochen und »zerredet«, sondern man überlässt die Geschichten sich selbst und nimmt sie nur mit in den persönlichen Alltag.

In beiden Fällen, ob mit oder ohne »Auswertung«, wird das Erzählen von Geschichten einen Mehrwert schaffen jenseits des jeweiligen Workshop-Ziels, so wie ein gutes Gespräch mit anderen Menschen für uns mehr bedeutet als das, was wir Neues erfahren haben: Das Erlebnis ist schon für sich allein genommen eine Bereicherung für die Teilnehmer, ein Moment gelungener Kommunikation und eine inspirierende, anregende Erfahrung.

Die Einladung: Managing of Expectations

Die Einladung zum Erzählworkshop wird die Mitarbeiter vielleicht schon dazu bringen, sich gegenseitig Geschichten zu erzählen. Immerhin ist es ungewöhnlich, wenn das Unternehmen nicht zum Meeting, zur Präsentation oder zum Vortrag bittet. Schaffen Sie mit dem Einladungsschreiben schon ein Gefühl dafür, was die Menschen erwartet: ein neues Erlebnis. Machen Sie aber auch deutlich, was das Ziel der Veranstaltung ist und wozu die Ergebnisse dienen sollen. Etwa:

> Networking by Storytelling: Führungskräfte im Dialog
> **»Wenn ich schon ins kalte Wasser springe, dann sollte wenigstens Wasser da sein!«**
> Ein Workshop für Frauen und Männer in Fach- und Führungspositionen.
> Hören Sie, wie andere mit neuen Themen und unbekannten Aufgaben fertig geworden sind. Und erzählen Sie, was Sie täglich als Führungskraft bewegt. Ein Nachmittag Zeit für Inspiration, Gespräch und Austausch.

Der Einstieg ins Erzählen

Eine Hürde in den Erzählworkshop stellt für die Teilnehmer, genauso wie bei der Formulierung eines Briefes der erste Satz, die erste Geschichte dar. Wie anfangen? Was, wenn niemand erzählt? Damit kein beklommenes Schweigen auftritt, sollte man deshalb Einstiegshilfen und Anschlussmöglichkeiten anbieten. Am besten eignen sich dafür Geschichten, denn wie im Leben auch entsteht aus einer Geschichte eine neue und so fort. Deshalb muss eine gute Einstiegsgeschichte als »Dominostein« parat sein, der die anderen Steine anstößt. Für den oben genannten Führungskräfte-Workshop etwa könnte eine Runde den Anfang machen, bei der nach einem Erlebnis gefragt wird, das heute wichtig war. Oder die Workshop-Begleitung beginnt mit einer Geschichte, die im Unternehmen bekannte Verhaltensweisen widerspiegelt. Sitzt dagegen ein festes Team im Workshop, das sich kennt, kann man ein bestimmtes Erlebnis der letzten Zeit von jedem so erzählen lassen, wie er es erlebt hat. Je nach Ausgangslage ist es also immer ein anderer Dominostein, der in der richtigen Position steht, um den Anstoß zu geben. Was praktisch immer ein Einstieg sein kann, weil es unserem Erleben sehr nahe kommt, ist, das »schönste« beziehungsweise das »schlechteste« Erlebnis zu schildern. Dabei kommen auch gleich die Themen zur Sprache, die den Teilnehmern wichtig sind.

Auch Karten, auf denen »Plots« beschrieben sind, können zum Erzählanlass werden. Wer an der Reihe ist, wendet die verdeckten Karten und soll eine Geschichte zum vorgegebenen Thema beisteuern. Schlagwörter aus dem Unternehmensalltag, Gefühle, Situationen, wichtig ist hier eine große Auswahl. Die Begriffe sollen offen genug (»ein kritischer Moment«, »es hat doch noch geklappt«, »neulich auf dem Gang«, »Meetings sind…«), nicht zu allgemein und nicht zu persönlich sein. Möglich ist es auch, diese Karten in der Runde selbst zu erstellen. Jeder beschriftet eine Karte, sie werden gemischt und dann verteilt. Dadurch kommen neue Aspekte (und sicher einige entkrampfende Lacher) dazu. Wichtig für die Moderatoren ist es, dass sie sich mehr als Ermöglicher und Begleiter des Workshops begreifen und nicht allzu sehr in die Rolle des Verantwortlichen oder Entertainers schlüpfen. Die Menschen selbst sollen ihren Workshop inhaltlich gestalten. Was dabei »rauskommt«, wird also auch von ihnen selbst bestimmt. Die Moderation bietet die notwendige Struktur, hilft über Hürden und gestaltet den äußeren Ablauf.

Erzählen und zuhören

Mit den gewonnenen Erzählanlässen ist der Einstieg ins Storytelling geglückt. Jetzt sollte man den Geschichten im Wortsinne ihren Lauf lassen. Kleine Pausen werden entstehen, die man überbrückt und etwa die letzte Geschichte zusammenfasst. Aber es sollte jetzt einfach erzählt und zugehört werden. Lassen Sie den Geschichten die nötige Zeit, aber »vorbei ist vorbei«. Das heißt, wenn die Pausen zwischen den Geschichten größer werden, wenn alle Stories erzählt sind: einfach aufhören. Eine Pause einlegen und zur Feedbackrunde übergehen.

Feedback-Runde

Bevor die Teilnehmer auseinander gehen oder der zweite Teil beginnt, kann in einer Feedback-Runde jeder seine Eindrücke schildern. Auch hier gilt: Zuhören ist ebenso wichtig wie erzählen. Jeder bekommt seine zwei Minuten, wer dran ist, wird nicht unterbrochen. Wertschätzender Umgang mit den Erzählungen anderer wird vorausgesetzt.

Ergebnisse gewinnen

Workshops, die nicht vorrangig dem Austausch gewidmet sind, sondern eine konkrete Fragestellung bearbeiten, gehen jetzt in die Auswertung über. Mögliche Vorgehensweisen sind im Beispiel »Erzählworkshop ›Kooperation‹« beschrieben. Auf der Basis der gewonnenen Geschichten wird jetzt in Form von Arbeitsgruppen, Kartenmoderation oder Diskussion weitergearbeitet.

Nach dem Workshop

Die Teilnehmer werden zu Botschaftern, die die Geschichten ins Unternehmen hineintragen werden.

Ein Beispiel: Erzählworkshop »Kooperation«

Im Workshop geht es um Erfahrungen mit Teamarbeit, in Projekten, mit Kollegen und Vorgesetzten. Die Teilnehmer (etwa 15 bis 30), müssen nicht aus der gleichen Abteilung kommen. Damit Offenheit und Austausch entstehen können, wird der Workshop möglichst von externen Beratern moderiert.

Begrüßung, Einführung

Das Thema wird vorgestellt (Kooperation), das Ziel (Austausch von Erfahrungen, Weiterentwicklung der Zusammenarbeit im Unternehmen), der Weg (Storytelling).

Einstieg ins Erzählen

Begriffe zum Thema werden genannt. Sammeln der Begriffe auf Karten (je ein Wort oder ein Satz) als Erzählanlässe.

Storytelling

Die Teilnehmer sitzen im Dreiviertelkreis, vorne stehen im Halbkreis Stellwände, auf denen die Begriffe als Überschriften gepinnt sind, die in der ersten Runde genannt wurden. Es ist auch noch freier Platz für neue Begriffe.

Wer eine Geschichte erzählen möchte, geht zu der Karte, die die Überschrift zu seiner Geschichte sein könnte oder zur leeren Tafel, wenn seine Geschichte eine neue Überschrift braucht. Er bestimmt einen aus der Gruppe, der sich Notizen auf ein Blatt macht (Vordruck), das danach an die

Tafel gepinnt wird. Dann erzählt er ein Erlebnis. »Ich erzähle Ihnen eine Geschichte zum Thema ...« Alle wenden sich dem Erzähler oder der Erzählerin zu. Das Zuhören, die Aufmerksamkeit für das Erlebnis des anderen ist ebenso wichtig wie das Erzählen.

Es wird so lange nacheinander erzählt, bis die kleinen Pausen zwischen den Geschichten beginnen, länger zu werden. Wenn niemand mehr eine Geschichte weiß: Einfach aufhören, nicht jeder muss erzählen, manche wollen vielleicht nur zuhören. Danach gibt es eine halbe Stunde Kaffeepause, möglichst im selben Raum. Die TN können sich kennen lernen, mehr erzählen, herumgehen und die Stichpunkte lesen. Jeder hat einen grünen Klebepunkt. Den gibt er der Geschichte, von der er *möchte*, dass sie typisch ist für das ganze Unternehmen. Einen weiteren Punkt (gelb) klebt er zu der Geschichte, von der er glaubt, dass sie die typischste für das Unternehmen ist.

Feedback-Runde

Der zweite Teil beginnt mit einer Feedback-Runde. Man lässt einen Stein (oder ein anderes Objekt) herumgehen. Wer den Stein in Händen hat, erzählt, wie er die Geschichten erlebt hat, was besonders wichtig war, was überraschend, wo er oder sie sich wiedererkennt. Auch hier gilt: Zuhören ist ebenso wichtig wie reden.

Auswertung

Dann werden die vergebenen Punkte gemeinsam ausgewertet (Moderation): Was kommt bei uns besonders häufig vor (viele Klebepunkte), was selten?

Die Geschichten werden besprochen. Wie könnte man sie zusammenfassen? Welche Motive häufen sich, was fehlt? Könnte eine der Geschichten eine gute Springboard Story sein für die Verbesserung unserer Kooperation?

Zum Schluss zusammenfassen: Wo sind wir auf dem richtigen Weg, was hindert uns an der Zusammenarbeit? Welche Bedingungen möchten wir ändern? Wer wäre der geeignete Ansprechpartner für die Ergebnisse unseres Workshops? Hier stellt sich die Frage, wie es weitergeht. Jetzt ist Zeit für Commitments, die Möglichkeit, Arbeitsgruppen zu bilden. Alle Teilnehmer können sich als »Kommunikatoren« der Ergebnisse betätigen, indem sie die Erfahrung und Geschichten des Workshops weiterverbreiten.

Den Raum der Möglichkeiten erweitern

Projektworkshops mit dem Storyboard

Was geschehen ist, ist geschehen! Das sagt man, um zu betonen, dass man die Vergangenheit nicht ändern kann. Zu einer bestimmten Gegenwart gibt es auch eine ganz bestimmte Vorgeschichte – eben *die* Geschichte des Projekts, des Unternehmens, der Person, um deren Vergangenheit es gerade geht. Aber ist das wirklich so? Im Grunde existieren zu jeder Gegenwart unglaublich viele Varianten der Vergangenheit, je nachdem, wann diese Vorgeschichte erzählt wird, unter welchen Umständen sie erzählt wird und wer sie erzählt. Zwar kommen in jeder dieser Geschichten übereinstimmende Fakten vor, schließlich sind ja in der Vergangenheit ganz bestimmte Dinge objektiv passiert, und doch sagen diese Fakten höchst Unterschiedliches aus, je nachdem, in welchem Licht und in welchen Zusammenhängen sie erscheinen: In jüngster Zeit haben wir alle vielfach erlebt, dass Unternehmensgeschichten, die gestern noch märchenhafte Erfolgsstorys gewesen waren, sich gleichsam über Nacht in Horrorgeschichten verwandelten. Aus Helden wurden Schurken, aus Pioniergeist wurde Abenteurertum, aus jugendlichem Elan blauäugige Unerfahrenheit.

Geschichten geben der Realität Bedeutung

Was zählt, sind also niemals nur die Fakten, sondern ist immer auch die Bedeutung, die wir ihnen verleihen. Und gerade beim Erzählen tun wir immer genau das: die Dinge in einen Zusammenhang stellen, sie interpretieren und ihnen Bedeutung geben.

Sie können dies auch bei sich selbst beobachten: Wenn es Ihnen gut geht, und Sie denken an Ihr bisheriges Leben zurück (erzählen sich also im Geiste Ihre eigene Geschichte), dann werden Ihnen vor allem die positiven Ereignisse einfallen, die Stufen, die zu ihrem jetzigen Erfolg führten. Sind Sie dagegen einmal niedergeschlagen oder durch einen Rückschlag deprimiert, erscheint Ihnen Ihre Vergangenheit vielleicht als eine einzige Folge von Fehlentscheidungen und Pechsträhnen.

Natürlich gibt es in jeder Vergangenheit, und damit auch in jeder Erzählung dieser Vergangenheit, ein Gerüst von »harten Fakten«, die in der Regel nicht »verdreht« werden (es sei denn, jemand will bewusst lügen): Dass das Unternehmen irgendwann mit einem bisherigen Mitbewerber fusioniert hat, ist ein Fakt, den niemand bewusst verleugnen wird. Wir erleben jedoch immer wieder, dass selbst solche »wichtigen« Fakten in den Erzählungen der Mitarbeiter eines Unternehmens nicht vorkommen oder umgedeutet werden. So erzählten beispielsweise die Mitarbeiter eines kleinen Unternehmens bei der Storytelling-Analyse mit keinem Wort, dass sie vor einigen Jahren als eigenständige Firma aus ihrem Mutterkonzern ausgegründet worden waren; hätten wir nicht auch die »offizielle« Firmenchronik gekannt, hätten wir glauben müssen, unsere Erzähler seien alle noch in einer Serviceabteilung der Muttergesellschaft angestellt. Die Tatsache, dass die einstige Abteilung schon längst eigenständig firmierte, war noch nicht im Bewusstsein der Mitarbeiter angekommen. Nach diesem Befund war natürlich klar, dass ein Prozess zur Entwicklung einer eigenen Unternehmensidentität dringend angestoßen werden musste – als Voraussetzung dafür, dass das Unternehmen auch den dezidierten Auftrag, neben der Muttergesellschaft als »Kunde« auch externe Kunden auf dem Markt zu gewinnen, überhaupt angehen konnte.

Genau diese Tatsache, dass Menschen beim Erzählen über die Vergangenheit Zusammenhänge unterschiedlich interpretieren und Fakten verschiedene Bedeutung geben, wird beim Storytelling genutzt. Eine Storytelling-Analyse beispielsweise zielt immer darauf ab, zu rekonstruieren, nach welchen Mustern und Maßgaben, Vorstellungen und Annahmen die Menschen im Unternehmen den »Fakten« Bedeutung zuschreiben. Denn von dieser Sichtweise der Vergangenheit, von der Erklärung, wie die jetzige Situation entstanden ist, hängt auch die Gestaltung der Zukunft ab. Sich die Vorgeschichte eines Projekts in einem Workshop mit Hilfe des »Storyboards« zu erzählen, die Handlungsoptionen der Vergangenheit aus verschiedenen Blickwinkeln noch einmal Revue passieren zu lassen, kann festgefahrene Interpretations- und Handlungsmuster stören und auflösen. Wenn man sich bewusst macht, wie man sich bisher die Vergangenheit »erklärt« hat, kann man für die Gegenwart und Zukunft neue Handlungsoptionen finden.

Damit in der Vorgeschichte neue Fakten zur Geltung kommen, andere Erlebnisse in den Mittelpunkt geraten, braucht man einen ungewohnten Blickwinkel. Die Arbeit am Storyboard setzt Fakten und Geschichten in ein neues, produktives Verhältnis zueinander. Es entstehen »neue« Geschichten. Und wenn diese neuen Geschichten von neuen Regeln, Rahmenbedingungen, Handlungen flankiert werden, dann beflügelt das den Wandel. Die Realität kann sich verändern, wenn wir die gegebenen »Fakten« anders deuten, anders erzählen. Diesen Prozess nennen wir Storychanging.

Zukunft erzählend gestalten: Die Arbeit mit dem Storyboard

Die Arbeit mit dem Storyboard kann ohne viel Aufwand in Teams und Gruppen angewendet werden, die in gemeinsamen Projekten zusammenarbeiten. Im Folgenden beschreiben wir eine von vielen Möglichkeiten dazu. Als Beispiel wählen wir hier den Fall, dass eine Projektphase abgeschlossen ist und man die bisher gemachten Erfahrungen auswerten möchte, um Verbesserungspotenziale zu nutzen und gemeinsame Festlegungen dafür zu treffen, wie der Prozess nun weitergeführt werden soll.

Nehmen Sie sich mit Ihrem Team oder Ihrer Abteilung etwa drei Stunden Zeit, die Sie sonst auch für Projektbesprechungen nutzen würden. Ihr »Storyboard« ist einfach einzurichten: Hängen Sie dazu an einer Moderationswand oder einfach an der Wand des Besprechungsraums eine etwa drei Meter lange Bahn Packpapier auf, auf der Sie in der Mitte eine horizontale Linie ziehen, die den Zeitstrahl repräsentiert. Schreiben Sie ganz links das Datum des Projektbeginns hin; das letzte Drittel des Zeitstrahls teilen Sie in zwei Felder für die Gegenwart und die Zukunft. Ihr Papierstreifen an der Wand sieht also etwa so aus:

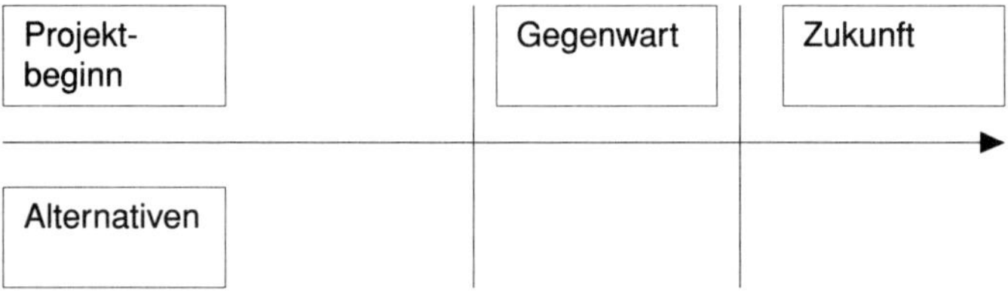

Der Einstieg

Erklären Sie Ihrem Team, dass es um die Reflexion der Projektgeschichte geht, mit dem Ziel, die bisherigen Erfahrungen auszuwerten, die Zusammenarbeit zu optimieren und neue Handlungsmöglichkeiten für die Zukunft zu entwickeln. Dann beginnen Sie gemeinsam im Team, die bisherige Geschichte des Projekts zu reflektieren, indem Sie sie gewissermaßen kollektiv erzählen.

Die Erzählphase

Sie beginnen also mit der Startphase des Projekts oder einem anderen Zeitpunkt aus der Vergangenheit, der für die Beteiligten einen »Anfang« markieren kann, und ermutigen die Teilnehmer, Episoden und Geschichten aus dieser Zeit wiederzugeben: »Was war damals wichtig?«, »An was aus dieser Zeit können Sie sich noch lebhaft erinnern?«, »Was ist Ihnen aus dieser Zeit am meisten im Gedächtnis hängen geblieben?« Es können also auch durchaus Geschichten vorkommen, die scheinbar nur Einzelne oder wenige betreffen und nur am Rande mit den zentralen Themen zu tun haben, die damals allgemein auf der Agenda standen.

Bestimmen Sie zu Beginn jeder Erzählphase des Workshops eine Hilfsperson, die die Erzählungen stichwortartig notiert. Sobald Sie den Eindruck haben, dass genügend Themen und interessante Aspekte vorgekommen sind, machen Sie einen Schnitt. Fragen Sie aber auf jeden Fall vorher in die Runde, ob jemand noch einen Beitrag hat, der ihm wichtig ist, und ob die Gruppe den Eindruck hat, dass etwas Wesentliches vergessen wurde.

Dann fassen Sie gemeinsam die wichtigsten Ereignisse, Entscheidungen, Handlungen aus den Erzählungen in Schlagworten zusammen, schreiben sie auf jeweils eine gelbe Moderationskarte und heften diese Karte an die entsprechende Stelle *über* den Zeitstrahl. Wichtig in dieser Phase: Bewerten Sie die Karten beziehungsweise die Geschichten zu diesem Zeitpunkt nicht! Oft sind es erfahrungsgemäß scheinbare Nebenstränge, die sich später als Schlüsselgeschichten entpuppen, weil sie beispielsweise deutlich machen, warum eine Kooperation besonders gut funktioniert hat oder wo ein unterschwelliger Konflikt vorliegt.

Gehen Sie dann in einem nächsten Durchgang auf die zweite Phase über: »Wie ging es dann weiter? Was war dann aus Ihrer Sicht wichtig? Was ist seither passiert?« Sie können den weiteren Prozess des Erzählens auf diese Weise weiter steuern. Wenn jemand ein Ereignis anspricht, das für die ganze Gruppe besonders wichtig war, können Sie danach fragen, ob alle dies in etwa genauso erlebt haben oder ob jemand dieses Ereignis im Rückblick anders erzählen würde.

Jeder Gruppenprozess mit dem Storyboard beginnt auf diese Weise: Zunächst gilt es, die erzählenswerten Episoden zu sammeln und ihren zeitlichen Zusammenhang zu visualisieren. Wenn Sie auf diese Weise arbeiten wollen, müssen Sie selbstverständlich nicht selbst den Workshop leiten, sondern können die Moderation auch einem neutralen Moderator oder Storycoach überlassen.

Die Reflexionsphase

Wenn die Gruppe mit ihren Erzählungen in der Gegenwart angekommen ist, dann bilden die Karten über dem Zeitstrahl nun die Geschichte dieser gemeinsamen Phase ab, vom Anfang bis heute. Nehmen Sie sich eine Viertelstunde, diese Geschichte mit ihren Ereignissen und Episoden zu reflektieren: Wie verhält sich das, was da an der Wand stichwortartig als Story erscheint, zu den Plänen und Vorstellungen, die man ursprünglich hatte? Gibt es Phasen, Zeitpunkte, zu denen offenkundig sehr viel passiert ist (weil sich auffallend viele Karten in einem bestimmten Zeitabschnitt häufen)? Wie ist das zu erklären? Welche Geschichten, Episoden hängen miteinander zusammen? Welche dieser Geschichten sind eigentlich allen bekannt und bewusst und welche sind für viele überraschend neu?

Diese Reflexionsphase bietet eine Reihe von Optionen, in denen dem Team Zusammenhänge des bisherigen Projekts deutlich werden können. Im Nachdenken über die Fragen, die das Bild des bisherigen Projekts aufwirft, werden Stärken und Defizite der Kommunikation und Kooperation sichtbar, die bisher im Tagesgeschäft nicht oder nur von Einzelnen wahrgenommen werden konnten. Nutzen Sie diese Phase, um entsprechende Erkenntnisse für die zukünftige Arbeit festzuhalten. Bleiben Sie aber nicht zu lange in der Nachbetrachtung des Bisherigen stehen, sondern gehen Sie nach der festgesetzten Zeit zum nächsten Schritt über.

Handlungsspielräume ausloten

Im diesem nächsten Schritt bewerten Sie die Ereignisse oder Handlungen anhand der folgenden beiden Fragen:

Welche Ereignisse/Handlungen wären für das Team, das jetzt hier im Raum sitzt, veränderbar beziehungsweise anders gestaltbar/beeinflussbar gewesen?

Markieren sie alle derartigen Ereignisse mit einem grünen Klebepunkt.

Welche Ereignisse/Handlungen waren für das Team, das jetzt hier im Raum sitzt, nicht beeinflussbar und nicht veränderbar?

Markieren Sie alle diese Ereignisse mit einem roten Punkt.

Die Vergabe der Punkte wird wahrscheinlich lebhafte Diskussionen auslösen. Und das ist gut so, denn damit sind Sie mitten in einem kreativen Reflexionsprozess über die Bedingungen des eigenen Handelns, über Verantwortung und Möglichkeiten. Lassen sich bestimmte Karten nicht eindeutig zuordnen, markieren Sie sie mit beiden Farben; vielleicht ergibt sich später die Möglichkeit, nochmals darauf zurückzukommen.

Denken Sie daran: Veränderbare Ereignisse/Handlungen sind nur solche, die Sie und Ihr Team direkt anders hätten gestalten können. Zum Beispiel hätte die Handlung »Entscheidung für die Projektsoftware X durch das Team« auch anders ausgeführt werden können (indem Sie sich für Software Y entschieden hätten). Dagegen bekommt das Ereignis »Budgetkürzung um 10 % für das laufende Projekt durch den Vorstand« einen roten Punkt – außer Ihr Team ist der Meinung, dass der Vorstand nicht so reagiert hätte, wenn das Projektteam irgendetwas anders gemacht hätte. Rechnen Sie zu den unveränderbaren Ereignissen auch solche, die auf Charaktereigenschaften von Personen beruhen: Dass Geschäftsführer Maier bessere kommunikative Fähigkeiten bräuchte, ist ein Faktum, dessen Veränderung Sie nicht in der Hand haben.

Das Erfassen der Handlungs- und Gestaltungsspielräume ist ein wesentliches Moment des Workshops. Denn die Vorstellungen davon, wie viel man selbst gestalten darf, sind entscheidende Faktoren für Motivation und Engagement. In dieser Phase zeigt sich häufig, dass sich Einzelne oder ganze Teams nicht wirklich darüber im Klaren sind, welche Entscheidungsräume sie tatsächlich haben, wo ihre Verantwortlichkeit beginnt und endet, wie genau der Rahmen aussieht, innerhalb dessen sie sozusagen unternehmerisch handeln dürfen und sollen. Vielfach lassen sich so »Verantwortlichkeitslücken« identifizieren, die erklären, warum sich niemand um ganz bestimmte Aspekte des Projekts wirklich gekümmert hat. Und häufig zeigt sich an dieser Stelle, dass bestimmte Rahmenbedingungen für das Team oder die Abteilung schlicht nicht geklärt worden sind: Ein Ergebnis des Workshops besteht dann in dem konkreten Auftrag, diese Klärung herbeizuführen.

Alternativen sammeln

Sind alle Ereignisse markiert, dann sammeln Sie die Handlungsalternativen zu den »grünen« Ereignissen: Welche Alternativen hätten uns damals zur Verfügung gestanden? Es können durchaus mehrere Alternativen sein: »Wir hätten uns für die Projektsoftware Y entscheiden können« oder »Wir hätten uns dafür entscheiden können, gar keine spezielle Software einzuführen, sondern mit den vorhandenen Tools zu arbeiten« sind beides mögliche Alternativen.

Schreiben Sie diese Alternativen zu den tatsächlichen Ereignissen auf grüne Moderationskarten und heften Sie sie *unter* den Zeitstrahl. Suchen Sie Alternativen zu allen grün markierten (also potenziell veränderbaren) Ereignissen, nicht nur zu denen, die das Team als problematisch empfindet. Auch zu einer allgemein zunächst als geglückt angesehenen Handlung gibt es Alternativen, und vielleicht kann man auch durch sie neue Möglichkeiten entdecken. Lassen Sie keine der mit grünem Punkt versehenen Karten aus: Es gibt immer Alternativen. Dass man sich schwer tut, zu einem bestimmten Punkt eine Alternative zu denken, kann ein Hinweis darauf sein, dass es sich hierbei um eine eingefleischte Routine handelt, die den Blick auf neue Möglichkeiten verstellt.

Ihr Storyboard sieht jetzt also etwa so aus: Über dem Zeitstrahl hängen die Karten, die wichtige Handlungen und Ereignisse repräsentieren. Diejenigen davon, zu denen das Team selbst Alternativen gehabt hätte, sind grün markiert. Unterhalb des Zeitstrahls sind zu diesen Karten die Alternativen aufgelistet, die aus heutiger Sicht bestanden hätten.

Storychanging

Die Gruppe kann nun auf einen Blick erkennen, dass die bisherige Geschichte in vielen Punkten auch anders hätte verlaufen können. Es werden Fehler deutlich werden, an denen sich jetzt zwar nichts mehr ändern lässt, die man in Zukunft aber nicht wiederholen wird.

Wichtig jedoch ist in erster Linie, dass nun diejenigen Alternativen sichtbar werden, die man auch jetzt noch ergreifen kann: Es geht also im nächsten Schritt darum, zu entscheiden, welche der Optionen, die die Arbeit mit dem Storyboard erbracht hat, man für die Zukunft nutzen kann und will. Versuchen Sie bei dieser Diskussion, sich nicht auf die »Probleme« zu konzentrieren, sondern denken Sie in Problemlösungen. Jede dieser Alternativen-Karten wird also nun daraufhin geprüft, ob die vorgeschlagene Option jetzt noch eine tatsächliche Verbesserung bringen kann, mit welchem Aufwand dies verbunden ist etc. Diejenigen Karten, auf die sich die Gruppe einigt, werden nun in das Gegenwartsfeld des Storyboards gepinnt. Die Karten erscheinen ganz bewusst im Gegenwartsfeld und nicht im Zukunftsfeld: Diese Zuordnung besagt klar, dass ab sofort die »neue« Geschichte gilt, dass alle Beteiligten sich auf die Realisierung der gefundenen Alternativen verpflichten. Dazu gehört, wenn möglich, auch die Zuordnung von Verantwortlichkeiten, die Vereinbarung von Zeitrahmen für die Realisierung und so fort. Ins Gegenwartsfeld gehören gegebenenfalls auch Erkenntnisse über unklare Rahmenbedingungen und Verantwortlichkeiten, die geklärt werden müssen. Aufgrund der Nachkalkulation der eigenen Geschichte(n) wird so die Gegenwart anders wahrnehmbar und beschreibbar.

Mit der gemeinsamen Erzählung der bisherigen Geschichte und dem Entwickeln von Alternativen haben Sie nun den Fortgang der Geschichte inspiriert, sich für konkrete Maßnahmen entschieden, neue Möglichkeiten entdeckt und Schwachstellen aufgedeckt. Die Dinge werden nun anders weitergehen. Jenseits der konkreten Maßnahmen haben die Arbeit am Storyboard und das gemeinsame Erzählen der Geschichte(n) aber noch einen weiteren Effekt: Durch das entstandene Bild sind Zusammenhänge deutlich geworden. Den Teilnehmern konnte klar werden, wie sich die bisherige Geschichte aus verschiedenen Geschichten zusammensetzt und welche unterschiedlichen Perspektiven, Annahmen, Erfahrungen dabei zusammenwirkten. Sie werden dieses »ganze Bild« auch in Zukunft vor sich sehen können und haben damit die Chance erhalten, mehr Aspekte bei ihren Handlungen und Entscheidungen zu berücksichtigen, also besser zu kooperieren.

Das Zukunftsfenster

Mit der Liste von positiven Merkmalen der alternativen Gegenwart haben Sie gewissermaßen die Ziele für positive Veränderungen in der Zukunft formuliert. Sie können den Workshop an diesem Punkt enden lassen. Sie haben aber auch die Möglichkeit, weitere Schritte zu tun. Wenn Sie das Zukunftsfeld in die Arbeit mit dem Storyboard einbeziehen, bietet sich eine Reihe von Varianten in der Nutzung des Erzählens an. Hierzu einige Anregungen.

Es liegt auf der Hand, diejenigen Karten, die wünschenswerte Alternativen aufzeigen, die man aber im Moment nicht mehr ergreifen kann, im Zukunftsfenster zu bearbeiten. Mit anderen Worten: Es geht um das Lernen aus Fehlern. Die Frage lautet also: »Was können wir tun, damit uns so etwas in Zukunft nicht noch einmal passiert?«

Sie können sich dem Zukunftsfeld aber auch erzählend nähern. Sollte sich etwa die Entscheidung über die ein oder andere Alternative, die heute noch ergriffen werden kann, schwierig gestalten, können Sie deren jeweilige Auswirkungen auf die Zukunft erzählen lassen. Befürworter und Gegner der jeweiligen Option werden aufgefordert, die Auswirkungen der Entscheidung in die Zukunft hinein zu erzählen. Dabei geht es darum, den Rückzug auf festgefahrene Argumentationen zu verhindern und stattdessen neue Aspekte bewusstseinsfähig werden zu lassen. Die Aufgabenstellung für solche Zukunftserzählungen lautet daher: »Erzählen Sie doch, wie es sein wird, wenn wir diese Alternative realisieren/nicht realisieren werden. Woran werden wir im Alltag merken, dass das eine gute/schlechte Entscheidung war? Woran werden wir erkennen, was sich dadurch verändert hat?« Die Geschichten sollen also konkret sein, sich auf das zukünftige Erleben, das Verhalten in realistischen Situationen und von bekannten Personen, Abteilungen, Abläufen beziehen. In dieser Art von Zukunftsgeschichten spielen zwangsläufig andere Aspekte eine Rolle als in der Diskussion um abstrakte Argumente und vereinzelte Fakten. Hier kommen Wünsche, Ideen, Vorstellungen, Befürchtungen, Ziele zum Ausdruck, die sonst ausgeblendet bleiben. Außerdem bietet eine solche Art von Kommunikation auch Raum für Humor und Fantasie – und das sind wichtige Helfer bei der Gestaltung der Zukunft und der Bewältigung von Konflikten, auf die Sie nicht verzichten sollten.

Erzählen als Szenario-Technik

Eine andere Möglichkeit, mit dem Storyboard zu arbeiten, besteht darin, das Gegenwartsfeld zunächst beiseite zu lassen und der Geschichte der Vergangenheit ein erzähltes Szenario der Zukunft gegenüberzustellen. Unser Storyboard mit dem gewohnten horizontalen Zeitstrahl teilen wir dazu vertikal in drei gleich große Felder auf: Links steht die Vergangenheit, in der Mitte die Gegenwart und rechts die Zukunft.

In einem ersten Schritt beginnen wir wieder mit der Rekonstruktion der bisher erlebten Geschichte, wie im Abschnitt »Erzählphase« beschrieben. Der zweite Schritt führt nun aber direkt ins Zukunftsfenster: Analog zu den Erzählungen aus der Vergangenheit wird nun ein Bild der Zukunft entworfen, und zwar für einen festgesetzten Zeitpunkt, je nach Anlass also etwa »in sechs Monaten« oder »in einem Jahr«. Dabei geht es auch wieder darum, konkrete Situationen zu entwerfen, sich an Aufgaben, Arbeitsplätzen, Tagesabläufen zu orientieren (Aussagen wie »In einem Jahr werden wir Weltmarktführer sein!« stellen selbstredend keine Zukunftsstorys in diesem Sinne dar). Geben Sie auch eine positive Richtung für die Zukunftsgeschichten vor: »Wie wird es sein, wenn sich alles gut entwickelt?« oder »Stellen Sie sich vor, Sie hätten bei einer guten Fee einen Wunsch frei: Wie wird es dann in sechs Monaten sein?« Auch diese Geschichten sammeln wir auf die bewährte Art auf Karten.

Im nächsten Schritt lassen sich die Zukunftsgeschichten sichten: Wie passen die Geschichten aus den einzelnen Bereichen und Aufgabenfeldern zusammen? Gibt es gemeinsame Tendenzen, Vorstellungen, Ziele, die sich darin ausdrücken? Ordnen Sie die Geschichten so weit als möglich zu einem Zukunftsbild.

Am Ende dieser Phase stehen sich damit die erzählte und erlebte Vergangenheit und eine fiktive Zukunftsgeschichte gegenüber. Beide Geschichten spiegeln sich gegenseitig wider, und diesen Effekt können Sie nutzen. Es zeigt sich dabei zum Beispiel, welche bisherigen Elemente auch in der positiven Zukunft eine Rolle spielen, wo also Kontinuität erwünscht ist, was man auch heute schon als Erfolgsfaktoren sieht. Es zeigen sich aber selbstverständlich auch Unterschiede. Unterschiede, die zu der Frage führen, was in der Gegenwart geändert werden müsste, um die positive Zukunftsgeschichte realisieren zu können. Diese Aspekte kann die Gruppe nun gezielt im Gegenwartsfeld bearbeiten. Auch hier können Sie wiederum mit Alternativkarten und Alternativgeschichten operieren und zusammen mit den Teilnehmern erzählend durchtesten, ob die vorgeschlagene Änderung tatsächlich zu der entworfenen Zukunft passen würde. Vorschläge und Varianten, die sich schnell und unaufwändig durchführen lassen, können Sie dabei auf einer eigenen Liste sammeln und bereits beim Workshop selbst beschließen, Sie können aus dem Verfahren mittel- und langfristige Ziele entwickeln und so weiter. Welchen Weg Sie dabei gehen, auf welche Aspekte Sie den Schwerpunkt legen, hängt von der Ausgangssituation des Workshops, vom Ziel und Anlass der Veranstaltung ab.

Das Beispiel soll Ihnen lediglich zeigen, welche Vielfalt an Möglichkeiten in der Arbeit mit dem Storyboard steckt. So können Sie in dieser Methodik auch gezielt Rahmenbedingungen in das mittlere Feld »schalten«, Ereigniskarten einsetzen und damit unterschiedliche Zukunftsszenarien auslösen: Was werden wir tun, wie wird es sein, wenn dieses oder jenes eintritt?

Solche erzählten Szenarien können die Sensibilisierung für systemische Zusammenhänge bei den Teilnehmern erheblich fördern. Es wird dabei deutlich, in welchen Kategorien Zukunft überhaupt gedacht wird, es wird dabei auch bewusst, welche Rahmenbedingungen bei Zukunftsvorstellungen – und damit auch bei Entscheidungen – häufig ausgeblendet, welche überbewertet werden. Dabei mit dem Storyboard zu arbeiten und somit konsequent auch die Erzählung der eigenen Vorgeschichte mit einzubeziehen, hat darüber hinaus den entscheidenden Vorteil, dass Erfahrungen, Prägungen, Denkmuster und Vor-Urteile, die eben wichtige Bedingungen dafür sind, wie wir uns die Zukunft überhaupt vorstellen können, gleichzeitig mitbetrachtet werden. Dass die Zukunft tatsächlich offen ist, dass sie mehr Optionen bereithält, als wir uns vielfach vorstellen können, kann auf diese Weise besser vermittelt werden, als wenn wir verleugnen, wie sehr uns unsere bisherige Geschichte geprägt hat.

Das Unternehmen auf Abenteuerreise

Ein Drehbuch für den Change-Prozess

Jeder, der schon einmal einen Veränderungsprozess in einem Unternehmen miterlebt und mitgetragen hat, weiß, dass so ein Prozess seine eigene »Dramaturgie« hat: Bestimmte Schritte müssen nacheinander kommen, die einzelnen Phasen brauchen ihre Zeit, man darf weder zu schnell noch zu langsam sein, man muss Freunde gewinnen und Gegner überzeugen, um schließlich die Veränderungen dauerhaft im Unternehmen zu verankern. Diese allen Change-Prozessen innewohnende »Dramaturgie« sollte man kennen, um nicht von Widerständen und Schwierigkeiten »kalt erwischt« zu werden.

Die meisten Handbücher des Change Managements schlagen unterschiedliche Phasenmodelle zur Planung von Veränderungsprozessen vor. Doch jedes vorgegebene Schema trägt das Risiko in sich, unternehmensspezifische Gegebenheiten, Besonderheiten der Unternehmenskultur, Merkmale genau dieses Veränderungsprozesses, den man anstoßen und begleiten möchte, nicht genügend abzubilden. Dann wird es zum Korsett, das zwar stützt, aber auch die nötige Bewegungsfreiheit einschränkt.

Wir möchten Ihnen hier ein Modell vorschlagen, das als Grundlage für die Planung, Steuerung, Umsetzung und Nachjustierung von Veränderungen geeignet ist, weil es einerseits strukturierend und stützend, gleichzeitig aber auch flexibel und anpassungsfähig ist: ein Drehbuch für den Change-Prozess. Denn ein Veränderungsprozess ist wie eine Geschichte, wie eine Reise ins Abenteuer. Wenn man sich auf den Weg macht oder schon unterwegs ist zu einem Wandel, beginnt eine Geschichte. Am Ende dieser Geschichte wird vieles anders sein, man wird viele »Abenteuer« bestanden haben, Hindernisse und Gefahren überwunden und Neuland betreten haben. Und schließlich, wenn alle Abenteuer überstanden sind, möchte man nicht irgendwo ankommen, sondern da, wo man hin wollte und gleichzeitig da, wo man seine Reise begonnen hat: im eigenen Unternehmen, das sich verändert hat. Diese Geschichte wird, wie wir schon sagten, eine bestimmte Dramaturgie haben, aber es werden auch unvorhergesehene und unvorhersehbare Dinge passieren. Deshalb sollte das Drehbuch ebenso wie bei einem Film zwar die Geschichte und ihre einzelnen Szenen festlegen, aber auch so »offen« sein, dass es während der »Dreharbeiten« umgeschrieben, verbessert, veränderten Gegebenheiten angepasst werden kann. Ein gutes Drehbuch ist die Grundlage, auf der sich die Kreativität und die Visionen des Regisseurs und der Filmcrew erst richtig entwickeln können. Es gibt den Fahrplan vor, legt durchaus auch Details fest, kann aber immer umgeschrieben und optimiert werden.

Dieses Zusammenspiel von Detailliertheit und Veränderbarkeit ist einer der Gründe, warum wir das Modell des Drehbuchs vorschlagen. Der andere Grund ist, dass man durch die Drehbuch-Metapher den Change-Prozess schon von Anfang an als Geschichte denkt. Man nutzt so das Harun-al-Raschid-Prinzip und hat den Vorteil, dass man sofort erzählen kann: über die Prozesse, die einzelnen Schritte, und wie es sein wird, wenn man sie erfolgreich abgeschlossen hat. Man kann damit das Vorhaben viel lebendiger kommunizieren als durch dürre Zieldefinitionen, und Menschen im Unternehmen verstehen sehr viel besser, wohin die Reise geht. Der Veränderungsprozess ist kein abstraktes Projekt, sondern ein »Film«, in dem jeder eine Rolle hat, um die Geschichte des Unternehmens neu zu schreiben. Die aufeinander folgenden Etappen von Anfang an in eine Gesamtgeschichte zu integrieren gibt den einzelnen Schritten Sinn: Sie sind durchschaubar in ihrer Notwendigkeit für das Happy End, das wir uns doch alle wünschen.

Das »Drehbuch für den Change-Prozess« ist eine Szenario-Methode, die mehr ist als ein Ordnungsschema: Sie ermöglicht die individuelle Planung der einzelnen Phasen, man kann schwierige Teilstrecken eher »durchhalten«, wenn man gut vorbereitet ist, man bekommt ein Auge für Geschichten, die als Bausteine der unternehmensinternen Kommunikation den Prozess unterstützen können und entwickelt eine Dramaturgie, die der Besonderheit und Individualität der eigenen Unternehmensrealität angepasst ist.

Campbells Entdeckung

Grundlage für das Drehbuch zum Change-Prozess ist ein Modell, das auch den meisten Drehbüchern der Hollywood-Erfolgsfilme des letzten Jahrzehnts zugrunde liegt: das Modell der Abenteuerreise des Helden. Christopher Vogler, der als »Scriptdoctor« und Storyberater bei den großen Hollywoodstudios arbeitete, machte dieses Modell bei den Drehbuchschreibern bekannt. Es beruht auf den Forschungsergebnissen des amerikanischen Mythenforschers Joseph Campbell, die 1949 in dem Buch »Der Heros in tausend Gestalten« (dt.: Campbell 1999) veröffentlicht wurden. Campbell studierte die Mythen und Sagen vieler unterschiedlicher Kulturkreise. Er verglich die Geschichten der griechischen und römischen Antike, der Inder, Chinesen und Japaner, der Eskimos, Indianer, Afrikaner und Aborigines, die Volksmärchen Europas und anderer Regionen miteinander und stellte fest: Die meisten dieser Erzählungen haben die gleiche Grundstruktur, die der Abenteuerreise des Helden. Campbell selbst fasst diese Struktur folgendermaßen zusammen:

> »Der Heros verläßt die Welt des gemeinen Tages und sucht einen Bereich übernatürlicher Wunder auf, besteht dort fabel-

> artige Mächte und erreicht einen entscheidenden Sieg, dann kehrt er mit der Kraft, seine Mitmenschen mit Segnungen zu versehen, von seiner geheimniserfüllten Fahrt zurück.« (Campbell 1999, S. 36)

Wir alle kennen Geschichten, die diesem Grundmuster folgen: Jason und die Argonauten ziehen aus, um das Goldene Vlies zu erobern; nach vielen Abenteuern kehren sie mit der ersehnten Beute glücklich zurück. Odysseus bricht nach dem Sieg in Troja zur Heimreise auf und irrt jahrelang zwischen Sirenen, Zyklopen und bezaubernden Nymphen umher. König Artus und die Ritter der Tafelrunde machen sich auf die Suche nach dem Heiligen Gral. Das tapfere Schneiderlein zieht in die Welt, um sein Glück zu suchen. Indiana Jones bricht nach Ägypten auf, um im Wettlauf mit den Nazis das Versteck der Bundeslade zu finden. Und Darby Shaw, im Film gespielt von Julia Roberts, macht sich auf, um das Geheimnis der »Akte« (so auch der Titel des Films) zu lüften, und legt sich dabei mit den Mächtigen Washingtons an. Man könnte die Liste endlos fortsetzen: Romane, Krimis und Liebesgeschichten (ein Mann oder eine Frau auf der Suche nach dem Traumpartner) variieren das Grundmuster der Abenteuerreise des Helden – wobei der Held natürlich auch eine Heldin sein kann, wie Lara Croft in »Tomb Raider« oder Prinzessin Lea in »Star Wars«.

Campbell war davon überzeugt, mit dieser Struktur, die er »Monomythos« nannte, ein Grundmuster des menschlichen Geistes gefunden zu haben: Mythen und Märchen stellen die ursprünglichste Methode dar, wie sich Menschen die Welt erklären und mit Sinn füllen. Und wenn so unterschiedliche Kulturen wie die der australischen Ureinwohner, der alten Griechen und der nordamerikanischen Indianer dies auf eine ähnliche oder zumindest vergleichbare Weise tun, wenn Hollywoods Geschichtenerzähler diese Struktur zur Grundlage ihrer Filme machen, dann spricht viel dafür, dass dieses Grundmuster eine universelle Art und Weise ausdrückt, wie Menschen über die Welt nachdenken, sich ihr annähern, sie erleben.

Auch viele Geschichten aus und über Unternehmen folgen dem Prinzip des »Monomythos«: Geschichten darüber, wie nach einer Krise der Turnaround geschafft wurde, wie man trotz großer Schwierigkeiten ein Produkt erfolgreich gemacht hat: Auch Unternehmen haben ihre Helden und Widersacher, erleben Odysseen und suchen das Goldene Vlies.

Das Drehbuch für die Abenteuerreise

Es scheint so zu sein, dass vor allem Geschichten, die nach der Struktur der Abenteuerreise erzählt sind, die Menschen faszinieren und in ihren Bann schlagen: Mit der Anwendung von Campbells Modell für den Change-Prozess faszinieren Sie Ihre Mitarbeiter für die »Abenteuerreise« Ihres Unternehmens in eine unbekannte Welt. Das Drehbuch der Veränderung hilft also nicht nur bei der Planung des Prozesses, sondern ist auch ein hervorragendes Instrument der Kommunikation. Denn derjenige, der Empathie und Mitfühlen bei denen auslöst, die die Geschichte hören, ist immer der Held der Geschichte. Wer ist nun der Held unserer »Abenteuerreise« auf dem Weg zur Veränderung?

Keinesfalls nur ein einzelner »Change-Manager«. Natürlich gibt es immer eine Person oder eine Gruppe, die den Prozess anstößt oder vorantreibt; doch diese Rolle kann in verschiedenen Phasen des Change-Prozesses wechseln. Aber wenn jemand den Anspruch erhebt, er ganz allein habe den Turnaround geschafft, den Change-Prozess durchgezogen, so ist das unserer Erfahrung nach ein Indiz dafür, dass der angebliche Veränderungsprozess im Wesentlichen nur auf dem Papier der Vorstandsvorlagen und Presseerklärungen stattgefunden hat, nicht aber in den Köpfen der Mitarbeiter.

Eine wirkliche Veränderung erreicht man nur, wenn sich das ganze Unternehmen auf Abenteuerfahrt begibt.

Der Held unserer Geschichte ist also ganz klar das Unternehmen selbst. Gewissermaßen ein kollektiver Held, der auf Abenteuer auszieht. Dieser Held begibt sich auf die Abenteuerreise, mit ihm fiebern wir mit, er durchlebt die Etappen des Change-Prozesses.

Campbell macht auf dem Weg des Helden 17 einzelne Etappen aus, die wir für unsere Zwecke, teilweise in Anlehnung an Christopher Vogler (Vogler 1997), zu den entscheidenden Stufen zusammengefasst haben, die während eines Change-Prozesses zu durchwandern sind: Vom »Aufbruch« über die Reise durch das »Land des Abenteuers« bis zur glücklichen »Rückkehr« in die Heimat muss der Held der Geschichte, das Unternehmen, neun Stufen überwinden.

Die erste Aufgabe beim Schreiben des Change-Drehbuchs liegt hier also schon vor Ihnen: Machen Sie sich klar, dass eine erfolgreiche Abenteuerreise nicht ohne weiteres abzukürzen ist, indem man die eine oder andere Stufe »einspart«. Viele missglückte Change-Prozesse erzählen beredt davon, wie jemand Zeit sparen wollte, wie ein Unternehmen eine »Abkürzung« genommen hat und dann das Ziel verfehlte. Nutzen Sie lieber das Wissen um die Etappen eines Prozesses, wenn Sie wirklich ankommen wollen. Es ist wie bei einer Bergwanderung: Derjenige, der steil nach oben läuft, ist nicht unbedingt früher da als der, der in Ruhe jede Serpentine geht. Er gewinnt zwar schnell an Höhe, aber es geht ihm auch bald die Puste aus. Und Sie wollen ja bis zum Gipfel gehen.

Die Struktur der Abenteuerreise

Die Abenteuerreise des Helden (Mythos)	**Die Abenteuerreise des Unternehmens (Change-Prozess)**

1. Akt: Der Aufbruch

1. Der Ruf des Abenteuers
Der Held lebt zu Beginn der Geschichte sein gewohntes Leben in der Welt, in die er hineingeboren wurde, und deren Regeln er kennt: im elterlichen Schloss, in der Familie, im Freundeskreis. Plötzlich kommt etwas Ungewohntes, oft sogar Bedrohliches in diese geordnete Welt: Der Held erfährt von einem Schatz, den es zu finden, oder einer wunderschönen Prinzessin, die es irgendwo zu erringen gilt, und die er nicht mehr vergessen kann. Oder ein böser Zauberer bedroht das Land. Oder es gibt ein Problem: Die arme Familie im Märchen hat nicht mehr genug zu essen, und der jüngste Sohn muss sich aufmachen, um in der Welt sein Glück zu suchen. Auf jeden Fall: Irgendetwas Ungewohntes, ein Problem, eine Bedrohung oder eine Verheißung stört den gewohnten Gang der Dinge und ruft den Helden zum Abenteuer.

1. Der Ruf zur Veränderung
Auch jeder Change-Prozess beginnt bei einem Status quo: bei einem Zustand, den die meisten Mitarbeiter als den »normalen« ansehen (unabhängig davon, ob sie ihn gut oder schlecht finden). Der Ruf zur Veränderung bricht ebenfalls als Verheißung, Bedrohung oder Problem in diese »normale« Welt des Unternehmens ein: Berater sagen einem, man könne viele Kosten sparen, wenn die Kooperation verbessert werde. Ein neuer Marktteilnehmer bedroht die eigenen Marktanteile; man weiß, man wird nur bestehen, wenn man etwas anders macht. Oder es wird klar, dass das Unternehmen zukünftige Zielgruppen nur dann verstehen und zufrieden stellen können wird, wenn es die eigene Kultur verändert.

2. Die Weigerung
In sehr vielen Geschichten weigert sich der Held zunächst, dem Ruf des Abenteuers zu folgen: Zu bedrohlich scheint das Fremde, zu groß die Gefahr, zu mühselig das Aufgeben des Ge-

2. Die Weigerung
Auch wenn einem Unternehmen klar ist, dass es sich »eigentlich« wandeln muss, bleiben die Verantwortlichen oft zunächst unschlüssig: Muss es wirklich sein? Im Grunde ist das ja eine sehr

wohnten. So weigert sich Jonas, dem Ruf Gottes zu folgen, und flieht aufs Meer, bis er schließlich im Bauch des Wals landet. Der Artusritter Erec weigert sich, auf Abenteuer auszureiten, weil er nicht von seiner schönen Frau Enite lassen kann. Und viele Privatdetektive in modernen Krimis lehnen zunächst einen Auftrag ab, in den sie dann dennoch hineingeraten.
Nur wenn es dem Helden gelingt, seine Verweigerungshaltung zu überwinden, kann die Geschichte beginnen.

gesunde Reaktion: Warum sollte man das gewohnte System, das bisher gut funktioniert hat, und dessen Regeln man kennt, zugunsten von etwas Neuem, von dem man wenig weiß und das die Gefahr des Scheiterns beinhaltet, aufgeben? Auch wenn man insgeheim weiß, dass es keine Alternative zur Veränderung gibt, hofft man, dass es »nochmal gut geht«, wenn man alles beim Alten lässt.
Die Weigerung kann sich auch in einem innerbetrieblichen Konflikt äußern: Die einen wollen die Veränderung, die anderen nicht, und es entsteht eine lähmende Patt-Situation. Und auch die Beliebtheit ständig wechselnder Management-Moden ist ein Ausdruck der Weigerung: Man will zwar auf Abenteuer ziehen, aber dabei einen Weg gehen, der »sicher« ist, weil ihn schon tausend andere benutzt haben.

3. Übernatürliche Hilfe/Begegnung mit dem Helfer
Ist der Held bereit zum Abenteuer, tritt häufig ein Gott, ein Zauberer oder eine weise Frau auf, die den Helden auf sein Abenteuer vorbereitet. Zum Beispiel, indem sie ihm magische Werkzeuge oder ein Amulett gibt, die er später brauchen wird. Oder die Helferfigur erklärt dem Helden die Regeln, die für das fremde Land gelten, in das er reisen wird: »Dreh dich nicht um, egal, was passieren wird.« Manchmal hilft der Helfer dem Helden auch, seine Weigerung zu überwinden: Er spricht ihm

3. Hilfe holen
Viele Unternehmen holen sich externe Hilfe bei Unternehmensberatern. Oder die Abteilung, die den Change-Prozess angehen will, sucht die Unterstützung der Personalverantwortlichen. Für den Erfolg der meisten Prozesse sind solche Helfer sehr wichtig: Sie bringen eine erfrischende Außensicht mit, können Perspektiven einnehmen, die bisher im »toten Winkel« lagen. Und sie bringen Fachwissen darüber mit, wie man einen Veränderungsprozess plant, und Werkzeuge, um ihn zu steuern: die Amulette und Hilfsmittel, die das

Mut zu, bietet sich als Verbündeter an oder malt ihm das zu Erringende in den schillerndsten Farben aus.

4. Überschreiten der ersten Schwelle

Jetzt beginnt das Abenteuer erst richtig: Der Held schwingt sich aufs Pferd, um in den dunklen Wald zu reiten, sein Schiff legt ab, das Raumschiff ist fertig zum Start. Er ist bereit, die Grenze zwischen der normalen, gewohnten Welt und dem Reich des Abenteuers zu überschreiten. An der Grenze begegnet ihm ein »Schwellenhüter«: ein Mensch oder ein Dämon, der ihn am Überschreiten der Grenze hindern will. Ein gefährlicher Drache, der den Weg zur schönen Prinzessin bewacht. Oder die Götter, die für absolute Windstille sorgen und so das griechische Heer auf seinem Weg nach Troja aufhalten. Manchmal ist der »Schwellenhüter« auch ein Zauberspruch, den man herausfinden muss: »Sesam öffne dich«.

Der Held muss den Schwellenhüter überwinden. Er kann gegen ihn kämpfen oder eine List anwenden. Oder aber sich mit ihm verbünden und ihn zum Freund und Unterstützer machen.

Unternehmen braucht, um das Abenteuer zu bestehen.

4. Projektbeginn (Kick-off)

Man weiß, was man erreichen will, alle Helfer stehen bereit, und der Prozess kann beginnen. Mit einem Kick-off-Meeting, einer Kommunikationsoffensive, einer Ist-Analyse, wie auch immer. Und jetzt treten meist auch in Unternehmen die Schwellenhüter in Aktion. Diejenigen, die aus irgendeinem Grund gegen die Veränderung sind und deshalb das Projekt stören oder unterlaufen wollen. Das können Führungskräfte sein, die von der Veränderung Nachteile befürchten. Oder ganze Abteilungen und Geschäftsbereiche, die sich nicht richtig beteiligt fühlen. Es kann mehrere Schwellenhüter geben, die aus ganz unterschiedlichen Antrieben handeln. Die Gründe für die Ablehnung herauszufinden kann das »Sesam öffne dich« sein.

Auf Kampf oder List sollte man verzichten, denn es geht ja darum, eine neue Kultur der Kooperation zu etablieren. Indem man ihnen zeigt, welche Vorteile sie von der Veränderung haben werden, macht man die Schwellenhüter zu Verbündeten. Voraussetzung dafür ist natürlich, dass man den Change als echtes Win-Win-Spiel plant.

Das erste Ziel des Prozesses ist erreicht. Der Held ist aufgebrochen aus seiner vertrauten Umgebung und befindet sich jetzt im »Land des Abenteuers«.

Oft wird die folgende Etappe unterschätzt. Dabei ist sie am wenigsten vorhersehbar und vor dem Erfolg bauen sich immer neue Hindernisse auf. Die Zahl der Veränderungsprozesse in Unternehmen, die genau in dieser Phase abgebrochen werden, ist groß: Man hat es sich nicht so schwierig vorgestellt oder dachte, dass man das Ziel sehr viel schneller erreichen werde. Aber bedenken Sie: Auch in den meisten Geschichten, Filmen und Krimis ist die »Prüfungsphase« diejenige, die am meisten Zeit einnimmt.

Hier umzukehren in die gewohnte und vertraute »Heimat« ist aber keine Lösung. Mit einem abgebrochenen Change-Prozess hat man nicht nur den Erfolg verspielt, man ist schlechter dran als zuvor: Die Mitarbeiter sind frustriert und demotiviert, ihr Misstrauen gegen Versprechungen und Maßnahmen der Unternehmensführung ist größer denn je geworden.

Der Held ist unterwegs, aber er ist noch lange nicht angekommen. Für den Aufbruch waren Mut, visionäre Kraft und Zielstrebigkeit wichtig, jetzt sind Zuversicht, Ausdauer und Beharrlichkeit gefragt.

2. Akt: Im Land des Abenteuers

5. Der Weg der Prüfungen

Nach dem Überschreiten der ersten Schwelle zum Abenteuer warten auf den Helden eine Reihe von Prüfungen: Über sieben Brücken muss er gehen. Oder drei gefährliche Riesen bekämpfen. Oder verschiedene Rätsel lösen, ohne die er nicht weiterkommt auf der Suche nach dem Schatz oder bei der Entlarvung des Mörders. Im Western muss sich der Held oft im Saloon

5. Die kleinen Schritte und großen Probleme

Jeder Prozess mit Menschen in komplexen Strukturen, wie Unternehmen sie sind, wird einer Vielzahl von kleinen und großen Problemen begegnen: Widerstände, sich plötzlich verändernde Rahmenbedingungen, neue Gegner und Widersacher, an die man bisher nicht gedacht hat, und, und, und. Einen Teil dieser »Prüfungen« hat man erwartet, der Stadt, in die er gerade gekommen ist, gegen verschiedene Raufbolde und Ganoven durchsetzen und sich so beweisen. Und in Liebesgeschichten hat der Held in verschiedenen Situationen seine »Liebens-Würdigkeit« unter Beweis zu stellen. In der romantischen Komödie »Während du schliefst« zum Beispiel verliebt sich Sandra Bullock aus der Ferne in einen Unbekannten, der kurz danach bei einem Unfall ins Koma fällt. Gegenüber der Familie dieses Mannes gibt sie sich als seine Verlobte aus; in vielen Situationen muss sie diese Rolle glaubhaft spielen und letztlich beweisen, dass sie eine sympathische Verlobte und Schwiegertochter sein kann.

6. Die entscheidende Prüfung
Schließlich nähert sich der Held dem Ziel seiner Reise: Er kommt ins Zentrum des Abenteuerwaldes, zum Schloss der schönen Prinzessin, zur Schatzhöhle, zu den Hütern des Goldenen Vlieses. Oft sieht es genau hier so aus, als ob alles zu Ende wäre: Die Mauer erscheint unüberwindlich, das Zauberwort, das die Tür öffnet, unergründlich, die Geliebte in weitere Ferne gerückt als je zuvor. Vielleicht wenden sich sogar die Freunde, die er auf dem Weg der Prüfungen um sich geschart hat, von ihm ab. Doch er gibt nicht auf. Die Spannung steigt. Todesmutig stürzt er sich auf den Drachen. Oder denkt nochmal von vorne über alles nach, um das Rätsel

aber viele kommen überraschend und sind auch durch eine noch so gute Planung nicht vorhersehbar. In dieser Phase heißt die Maxime: Flexibel sein, dranbleiben, durchhalten, weitergehen. Der Held, der beim Anblick des vierten Riesen, nachdem er gerade drei unter Aufbietung aller seiner Kräfte besiegt hat, weinend zusammenbricht und schluchzt: »Ich kann nicht mehr!«, der wird nicht nur keine Belohnung erhalten, sondern untergehen: Sie können sich selbst ausmalen, was der vierte Riese mit ihm machen wird.

6. Die Entscheidung
Auch in Change-Prozessen gibt es den Punkt, an dem sich entscheidet, ob die Reise ein Erfolg wird. Der Tag, an dem das neue, in einem langen Prozess erarbeitete Leitbild allen Mitarbeitern vorgestellt wird: Wie werden sie reagieren? Oder der Workshop, der zeigen soll, ob sich die Kooperation zwischen den beiden fusionierten Unternehmensteilen wirklich durch den bisherigen Cultural Change-Prozess verbessert hat. Oft ist es auch so, dass für die Mitarbeiter eine ganz bestimmte Änderung symbolhaft für den ganzen Veränderungsprozess wird, etwa ob der Vorstand dem neuen Arbeitszeitmodell zustimmt. Entscheidend ist jetzt, konsequent die Ernst-

zu lösen. Oder springt über den eigenen Schatten, um die Missverständnisse auszuräumen und die Geliebte doch noch zu gewinnen.

7. Die Belohnung
Es ist geschafft: Der Held hat die entscheidende Prüfung bestanden und bekommt nun endlich die Belohnung, wegen der er einst ausgezogen ist: die Prinzessin, den Schatz, den Heiligen Gral, das Goldene Vlies. All die Mühe hat sich gelohnt. Das Ziel ist erreicht. Wahrhaftig ein Grund zum Feiern!

haftigkeit des Veränderungswillens zu zeigen und für die Mitarbeiter erlebbar zu machen.

7. Der Erfolg
Der Vorstand hat sich für das neue Modell entschieden. Die meisten Mitarbeiter sind hoch motiviert und nehmen das neue Leitbild sehr positiv auf. Die Stimmung im Unternehmen ist so gut wie noch nie. Oder es ist der Tag, an dem nachgewiesen wird, dass der Cultural Change zu massiven Kostenreduktionen beigetragen hat. Das Ziel ist erreicht. Wahrhaftig ein Grund zum Feiern!

Das Ziel ist erreicht. Warum geht die Abenteuerreise noch weiter? Warum gibt es im Drehbuch einen dritten Akt zu planen? Weil der Held unserer Geschichte, das Unternehmen, zwar das Abenteuer bestanden hat, aber noch immer im »Abenteuerland« ist. Dort galt es den Erfolg zu erringen, aber diesen Erfolg muss man jetzt noch »nach Hause bringen«. Erst nach einer geglückten Heimkehr kann der Held sich getrost von seinem Abenteuer ausruhen. Und über neue Abenteuer nachdenken.

3. Akt: Die Rückkehr

8. Der Weg zurück
Trotz aller Freude über die Belohnung: Das Abenteuer ist noch nicht zu Ende. Denn noch befindet sich der Held ja mitten im gefährlichen Land des Abenteuers. Jetzt muss er es mit dem Schatz oder der Prinzessin erst einmal schaffen, wieder heil zurück in

8. Der Weg zur Nachhaltigkeit
Viele Change-Prozesse werden als abgeschlossen betrachtet, wenn das ursprüngliche Ziel erreicht, die Belohnung errungen ist. Doch auch hier darf der »Weg zurück« nicht unterschätzt werden. Ebenso wie der Held seinen Schatz wieder verlieren

die »normale Welt« zu kommen. Und die Gefahren sind groß: Vielleicht war der Drache nur betäubt und nimmt nun die Verfolgung auf. Die 40 Räuber sind sauer, dass Ali Baba ihnen den Schatz geklaut hat, und schwören Rache. In Action-Filmen entwickeln sich in dieser Phase oft atemberaubende Verfolgungsjagden: Indiana Jones hat die heiligen Steine im »Tempel des Todes« gefunden, und muss nun, verfolgt von den blutdürstigen Kali-Priestern, den Ausweg aus dem Tempel-Labyrinth finden. Der Held ist auf dem Rückweg in großer Gefahr, alles wieder zu verlieren.

9. Die Rückkehr über die Schwelle

Wenn alles gut geht, kann der Held schließlich mit dem Schatz die Schwelle, über die er einst ins Abenteuer gezogen ist, in umgekehrter Richtung überschreiten: zurück in die »normale Welt«. Das kann eine wirkliche Heimkehr sein ins elterliche Schloss, es kann aber auch ein anderes Land sein, das Königreich der Prinzessin, das das Paar in Zukunft glücklich regieren wird. Jedenfalls verlässt der Held die Abenteuerwelt, die Welt der ständigen Gefahr, und kehrt in den Alltag zurück. Bis zum nächsten Abenteuer.

kann, stehen die neue Kultur, die erreichten Veränderungen noch auf wackligen Beinen. Getragen von der Euphorie und der Aufbruchsstimmung des Prozesses ist es gelungen, wirklich etwas zu verändern. Doch jetzt muss dafür Sorge getragen werden, dass das Neue wirklich langfristig Früchte trägt, dass es überlebt auch ohne die Euphorie. Manchmal geschieht es auch, dass sich, herausgefordert durch den Erfolg, neue Feinde der Veränderung outen und »die Verfolgung aufnehmen«, versuchen, das Erreichte wieder zunichte zu machen. Wie auch immer: Nur wenn die Rückkehr gelingt, wird die Veränderung nachhaltig sein.

9. Die endgültige Implementierung

Wenn die neue Kultur, die veränderten Rahmenbedingungen zur gelebten »Normalität« im Unternehmen geworden sind, dann ist auch hier die Rückkehr aus dem Abenteuerland gelungen. Aus der Projektkultur ist eine wirkliche Unternehmens-Kultur geworden, mit der sich das Unternehmen erfolgreich weiterentwickeln kann. Bis zur nächsten Abenteuerreise.

Das Drehbuch schreiben

Auf der Basis der »Abenteuerreise« können ganz unterschiedliche Geschichten entstehen: Abenteuer- oder Liebesgeschichten, Krimis, fantastische Geschichten und so weiter. Jede dieser Geschichten hat ihre ganz eigene Handlung, obwohl sie alle dasselbe Grundmuster benutzen. Ähnlich ist es mit Change-Prozessen: Da jedes Unternehmen ein Individuum ist, verläuft auch jeder Prozess auf seine ganz eigene, individuelle Weise. Dazu kommen die verschiedenen Zielsetzungen, die natürlich unterschiedliche Vorgehensweisen und Maßnahmen erfordern. Das Drehbuch des Wandels ist gut für die Vorbereitung des Prozesses, weil man damit »vorbereitet« ist auf das, was kommen kann. Wer Unerwartetes nach der Struktur der Abenteuerreise mit einplant, bleibt während des Prozesses wach und aufmerksam und wird nicht völlig überrascht vor einem Schwellenhüter stehen. Und man wird nicht vergessen, dass man den »Rückweg« noch vor sich hat, wenn man das »eigentliche« Ziel schon erreicht hat. Außerdem hat das Abenteuerreise-Drehbuch den Vorteil, dass es gewissermaßen in Geschichten denkt und es damit leicht macht, die Geschichte, die der Change-Prozess gemäß des Harun-al-Raschid-Prinzips ja auch werden muss, zu erzählen. Die Geschichten des Veränderungsprozesses werden zum Begleiter und Wegbereiter des Wandels innerhalb des Unternehmens.

Am besten ist es natürlich, wenn Sie das Drehbuch zu Beginn eines Change-Prozesses schreiben und es zur Planung nutzen. Sie können es aber auch während eines bereits laufenden Projekts zur Reflexion der bisherigen und zur Planung der weiteren Schritte nehmen. Das Drehbuchschreiben eignet sich auch sehr gut als Workshop mit dem Projektteam: Durch die gemeinsame Planung der »Abenteuerreise« bekommt jeder einen sinnlichen Eindruck davon, was das Unternehmen auf seiner Reise erwarten wird. Es spricht sogar einiges dafür, zur Vorbereitung des Drehbuchs ruhig erst einmal der Fantasie die Zügel schießen zu lassen. Welche Szenen können sich die Projektmitglieder ausmalen, was könnte alles passieren? Je freier man vorgeht, je »fantastischer« die entstandenen Szenarien sind, desto klarer zeichnen sich diejenigen Bilder ab, die den Beteiligten plausibel erscheinen. Diese »Plots« werden dann ins Drehbuch aufgenommen. Und je mehr Szenarien man durchspielt, desto besser ist man vorbereitet auf das, was in einem komplexen Prozess immer vorhersehbar ist: dass Unvorhersehbares passieren wird.

Leitfragen zur Drehbuchentwicklung

Bevor Sie mit dem Drehbuch beginnen, muss eine Frage geklärt werden, die unserer Erfahrung nach sehr wichtig für das Gelingen von Veränderungen ist: Wie ist die Ausgangslage, also der Ist-Zustand unseres Unternehmens? Diese »normale Welt« des Unternehmens ist die Marke, an der Sie später den Erfolg des Wandels messen werden. Versuchen Sie im Projektteam also zuerst möglichst detailliert, am besten mit Beispielen für erwartbare Handlungen in unternehmenstypischen Situationen, den Zustand zu beschreiben, den Sie verändern wollen. Das ist eine wichtige Grundlage für den Prozess und wirft vielleicht die Frage auf, ob im Unternehmen Einigkeit darüber besteht, wie die heutige »normale Welt« beschaffen ist. Übereinstimmung in diesem Punkt ist die Voraussetzung für eine spätere allgemeine Akzeptanz des Wandels. Es muss allen klar sein, wie das Unternehmen ist. Ansonsten ist es ratsam, zunächst die bisherige Kultur, also die Basis für den Veränderungsprozess, genauer kennen zu lernen.

Die Change-Story, die das Drehbuch für den Veränderungsprozess skizziert, wird je nach Ausgangslage, Projekt und Ziel andere Inhalte haben. Diese Inhalte können Sie mit Hilfe der folgenden Leitfragen konkretisieren.

1. Der Ruf des Abenteuers
   - Wie ist der Ruf zur Veränderung entstanden? Durch eine Veränderung des Markts? Durch interne Schwierigkeiten und Reibungen? Durch eine Fusion? Durch den Veränderungswillen einer neuen Geschäftsleitung?
   - Erscheint das Ziel des Abenteuers lohnend? Worin besteht genau der »Schatz«?
   - Wie wird sich die »normale Welt« nach der Abenteuerreise verändert haben?
2. Die Weigerung
   - Gibt es wichtige Teile (Abteilungen, Führungskräfte, Standorte etc.) die sich gegen den anstehenden Veränderungsprozess wehren? Haben sie gute Gründe dafür? Welche?
   - Ist jetzt der optimale Zeitpunkt für den Wandel? Schiebt das Unternehmen den anstehenden Veränderungsprozess schon eine Weile vor sich her? Warum?
   - Gab es bereits Versuche, den Prozess anzustoßen? Woran ist man gescheitert?
3. Begegnung mit dem Helfer
   - Wer kann dem Unternehmen beim Change-Prozess helfen?
   - Genügen interne Helfer oder wäre eine Außensicht sinnvoll?
   - Welche Kompetenzen, welches Wissen haben wir nicht zur Verfügung? Wer kann es uns zur Verfügung stellen?
   - Brauchen wir einen Begleiter auf unserer Abenteuerreise? Für welche Etappe? Wie sollte er sein? Was sollte er können?
4. Überschreiten der ersten Schwelle
   - Worin besteht die erste Schwelle?
   - Mit welcher Aktion/Maßnahme/Handlung beginnt der Veränderungsprozess wirklich?
   - Wie wird den Mitarbeitern kommuniziert, dass sich das Unternehmen auf die Reise gemacht hat?

- Wer wird voraussichtlich die Rolle des Schwellenhüters/der Schwellenhüter übernehmen? Wie kann man sie überzeugen? Worauf sollte man sich einstellen?
- Mit welcher Kommunikationsstrategie wird man von nun an die Reise durch das Abenteuerland begleiten?

5. Der Weg der Prüfungen
   - Was werden wir auf unserer Reise zum Schatz alles tun müssen?
   - Mit welchen Schwierigkeiten und Problemen müssen wir rechnen? Wie können wir uns auf sie vorbereiten?
   - Wie können wir jetzt noch unbekannte Schwierigkeiten frühzeitig erkennen und bewältigen?
   - Woher können wir Kraft schöpfen, um den Prozess nicht frühzeitig abzubrechen?
6. Die entscheidende Prüfung
   - Ist schon jetzt eine Handlung/Aktion/Ereignis vorhersehbar oder sogar planbar, an dem sich der Erfolg der Veränderung den Mitarbeitern deutlich zeigt?
   - Mit welchem dramaturgischen Höhepunkt können wir die Veränderung im Unternehmen verankern?
   - Ab wann können wir einen solchen Höhepunkt vorbereiten?
7. Die Belohnung
   - Wie wird die Belohnung (der Schatz, die Prinzessin, das Goldene Vlies, der Heilige Gral) genau aussehen?
   - Wie wird das Unternehmen aussehen, wenn die Belohnung errungen ist?
   - Wie können wir möglichst viele Mitarbeiter an der »Feier der Zielerreichung« beteiligen?
8. Der Weg zurück
   - Durch welche Maßnahmen kann man das Erreichte sicher im Unternehmen verankern?
   - Welche Feinde oder Schwierigkeiten werden uns dabei begegnen?
   - Was könnte in dieser Phase den Erfolg noch zunichte machen?

- Wie können wir es schaffen, schrittweise von der Projekt-Euphorie wieder zur »normalen Welt« zurückzukehren?

9. Die Rückkehr über die Schwelle
   - Woran können wir erkennen, dass das Unternehmen den Schatz zurück in die »normale Welt« gebracht hat?
   - Was geschieht im Unternehmen, wenn die neue Kultur zum »Alltag« geworden ist?

Die Arbeit am Drehbuch

Als Vorlage eignet sich eine Form, die von der wirklicher Filmdrehbücher abgeleitet ist. Die meisten Filmdrehbücher sehen ja in etwa so aus:

```
Szene 5

JACKS BÜRO                         INNEN / TAG
Jack McCormack, Elsa Denorian

Jack sitzt an seinem Schreibtisch, die
Beine auf der Platte. Den Hut tief in die
Augen gezogen scheint er zu dösen. Elsa
kommt ohne anzuklopfen zur Tür herein, baut
sich vor dem Schreibtisch auf.

    ELSA:
    Sind Sie der Privatdetektiv?

    JACK (schläfrig):
    Wer will das wissen?
```

Über der Linie steht, wo das Ganze stattfindet und wann: am Tag oder in der Nacht. Analog dazu schreiben Sie beim Change-Drehbuch über die Linie den »Raum«, in dem sich die Szene abspielt (zum Beispiel Vorstand, Projektteam, ganzes Unternehmen), und rechts dann, wie lange diese Szene beziehungsweise Phase voraussichtlich dauern wird (1 Tag, 2 Wochen, 3 Monate etc.). Unter die Linie schreiben Sie die verantwortlichen Personen. Darunter folgt wie im Filmdrehbuch eine kurze, knappe Beschreibung dessen, was in dieser Phase geschehen soll. Und dort, wo im Filmdrehbuch der Dialog steht, beschreiben Sie kurz, welche konkreten Kommunikationsmaßnahmen diese Phase begleiten und worauf in der internen Kommunikation während dieser Phase besonders zu achten ist. Diese »Regieanweisungen« sind ein sehr wichtiger Punkt; gar nicht so selten scheitern gut angelegte Change-Projekte an mangelhafter oder widersprüchlicher Kommunikation.

Eine Seite aus dem Drehbuch zum Change-Prozess kann etwa so aussehen:

Phase 4: Überschreiten der ersten Schwelle

MEETING OBERER FÜHRUNGSKREIS 1 TAG

Vorstand (Dr. Meier), OFK

Beim OFK-Meeting informiert der Vorstand erstmals den gesamten OFK offiziell über das geplante Projekt. Bei dieser Gelegenheit wird auch deutlich werden, wo die Schwellenhüter sind; vermutlich wird vor allem die Entwicklungsabteilung, allen voran ihr Chef Dr. Schmidt, Widerstand gegen das Projekt leisten. Zum Glück haben sich Vorstand und Projektleitung gut vorbereitet und Argumente parat, um ihn von den Vorteilen des Projekts für seine Abteilung zu überzeugen. Außerdem bittet die Projektleitung Dr. Schmidt um die Mitarbeit in einem erweiterten Projektteam.

KOMMUNIKATION:
Die Führungskräfte werden zu Botschaftern des Projekts: Innerhalb von zwei Tagen diskutieren sie es mit ihren eigenen Mitarbeitern. Drei Tage nach dem Meeting wird dann die »Change-Story« mit allen Informationen ins Intranet gestellt – eine greifbare Vision für alle.

Das Drehbuch sollte im Projektteam vertraulich behandelt werden, damit über alles, zum Beispiel über die Rolle des Schwellenhüters und die Art und Weise, wie man ihn zum Verbündeten macht, offen diskutiert werden kann. Beim Schreiben des Drehbuchs sollten Sie so detailliert arbeiten, wie Sie es für nötig halten, aber allgemein genug bleiben, dass das große Ganze noch sichtbar bleibt.

Drehbuch und Wirklichkeit

Nicht alles wird so laufen, wie es geschrieben steht. Der schon »abgedrehte« Teil des »Films« kann die folgenden Szenen in Ihrem Drehbuch inspirieren. Oder er kann zeigen, wo das Drehbuch »Lücken« aufweist. Überprüfen Sie Realität und Drehbuch immer wieder darauf, ob die nächsten Szenen noch sinnvoll sind oder ob Sie das weitere Vorgehen jetzt modifizieren wollen. Der Vorteil der Szenario-Methode ist es ja gerade, Kreativität und Freiheit nicht einzuschränken und eine Prozessplanung zu ermöglichen, die der Unternehmenswirklichkeit gerecht wird. Wenn etwas nicht passt, fragen Sie sich, was der Grund war. Gingen Sie von falschen Voraussetzungen aus? Haben Sie einen Schritt übersehen? Bedenken Sie dabei, dass es energiesparender und meist auch besser ist, das Drehbuch der Realität anzugleichen als umgekehrt. Wenn etwas in der Wirklichkeit einfach nicht klappen will, muss nach der Ursache gefragt werden. Und wenn ein eingeplantes »Problem« in der Wirklichkeit gar nicht auftritt oder ein anderes sich abzeichnet, wenn unverhofft neue Helfer oder eine weitere Schwelle auftaucht, dann bauen Sie das in die nächsten Szenen ein. Um- und Irrwege gehören eben dazu, wenn man sich nicht auf einer Kaffeefahrt, sondern auf einer echten Abenteuerreise befindet.

Die Change-Story

Die Change-Story entspricht dem Schritt vom Drehbuch zum fertig geschnittenen Film. Während das Drehbuch als Planungs- und Steuerungsinstrument den Verlauf des Prozesses begleitet, ist die Change-Story ein Mittel, um im Unternehmen von Anfang an eine lebendige, greifbare Vorstellung davon zu erzeugen, was sich verändern wird und wohin der Weg der Veränderung schließlich führen soll. Die Change-Story beinhaltet die Ausgangslage, den Grund, sich zu verändern, die wichtigsten Etappen des Weges und schildert, wie das Unternehmen sich nach dem Wandel verändert haben wird.

Wie diese Story erzählt wird, liegt bei Ihnen. Sie können dabei – je nach Temperament – eher nüchtern bleiben, oder Ihrer erzählerischen Fantasie die Zügel schießen lassen. Jede Unternehmenskultur ist anders und hat folglich auch ihren eigenen Erzählstil. Nur: Eine Erzählung sollte die Change-Story schon sein und keine reine Auflistung von Prozess-Schritten.

Wann ist das Drehbuch »filmreif«?

Wir schlagen vor, die Change-Story in einer frühen Phase des Change-Prozesses im Unternehmen zu verbreiten. Denn damit haben Sie einen weiteren »Motor« des Wandels zur Verfügung, der die Erwartungen der Mitarbeiter auf das Ziel des Veränderungsprozesses lenkt. Die Vision, die zu diesem Zeitpunkt ja noch nicht erlebbar ist, kann sich im Unternehmen etablieren und gewinnt mit der Zeit Konturen. Die Story vermittelt auch ein Gefühl dafür, dass der Prozess verschiedene Stadien durchlaufen wird und welche Etappen bis zum Ziel noch vor einem liegen.

Am besten arbeiten Sie die Story zusammen mit dem Projektteam und einigen Mitarbeitern aus. Ein Workshop, in dem das »Gerüst« des Drehbuchs zur Geschichte wird, bringt auch gleich ein Feedback darüber, was die Menschen im Unternehmen an der Geschichte fasziniert, was ihnen wichtig ist, worauf sie Wert legen. Die Change-Story wird auf diese Weise lebendig und geht auf verschiedene Aspekte ein, die im Unternehmen eine Rolle spielen. Den Gliederungsrahmen können die neun Stufen bilden oder auch die drei Akte »Aufbruch«, Reise durch das »Land des Abenteuers« und glückliche »Rückkehr« (beziehungsweise »Ausgangspunkt«, »Wegmarken«, »Ziel«). Der Held der Geschichte ist, wie schon gesagt, das Unternehmen. Der Grund für seinen Aufbruch ins »Abenteuerland« muss plausibel sein und das Ziel seiner Reise lohnend erscheinen. Je anschaulicher die Gefahren und Abenteuer mit Widersachern, Dämonen oder unüberwindbar scheinenden Klippen geschildert werden, desto mehr wird man mit dem Helden mitfühlen, miterleben und mitzittern können. So abwegig das vielleicht klingen mag, dass erwachsene, auf- (und vielleicht ab-)geklärte Menschen sich auf eine emotionale Berg- und Talfahrt einlassen werden. Bedenken Sie, dass wir das jeden Tag bei Filmen, Romanen, selbst in der Werbung und an der Börse erwarten: dass man uns fasziniert, begeistert, mitreißt. Die Geschichte sollte einen klaren, nachvollziehbaren und spannenden Bogen haben, der den Weg, den das Unternehmen vor sich hat, anschaulich macht. Die Change-Story braucht also, wie jede andere Geschichte auch, »Höhepunkte« und »Tiefen«, Spannungskurven und ein Ende, das nicht enttäuscht, aber auch kein allzu rosafarbenes »Happy End« nach dem Motto »Dann waren alle glücklich und zufrieden« hat. Am Ende sollte man einerseits froh sein, dass das Abenteuer glücklich überstanden ist, andererseits aber auch Lust haben, weitere Geschichten dieser Art zu erleben.

In welchem Stil Sie die Change-Story erzählen, hängt von Ihrem Geschmack und natürlich auch davon ab, was Sie denken, dass Sie Ihren Mitarbeitern zumuten können. Sie können die Story zum Beispiel mit viel Fantasie als ein Märchen oder eine Abenteuergeschichte schreiben. Die Teilnehmer des OFK-Meetings sind dann die Ritter der Tafelrunde, die ihre nächsten Taten planen. In der Regel wird man die Change-Story jedoch nüchterner verfassen, eher als erzählerische Reportage oder als »Tatsachenroman«: »Am 15. September traf sich der OFK zu einem außerordentlichen Meeting im Tagungshotel. Es herrschte gespannte Erwartung im Raum. Denn immerhin sollte es heute um weit reichende Entscheidungen gehen. Als der Vorstandsvorsitzende Dr. Maier den Raum betrat, bewegten sich alle Köpfe in seine Richtung...« Wichtig ist, dass erzählt wird und nicht nur verlautbart: »Der Vorstand gibt bekannt...« Den erzählerischen Duktus zu finden ist für viele Projektteams nicht leicht; oft hilft es, jemanden mit dazuzunehmen, der gewohnt ist, zu erzählen (etwa jemanden aus der Marketing- oder PR-Abteilung). Häufig kann es auch Sinn machen, die Change-Story als »Fortsetzungsgeschichte« – parallel zu den Phasen des Change-Prozesses – im Intranet oder in der Mitarbeiterzeitschrift zu erzählen.

Warum muss es eine Geschichte sein?

Weil Geschichten am besten geeignet sind, Veränderungen abzubilden. Egal, ob sie davon handeln, wie zwei Menschen sich verlieben und nach vielen Hindernissen schließlich ein glückliches Paar werden, oder ob sie davon erzählen, wie ein Unternehmen eine Krise meistert und neue Märkte erobert: Die Grundform jeder Geschichte ist der Dreischritt

»Ausgangszustand«, »Veränderungsphase«, »Endzustand«. Geschichten bilden seit jeher das Modell für Lebensveränderungen jeglicher Art. Was uns noch heute an den Erzählungen der Ilias interessiert, was uns die Botschaft der Bibel verstehen lässt, was die Menschen dazu bewegt hat, ihre Geschichte in Mythen und Sagen über Generationen zu überliefern, das ließe sich nicht auf einen nüchternen Bericht oder eine Liste von Fakten abkürzen: Die Tatsachen der Ilias allein, wie etwa »Mehrere Supermächte belagern nach Schönheitskonkurrenz Erzrivalen bis zur Aufgabe durch Kriegslist« wären nie über vier Jahrhunderte immer wieder erzählt worden, bis Homer sie im Jahr 800 vor Christus aufschrieb. Was die Ilias so faszinierend machte und bis heute macht, sind eben die glücklichen oder unglücklichen Wendungen im Schicksal der Helden.

Diese Kraft, die Geschichten in der menschlichen Kommunikation bis heute haben, nutzen Sie, wenn Sie den Wandel in Ihrem Unternehmen durch die Change-Story erlebbar machen, wenn Sie das Unternehmen zum Helden einer glaubwürdigen Geschichte mit »Happy End« machen.

Das erzählende Unternehmen

Jedes Unternehmen besteht aus Geschichten. Denn wo sich etwas ereignet, da wird auch erzählt. Manchmal muss man aber wirklich auf die Suche gehen, um die Geschichten zu finden. Wir haben Unternehmen erlebt, die uns vorkamen, also ob man sie ausdrücklich mit einem unternehmensweiten Erzählverbot belegt hätte. In diesen Unternehmen sind die Meetings so trocken wie der Sand in der Takla Makan, jener Wüste des Todes am Rande der Seidenstraße, von der es hieß, niemand, der sie betrete, käme je wieder lebend heraus. Ihr Wissen über geglückte und missglückte Projekte, über Kunden und deren Bedürfnisse, liegt bleischwer in den Hirnkammern der Zuständigen, anstatt zwischen den Menschen zu zirkulieren und dem Unternehmen neue Erkenntnisse, neue Handlungsmöglichkeiten zu eröffnen.

»Fakten, Fakten, Fakten« scheint der eherne Wahlspruch dieser Unternehmen zu lauten. Sie sehen nicht, dass sie ohne die Geschichten, die in ihren Kaffeeküchen, nach der Arbeit und zwischen Terminen zirkulieren, schon lange erstarrt wären im Gerüst der Tatsachen, der Zahlen und Informationen.

Wie viel mehr an Austausch, Lebendigkeit und Lernen kann entstehen, wenn ein Unternehmen die Kraft des Erzählens positiv gestaltend für die eigene Entwicklung nutzt, wenn es den Wildwuchs des Erzählens kultiviert und zum Blühen bringt! Ein Unternehmen, das das Erzählen für sich entdeckt hat und dem Fluss der Geschichten überall dort, wo Menschen in Kontakt kommen und sich austauschen, Raum gibt, dem wird die Kraft des Erzählens in vielfältiger Weise Nutzen bringen. Es wird zum erzählenden Unternehmen. In einem solchen Unternehmen wird alles Wissen, das die Mitarbeiter brauchen, um tägliche Pflichten und außergewöhnliche Projekte erfolgreich durchzuführen, leicht zugänglich sein. Erfahrungen anderer können fruchtbar werden, und das Unternehmen wird immer besser in dem, was es tut – im Kleinen, Alltäglichen, und im Großen. Das erzählende Unternehmen kennt sich selbst, die eigene Geschichte; es weiß, warum die Menschen in ihm so denken und handeln, wie sie es tun, was sie in der Vergangenheit geprägt hat, und wie sie die Zukunft bewältigen können. Das erzählende Unternehmen ist ein selbst-bewusstes Unternehmen, das die eigenen Schwächen kennt und beherzt angehen kann und das weiß, wo noch verborgene Potenziale zu entwickeln sind. Es ist ein Unternehmen, das seine eigene Benchmark ist, das Erfolgsstrategien aus sich selbst heraus entwickeln kann. Und es ist ein Unternehmen, das ein offenes Ohr hat für das, was in ganz unterschiedlichen Gruppen der Gesellschaft, bei Kunden und in den Märkten vor sich geht, das Trends entdecken kann und selbst in Werbung, Marketing und PR diese Trends frühzeitig nutzen kann. Und natürlich wird ein Unternehmen, in dem das Erzählen Alltag ist, selbst auch gute, stimmige und erfolgreiche Geschichten über die eigenen Produkte und Dienstleistungen erzählen können. Mehr noch: Es wird Führungskräfte haben, die sich im Umgang mit ihren Mitarbeitern so verhalten, dass dadurch gute Geschichten entstehen können, und es wird Mitarbeiter haben, die sich gegenüber den Kunden und Partnern des Unternehmens so verhalten, dass diese gerne davon erzählen werden.

Ein erzählendes Unternehmen – und das ist gewissermaßen die Quintessenz des Harun-al-Raschid-Prinzips – wird eine Kultur haben, die gleichzeitig zentriert und offen ist, die vom Austausch lebt, in der Kreativität und Innovationskraft gelebt werden kann, und die flexibel und trotzdem selbstbewusst auf neue Herausforderungen reagieren kann. Kurz: eine Unternehmenskultur, die die Gegenwart meistern und die Zukunft gestalten kann. Wo immer Sie beginnen, zu erzählen und zuzuhören, machen Sie den ersten Schritt dorthin.

Einer der Vorteile des Harun-al-Raschid-Prinzips ist es,

dass Sie auf jeder Ebene mit Storytelling beginnen können. Allein für sich selbst zum Beispiel, indem Sie sich wie der weise Kalif aufmachen, um Geschichten zu sammeln. Wenn Sie diese Geschichten dann in Präsentationen einbauen oder in Meetings erzählen, haben Sie schon Kollegen einbezogen in Ihren Raum des Erzählens. Sie können mit Ihrem Team, Ihrer Abteilung beginnen, indem Sie einen Erzählworkshop durchführen. Oder durch eine Storytelling-Analyse die Geschichte des »Unternehmens im Kopf« kennen lernen und dann mit der ganzen Firma auf Abenteuerreise gehen. Wir haben in diesem Buch viele Einstiege und Methoden beschrieben. Und vielleicht ist Ihnen selbst beim Lesen noch die eine oder andere Möglichkeit eingefallen, wie Sie die Kraft des Erzählens in Ihrem Unternehmen nutzen können. All dies sind Schritte hin zu einem überaus lohnenden Ziel: dem Ziel, ein erzählendes Unternehmen zu werden.

Erzählen Sie das gerne weiter!

Karolina Frenzel, Michael Müller, Hermann Sottong
storytelling@sys-kom.de

Checklisten, Tipps und Tools

Das Harun-al-Raschid-Prinzip: Auf das Unternehmen hören

Die vier Regeln des Harun al-Raschid

Unternehmen bestehen aus Geschichten, und durch Zuhören kann man aus ihnen lernen. Wie damals Harun al-Raschid erfährt man Neues, »Unerhörtes« nur, wenn man seinen Status und seine Überlegenheit zugunsten von Neugierde, Offenheit und Aufmerksamkeit einmal zurückstellt.

»Unerhörtes« hört man nur, wenn man sich zurücknimmt
Harun al-Raschid verzichtete bei seinen Exkursionen auf seinen Status als Kalif, um etwas zu erfahren. Denn dem »Beherrscher aller Gläubigen« wäre keine einzige der Geschichten, die er hörte, je zu Ohren gekommen.

»Unerhörtes« hört man nur, wenn man offen ist für das, was kommt
Er war bereit, das aufzunehmen, was die Leute sich untereinander erzählten. Er lauschte einfach dem, was die Menschen von sich aus zur Sprache brachten.

Das »ganze Bild« entsteht aus vielen kleinen Details
Harun al-Raschid hörte viele Stimmen in vielen Nächten. Es war nicht eine einzige Nacht, in der der Kalif, einer Laune folgend, die Palastmauern verließ. Es waren viele unterschiedliche Geschichten in vielen verschiedenen Nächten an allen möglichen Ecken der Stadt, die er vernahm.

Man muss nicht weise sein, um zuzuhören. Aber man wird weise, wenn man es tut
Harun al-Raschid ging nicht in die Stadt, um zu lernen, sondern er lernte, weil er in die Stadt ging. Sein Antrieb war anfänglich Abenteuerlust. Er fand es spannend, aufregend, den Menschen zuzuhören.

→ Kapitel »Das Harun-al-Raschid-Prinzip«, S. 13

Das Harun-al-Raschid-Prinzip im Wissensmanagement

Die Prinzipien für besseren Wissensaustausch im Unternehmen

Um Wissensaustausch im Unternehmen zu fördern, sollten Sie die folgenden vier Grundregeln beherzigen:

Erstens: Setzen Sie bei denjenigen Verfahren des Wissensaustauschs an, die die Mitarbeiter im Alltag bereits praktizieren.
Identifizieren Sie funktionierende Praktiken des Wissensaustauschs und lernen Sie die Stärken der Mitarbeiter auf diesem Gebiet kennen. Entwickeln Sie Prozesse und Methoden des Wissensaustauschs von diesen gelebten Praktiken aus.

Zweitens: Beachten Sie die Rangfolge. Erst kommen die Kommunikation und der Austausch, dann erst die Speicherung.
Neues Wissen entsteht im Dialog, im Austausch von Erfahrungen, Hypothesen, Ideen. Schaffen Sie zunächst gezielt Möglichkeiten zum regelmäßigen direkten Austausch. Erst dann folgt der zweite Schritt der Etablierung eines Systems – zum Beispiel im Intranet –, wo das Wissen der Mitarbeiter in Form von Geschichten und Kommentaren auch gespeichert werden kann. Achten Sie darauf, dass dieses System Interaktivität ermöglicht; Wissen sollte dort ergänzt, kommentiert und weitergeschrieben werden können.

Drittens: Wissensaustausch findet nur in einer Kultur der Fairness und des Vertrauens statt.
Denken Sie daran, dass Wissensaustausch bestimmte kulturelle Voraussetzungen hat: Vertrauen, Kooperation und Anerkennung spielen dabei die entscheidende Rolle. Menschen stellen ihr Wissen gerne anderen Menschen zur Verfügung – aber nur ungern anonymen Systemen wie Firmen und Datenbanken.

Viertens: Wissensmanagement sollte in jedem Falle Storytelling-Elemente enthalten und die Vorteile von Geschichten nutzen.
Wissen in Geschichten zu »verpacken« ist etwas, das alle Menschen kennen und können. Gute Geschichten kann man sich gut merken, man kann sie gut weitererzählen und sie liefern anschauliche Informationen. Gute Stories fordern und fördern also auch unsere soziale und emotionale Intelligenz. Geschichten zeichnen auch die Pfade nach, auf denen man zu einem bestimmten Wissen gelangt ist: Sie geben Wissen und die Geschichte des Wissenserwerbs wieder.

Wissensaustausch in Storytelling-Gruppen

Um die Potenziale von Storytelling im Wissensmanagement zu nutzen, sollten Sie damit beginnen, Anlässe und Möglichkeiten des Austauschs durch das gegenseitige Erzählen von Erlebnissen und Erfahrungen zu schaffen. Dabei wird nicht nur Wissen ausgetauscht, sondern wird auch neues Wissen generiert und werden Wissenslücken identifiziert. Bei der Zusammenstellung und Moderation solcher Gruppen sind folgende Regeln zu beachten:

1. Das Ziel muss klar sein (zum Beispiel besseres gegenseitiges Verstehen der beteiligten Gruppen).
2. Die Gruppen sollten einen gemeinsamen Bezugspunkt haben (gemeinsames Problem, Schnittstelle, Projekt etc.).
3. Der Austausch muss in einem »geschützten Raum« stattfinden: Die Teilnehmer müssen darauf vertrauen können, nicht »abgehört«, kontrolliert und beurteilt zu werden.
4. Am Anfang stehen Dialog und Unmittelbarkeit im Vordergrund: Dokumentation folgt erst in einem zweiten Schritt und einem anderen Kontext.
5. In Storytelling-Gruppen steht das Erzählen im Vordergrund. Wer eine Geschichte anfängt, darf sie auch zu Ende erzählen (alleine oder gemeinsam mit anderen, die dabei waren). Es geht nicht um Meinungen, Diskussionen, richtig oder falsch, sondern um Erlebnisse und Erfahrungen. Auf Problemgeschichten soll mit Lösungsgeschichten geantwortet werden.

Gibt es solche noch nicht, arbeitet die Gruppe weiter an einer solchen Lösungsgeschichte.

6. Es muss jenseits der Gruppe Adressaten für die beim Storytelling gefundenen Lösungsgeschichten geben: Kollegen, die auf ähnlichen Feldern arbeiten, aber auch Vorgesetzte etc.

→ Kapitel »Ein Netz aus Geschichten weben«, S. 19

Die Storytelling-Analyse

Fakten und Hintergründe

Was ist die Storytelling-Analyse?

Die Storytelling-Analyse ist ein wissenschaftliches Erhebungs- und Analyseverfahren auf der Basis von Erzählungen aus dem Unternehmen.

Die Analyse zeigt die Tiefenstrukturen und versteckten Regularitäten der »Welt« des Unternehmens – das »Unternehmen im Kopf« der Mitarbeiter.

Storytelling liefert Wissen über das Unternehmen jenseits der offiziellen Selbstbeschreibung, das sofort in effiziente Strategien umgesetzt werden kann:

- für eine effektivere interne Kommunikation;
- für die Gestaltung einer Unternehmenskultur, die hoch qualifizierte Mitarbeiter im Unternehmen hält;
- für die Konzeption von erfolgreichen Maßnahmen der Personalentwicklung;
- für ein gezieltes Stärken-Schwächen-Management;
- für die Vorbereitung von Restrukturierungen, die wirklich verändern;
- für die Optimierung der Kooperationskultur;
- für eine Post-Merger-Integration ohne Reibungsverluste;
- für die Vorbereitung von Unternehmensnachfolge und Führungswechsel.

Auf der Grundlage einer Storytelling-Analyse können Change-Prozesse, Leitbilder, Visionen, Kommunikationsstrategien und Führungsprinzipien entwickelt werden, die tatsächlich der Individualität des konkreten Unternehmens entsprechen.

Das Unternehmen im Kopf

Jedes Unternehmen ist eine eigene »Welt« – eine Welt, in der ganz bestimmte Regeln gelten, deren »Bewohner« ganz bestimmte Konzepte darüber im Kopf haben, wie diese Welt funktioniert.

Es gibt also ein »Unternehmen im Kopf« seiner Mitarbeiter, das ein überindividuelles, allgemeines, »verborgenes Regelsystem« darstellt, nach dem viele Abläufe (Kommunikation, Prozesse, Wissensfluss etc.) im Unternehmen funktionieren. Dieses »Unternehmen im Kopf« ist in den meisten Fällen nicht identisch mit dem »offiziellen Unternehmen« – also dem Unternehmen, wie es in Leitbildern, Firmenbroschüren, Organigrammen, Prozessdefinitionen oder Kommunikationskonzepten dargestellt wird.

Weder Führungskräfte noch Mitarbeiter kennen meist die Regularitäten dieses »Unternehmens im Kopf« wirklich. Deshalb sind oft Maßnahmen dann wenig erfolgreich, wenn sie aus Unkenntnis dieser Regularitäten am falschen Punkt ansetzen: Wenn entscheidende Einflussgrößen nicht bekannt sind, wenn bestimmte Regeln, Verhaltenstypen und deren Ursachen unentdeckt bleiben, dann übersieht man die richtigen Hebel- und Ansatzpunkte für konstruktive Veränderungen und langfristige Verbesserungen.

Wie man das »Unternehmen in den Köpfen« entdecken kann

Einen Königsweg zur Entdeckung des »Unternehmens im Kopf« bietet das Erzählen. Seit Tausenden von Jahren erzählen die Menschen Geschichten, Mythen und Märchen. Denn »... Menschen geben den Ereignissen Sinn, indem sie sie in Form von Erzählungen bringen – als ›Geschichte‹ ordnen. Nicht die gemeinsame Vergangenheit, sondern die so geschöpfte gemeinsame ›Geschichte‹ ist Bezugspunkt ihres ... Handelns« (Georg Elwert).

Auch in Unternehmen sind es tradierte Erzählungen (Was ist mir über die Vergangenheit erzählt worden?) und aktuelle Geschichten (Was für Geschichten erzähle ich über das Unternehmen? Was habe ich erlebt? Welche Geschichten erzählen wir uns heute untereinander?), die das »Weltbild« des Unternehmens transportieren und das Handeln bestimmen. Diese Erzählungen, die Vielzahl der Geschichten, in denen Erlebnisse, Erfahrungen, Prinzipien und Regularitäten verborgen sind, sind eine ebenso zugängliche wie verlässliche Quelle für die Rekonstruktion des »Unternehmens im Kopf«, die die Storytelling-Analyse nutzt. Analysiert werden diese Erzählungen nach Methoden der modernen Erzählforschung und Semiotik, anhand derer die »Welt«, die in einer Erzählung »kodiert« ist, rekonstruiert werden kann.

In Erzählungen wird auch eine große Menge von Regularitäten des Unternehmens transportiert, die dem Erzähler selbst gar nicht bewusst sind. Bei der Größe, Komplexität und Fragmentierung heutiger Unternehmensorganisationen braucht man sich nur vor Augen zu halten, wie wenig der Einzelne durch reale Erfahrung über die »Realität« des Unternehmens wissen kann, und wie viel er über Gespräche, Berichte, Anekdoten – über Erzählungen eben – aufnimmt, um ahnen zu können, wie sehr ein Unternehmen »ein erzähltes Wesen« ist. Diese »Erzählung« zu verstehen heißt, auch das Unternehmen und seine Kultur besser verstehen und entwickeln zu können.

Wie wir konkret vorgehen: Der Storytelling-Prozess

Wenn wir in einem Unternehmen eine Storytelling-Untersuchung durchführen, besprechen wir zunächst mit dem Auftraggeber, was er genau wissen möchte, ob er etwa mehr an einer Untersuchung zur Identität seines Unternehmens oder zur Unternehmenskultur interessiert ist, ob er die Kommunikation verbessern möchte oder ob er mögliche Problemfelder entdecken will. Er stellt uns eine Liste der Mitarbeiter zur Verfügung, die wir ansprechen können, und die etwa zwei- bis dreimal so viele Namen enthält, als wir letztlich brauchen. Dadurch können wir den Teilnehmern Anonymität zusichern – denn der Auftraggeber erfährt nicht, wen wir nun letztlich aus dieser Liste ausgesucht haben.

Nun folgt die erste Phase der Storytelling-Gespräche, in der wir ungefähr ein Drittel der Gesamtanzahl an Mitarbeitern, mit denen wir sprechen wollen, erzählen lassen. Die Erzähler dieser ersten Phase wählen wir grob nach den wichtigsten Positionen (Hierarchieebenen) und Funktionen (Tätigkeitsfelder) aus, die wir aus den Informationen, die uns der Auftraggeber über sein Unternehmen gegeben hat, erschließen. Die Erzählungen der ersten Phase analysieren wir dann nach der Methode der struktural-analytischen Interpretation (SAI) und bilden erste Hypothesen über das Unternehmen im Kopf. Auf der Basis dieser Hypothesen wählen wir dann die Gesprächspartner der zweiten Phase aus. Wenn wir zum Beispiel aus den Erzählungen der ersten Phase erschlossen haben, dass im Unternehmen irgendein Problem in der Zusammenarbeit mit dem Vertrieb verborgen liegt, so achten wir natürlich darauf, dass wir einige Vertriebsmitarbeiter in der zweiten Gruppe haben. Ebenso sollte diese zweite Gruppe nach Maßgabe der Verteilung im Unternehmen ausgewogen sein in Bezug auf Hierarchieebenen, Geschlechter, Funktionen und Betriebszugehörigkeit. Parallel zu den Gesprächen der zweiten Phase läuft die Analyse der neuen Erzählungen. Die aus der ersten Phase gewonnenen Hypothesen werden erweitert, genauer gefasst und durch zusätzliche Hypothesen ergänzt. Das Konzept des Unternehmens im Kopf, das wir aus der Analyse erarbeiten, ist nach dem Prinzip der »Grounded Theory« nach Glaser und Strauss »gesättigt«, wenn neue Gespräche keine wesentlichen neuen Hypothesen mehr erlauben, sondern nur noch weitere Belege für die bereits bestehenden Hypothesen liefern. Die Erfahrung lehrt, dass eine solche »Sättigung« abhängig von der Unternehmensgröße nach zehn bis maximal 50 Gesprächen eintritt.

Das Ergebnis der Analyse ist die Rekonstruktion der Modelle des Unternehmens im Kopf. Sie wird dem Auftraggeber in der Regel in einem Workshop präsentiert, in dem gleichzeitig erste Ansätze zur Umsetzung der sich aus der Analyse ergebenden Handlungsbedarfe entwickelt werden.

Warum »erzählen lassen« und keine herkömmliche Befragung?

Die Analyse erzählter Geschichten enthüllt die versteckten Regularitäten der »Welt« des Unternehmens, die in herkömmlichen Befragungen nicht sichtbar werden.

Wer eine Mitarbeiterbefragung durchführt, bekommt nur Antworten auf die Fragen, die er vorher gestellt hat. Außerdem muss er damit rechnen, dass er das »offiziell Gewünschte« zu hören bekommt (etwa auf die Frage: Sind Sie motiviert? – Ja, klar! Und wie!). Es liegt auf der Hand, dass man so nicht an die »geheimen« Regularitäten des »Unternehmens im Kopf« herankommt. Die Storytelling-Analyse arbeitet deshalb nicht mit standardisierten Fragen, sondern lässt die Mitarbeiter ihre Arbeitsbiografie im Unternehmen erzählen.

Eine erzählende Äußerung enthält in tieferen Schichten ein Modell der »Welt«, und es ist unmöglich, etwas zu erzählen, ohne dabei gleichzeitig – in der Regel nicht bewusst – über die zugrunde gelegten Strukturen und Regularitäten der Realität Auskunft zu geben, über die und in der erzählt wird. Das macht narrative Texte, »Stories«, um so viel interessanter und glaubwürdiger als Beschreibungen, erfragte Meinungsäußerungen und Stellungnahmen, die immer in der Gefahr sind, reproduktiv zu sein und zu enthalten, was bereits verlautbart ist und wovon man glaubt, dass es andere hören wollen. Aus der inneren »Logik« der Geschichten – wie erzählt, wie selektiert und kombiniert wird und nicht aus »Statements« an der Oberfläche der Äußerung – kann durch wissenschaftliche Interpretation die »Welt des Unternehmens in den Köpfen der Mitarbeiter« entdeckt werden.

Die wissenschaftliche Basis

Unsere Methode der struktural-analytischen Interpretation (SAI), anhand derer wir die mit Storytelling erhobenen Daten und Texte analysieren, beruht auf den Erkenntnissen der modernen semiotischen Kommunikations- und Erzähltheorie, die in Teilaspekten schon seit Jahren in der Literaturwissenschaft (Lotman, Titzmann), der Medienwissenschaft (Kanzog, S. J. Schmidt), der Soziologie (Neckel, Schulze), aber auch in der Werbe- und Markenforschung (Karmasin) erfolgreich eingesetzt werden. Zwei dieser Erkenntnisse sind fundamental für unser Vorgehen:

1. Jede erzählte Geschichte, mag sie auch noch so einfach oder banal klingen, enthält im Ansatz eine ganze »Welt«, also eine Zustandsbeschreibung von Strukturregularitäten. Diese »Welt« ist jedoch in der Regel nicht auf der Oberflächenebene sichtbar, sondern erst auf der Basis einer Analyse.
2. Jede erzählte Geschichte ist ein äußerst effizienter »Informationsspeicher«; sie transportiert aufgrund der Gesetze des Erzählens sehr viel mehr Informationen, als etwa ein gleich langer »Sachtext«.

Erzählte Geschichten – mit dem entsprechenden interpretatorischen Know-how analysiert – sind daher hervorragend geeignet, diejenigen mentalen und motivationalen Strukturen einer Organisation, eines Unternehmens oder einer Gruppe zur Sprache zu bringen, über die ansonsten »nie geredet« wird.

→ Kapitel »Die Entdeckung der Unternehmenswirklichkeit«, S. 43

Wie Geschichten Unternehmen machen

Erzählungen für ein lebendiges Leitbild nutzen

Storytelling ist ein gutes Testinstrument für die Realitätsnähe und Umsetzbarkeit eines bestehenden Leitbilds, und es kann Leitsätze mit Geschichten neu beleben. Und Storytelling kann das geschriebene Leitbild auch ganz ersetzen als ständig neu erzählter Wertekanon.

Geschichten als Leitbildtest:
Bei einem Erzählworkshop, im Intranet oder durch einen Aufruf in der Mitarbeiterzeitschrift werden zu den Leitsätzen Geschichten gesammelt. Dabei stellt sich heraus, zu welchen Punkten sehr viel erzählt wird und zu welchen vielleicht niemand eine Geschichte beisteuern kann. Schneller und klarer kann man gar nicht herausfinden, welche Maximen im Unternehmen gelebt werden und welche (noch) nicht. Auf dieser Basis kann dann der bestehende Wertekanon erneuert und weiterentwickelt werden.

Storytelling bei der Leitbildentwicklung:
Holen Sie für die Entwicklung des Leitbilds die besten Experten, die Sie bekommen können: Ihre Mitarbeiter. Aber fragen Sie sie nicht danach, was sie denken und meinen, sondern lassen Sie sie erzählen, wie sie handeln und was sie erleben. Laden Sie sie ein, aus ihrem Arbeitsalltag zu erzählen. Veranstalten Sie Gesprächsrunden, Erzählworkshops, hören Sie sich auf den Gängen um, ermuntern Sie jeden, den Sie treffen, zu einer kleinen Geschichte. Nach wenigen Wochen schon haben Sie die Bausteine für ein Leitbild zusammen, das der individuellen Realität und der Tradition Ihres Hauses gerecht wird.

Das papierlose Leitbild aus Geschichten:
Ein Unternehmen, das sich selbst ständig erzählend beschreibt, ist auf dem besten Wege zu einem individuellen und sich mit dem Unternehmen entwickelnden Selbst-Bewusstsein. Das papierlose Leitbild besteht vollständig aus Geschichten, die die Grundhaltung des Unternehmens immer im Kontext wiedergeben. Es besteht ausschließlich aus Beispielen, die das Handeln in dieser

Firma, seine Werte und Grundhaltungen beinhalten. Das »erzählte« Leitbild wird von Mensch zu Mensch tradiert: Vom Azubi über den Abteilungsleiter bis hin zu den Kunden und Partnern ist jeder »Experte«, Träger und Kenner der spezifischen Kultur des Unternehmens. Das Leitbild ist lebendig, stets präsent und hat seinen festen Platz in der Kommunikation zwischen den Menschen im Unternehmen.

→ Kapitel »Wenn Geschichten Unternehmen machen«, S. 85

Mit Springboard Stories den Wandel vorantreiben

Fünf Merkmale erfolgreicher Zukunftsgeschichten

Springboard Stories sind Geschichten, die die Grundidee eines geplanten Wandels im Unternehmen verbreiten und verankern. Mit solchen Geschichten lassen sich Menschen für Wandelprozesse begeistern, weil sie eine konkrete Vorstellung von den zukünftigen Möglichkeiten vermitteln und dabei zum Mitdenken und Mitgestalten einladen.

Zukunftsgeschichten stehen in konkreten Zusammenhängen:
Das Thema erscheint in einem konkreten Zusammenhang, den sich die Zuhörer vorstellen können, den sie nachvollziehen können, und nicht abstrakt und losgelöst von einer konkreten Situation. Der richtige Kontext verstärkt das eigentliche Anliegen der Geschichte.

Zukunftsgeschichten schaffen Identifikation:
Eine Springboard Story, die funktionieren soll, braucht immer eine Identifikationsfigur. Dadurch wird die Aufnahme der Geschichte und der dahinter liegenden Idee erleichtert. Diese Figur sollte so gewählt sein, dass die Zuhörer mit ihren Erfahrungen, Möglichkeiten, Sorgen und Wünschen auch an sie anknüpfen können: Superhelden und Alleskönner sind demnach ungeeignet.

Zukunftsgeschichten öffnen Möglichkeitsräume:
Um die Springboard Story herum, also die erzählte Episode, entsteht in den Köpfen der Zuhörer erst die eigentliche Geschichte. Die Geschichte muss eine neue Idee ahnen lassen, eine neue Möglichkeit, eine Veränderung des »Vorher« in ein »Nachher«. Sie bringt das Publikum auf die Geschichte hinter der Story: »Früher wäre das nicht möglich gewesen, früher wäre das Problem nicht lösbar gewesen, aber heute ist das prinzipiell möglich.«

Zukunftsgeschichten knüpfen an der Realität an:
Eine Springboard Story nimmt auf konkrete Begebenheiten Bezug und entwirft kein abstraktes Zukunftsgemälde. Sie erlaubt es dem Zuhörer, von der Gegenwart aus die Zukunft »hochzurechnen«, aber sie entwirft kein Luftschloss. Zukunftsgeschichten, die nachhaltig wirken sollen, anstatt bloß ein Strohfeuer zu entfachen, müssen »realistisch« sein und an bereits gegebene Erfahrungen und Möglichkeiten anknüpfen.

Springboard Stories sollen zum Mitdenken einladen:
Storytelling in Form von Zukunftsgeschichten ist eine Einladung zum Mitdenken und zum Selbst-Denken. Die erzählten Episoden sollen kernprägnant sein, indem sie eine konkrete Realisierung beinhalten, aber sie müssen auch genügend offen, also randunscharf bleiben. Das heißt, dass sie keine Details vorgeben, keine Einzelheiten ausbuchstabieren. Sie zeigen Möglichkeiten auf, lassen aber auch vieles offen.

→ Kapitel »Das Sprungbrett in die Zukunft«, S. 103

Storytelling in PR und Öffentlichkeitsarbeit

Wie Ihr Unternehmen als Ganzes gute Beziehungen pflegen kann

Beziehungsmanagement gewinnt eine immer größere Bedeutung für Unternehmen. Storytelling ist ein wesentliches Instrument eines guten Beziehungsmanagements: Die Geschichten, die über ein Unternehmen kursieren, tragen wesentlich zur Einstellung gegenüber der Firma bei. Aber auch für die Medien werden Geschichten immer wichtiger: Mit guten Geschichten lässt sich heute wesentlich effizienter kommunizieren als mit jeder anderen Form der Information.

Es lohnt sich, alles zu tun, damit im gesamten Unternehmen eine Haltung herrscht, die die Entstehung und Verbreitung positiver Geschichten fördert. Beziehungsmanagement mit Storytelling heißt: gute Geschichten entstehen und wirken lassen. Die Storytelling-Grundregel für Unternehmen lautet daher:

Verhalte dich so, dass Mitarbeiter, Partner und Kunden positive Geschichten über das Unternehmen erzählen können.

Wer erst einmal erkannt hat, welchen Einfluss Geschichten, die im Umfeld des Unternehmens erzählt werden, auf den Geschäftserfolg haben, der wird auch darangehen, positive Geschichten bewusst zu fördern, zu sammeln und gezielt einzusetzen.

Tipp 1:
Schaffen Sie gezielt Plattformen, bei denen die Geschichten, die in Zusammenhang mit Ihrem Unternehmen stehen, erzählt, gesammelt und ausgewertet werden können.

Tipp 2:
Sammeln Sie authentische Geschichten, die Sie in der PR für Ihr Unternehmen einsetzen können.

Tipp 3:
Schaffen Sie Situationen und Projekte, bei denen Ihr Unternehmen selbst positive Geschichten kreiert.

Tipp 4:
Vernetzen Sie positive Geschichten über das Unternehmen auf den unterschiedlichen Ebenen Produkt, Mitarbeiter, Partner, Kunde, soziales und kulturelles Umfeld.

Tipp 5:
Setzen Sie auf authentische Geschichten.

→ Kapitel »Geschichten aus 1001 Mund«, S. 117

Storytelling in Werbung und Markenführung

Erfolgskriterien für Werbestories und lebendige Marken

Erfolgreich sind Geschichten, die bei den Bedürfnissen des Zuhörers ansetzen und nicht bei den Vorstellungen des Erzählers.
Menschen haben ein Bedürfnis nach gut erzählten, stimmigen Geschichten. In einer stimmigen Geschichte kommt nur vor, was wirklich für die Handlung wichtig ist. Solche Geschichten werden positiver aufgenommen und bleiben länger in der Erinnerung als Geschichten, die nur als loser Rahmen für die Aufzählung von Produktmerkmalen dienen.

Erfolgreich sind Geschichten, die Menschen gerne weitererzählen und weiterspinnen.
Gute, stimmige Geschichten erzählen die Menschen weiter. Eine Werbestory, die weitererzählt wird, entwickelt ein Eigenleben. Dies bringt nicht nur einen kostenlosen Multiplikationseffekt durch Mundpropaganda, sondern ist die Voraussetzung dafür, dass eine Marke einen Mythos entwickeln kann.

Erfolgreich sind Geschichten, die einen klaren Helden haben: die Marke.
Wenn die Marke im Mittelpunkt der Geschichte steht, erinnern sich die Menschen auch an die Marke und nicht nur an die Geschichte.

Zwei grundlegende Faktoren für langfristig erfolgreiche Markenführung:

Die Marke und ihre Käufer sind als Geschichten im Unternehmen lebendig.
Für eine langfristig erfolgreiche Markenführung ist es unabdingbar, dass im Unternehmen Geschichten über die Marke, die Pro-

dukte, die Konsumenten und Kunden zirkulieren. Marke und Produkt müssen im Unternehmen »leben«.

Öffnen Sie die Grenzen Ihres Unternehmens für neue Geschichten.
Ein Unternehmen, das in lebendigem Austausch mit seiner Umwelt steht, kann Veränderungen erkennen und einschätzen. Lebendiger Austausch heißt, dass ein Unternehmen ein »Ohr nach außen« entwickeln sollte, damit Geschichten über Entwicklungen, neue Lebensmodelle, aber auch technische Entwicklungen Eingang ins Unternehmen finden und von den Mitarbeitern diskutiert, weitererzählt, weitergedacht werden.

→ Kapitel »Produkte als Geschichten«, S. 135

Das Harun-al-Raschid-Prinzip als individuelle Haltung

Ihr persönlicher Weg zum Storytelling

Das Harun-al-Raschid-Prinzip ist eine Haltung, die Sie auch auf dem Weg zur Personal Mastery einnehmen können: Der Weg zum Erzählen führt zunächst über das Zuhören. Ihre Umgebung ist voller Geschichten, die bisher an Ihren Ohren »vorbeigerauscht« sind. Beginnen Sie damit, gezielt Geschichten zu sammeln. Sie werden erfahren, dass Ihre Aufmerksamkeit sich dadurch verändert. Früher oder später kommt dann der Tag, an dem Sie eine der Geschichten für ein Meeting, ein Kundengespräch oder die Motivierung Ihrer Mitarbeiter brauchen können. Dann werden Sie zum Erzähler. Hier die entscheidenden Etappen auf dem Weg:

Erster Schritt: Werden Sie zum Geschichten-Sammler.
Entscheiden Sie sich, in der nächsten Zeit aufmerksam mit Ihren eigenen und den Geschichten anderer umzugehen, bewusst die Haltung des Zuhörers einzunehmen und diese Geschichten nicht mehr als selbstverständlich, sondern als bedeutsam zu nehmen. Die ersten beiden Grundregeln sind ganz simpel. Sie lauten:

Ich interessiere mich für die Geschichten, die die Menschen erzählen.
Ich interessiere mich für die Geschichten, die ich selbst erlebe und erlebt habe.

Zweiter Schritt: Gewinnen Sie eine andere Art von Aufmerksamkeit hinzu.
Schärfen Sie Ihre Wahrnehmung: Beobachten Sie mit Neugierde, was eigentlich gesprochen, präsentiert, diskutiert wird. Hinterfragen Sie, was von dem Gehörten und Gezeigten Sie eigentlich wirklich wichtig und informativ finden und was nicht. Erinnern Sie sich am Tag danach und überlegen Sie, was Sie sich tatsächlich haben merken können. Gibt es etwas, das scheinbar nebensächlich war, eigentlich gar nicht »zur Sache«

gehörte, aber Ihnen aufgefallen ist und Sie weiter beschäftigt? Achten Sie auch darauf, über was alles nicht gesprochen wurde, obwohl es eigentlich auch zum Thema gehört. Die Grundregeln des versierten Zuhörers lauten:

Nichts von dem, was erzählt wird, als unwichtig ansehen.
Nichts von dem, was erzählt wird, als selbstverständlich ansehen.

Dritter Schritt: Beginnen Sie damit, selbst zu erzählen.
Prüfen Sie die Geschichten, die Sie gesammelt haben, darauf, was Sie bei Ihnen auslösen. Welche Geschichten geben Ihnen das Gefühl: Bei mir war es ähnlich! Oder auch: Bei mir war es ganz anders! Oder: Das hat mir jemand schon einmal so ähnlich erzählt! Fragen Sie sich, welche dieser Geschichten Sie »typisch« finden: typisch für das, was in Ihrem Unternehmen gut läuft oder auch nicht. Typisch für die Haltung, die früher bestimmend war und die heute anders ist. Typisch auch für Sie selbst, für das, was Sie schätzen, glauben, erwarten. Benutzen Sie diese Geschichten, wenn Sie etwas verdeutlichen, begreiflich machen wollen. Beginnen Sie, diese Erzählungen einzubringen.

→ Kapitel »Erzähl mal!«, S. 163

Präsentieren und begeistern mit Geschichten

Mit Storytelling das »ganze Bild« vermitteln

Nutzen Sie Geschichten und Erzählungen bei Meetings und Präsentationen, um das »ganze Bild«, das »big picture« zu vermitteln. Am besten eignen sich dazu Geschichten, die aus dem Umfeld selbst stammen und an die die Zuhörer mit ihren Erfahrungen anknüpfen können. Beginnen Sie Ihre Präsentation mit ein oder zwei Geschichten, auf die sich Ihre späteren faktischen Ausführungen beziehen können. Sie können mit Hilfe von Geschichten die Zuhörer auf ein wichtiges Anliegen, eine zentrale Idee oder auf wichtige Zusammenhänge hinweisen und es ihnen ermöglichen, wesentliche Dinge selbst wahrzunehmen, sich in neue Dinge hineinzuversetzen und mitzudenken. Die folgenden Tipps sollen Ihnen dabei helfen.

Tipp 1: Die Situation greifbar machen.
Helfen Sie den Zuhörern, sich in eine Situation besser hineinzuversetzen. Lassen Sie in Ihre Geschichte einfließen, wie es in der entsprechenden Projektgruppe, der Abteilung, dem Team oder bei der Begegnung mit dem Kunden konkret zugeht.

Tipp 2: Mit Geschichten aus dem Umfeld beginnen.
Wählen Sie Geschichten, die aus dem jeweiligen Umfeld stammen, das Sie und Ihre Zuhörer kennen.

Tipp 3: Die Geschichte(n) möglichst an den Anfang stellen.
Liefern Sie mit Ihrer Geschichte gleich zu Anfang das »ganze Bild«, den Rahmen, auf den Sie sich in der Folge beziehen, um Ihre Argumente in einem größeren Zusammenhang besser verstehbar und nachvollziehbar zu machen.

Tipp 4: Storytelling nutzen, wenn eine Idee, ein Anliegen, eine Neuerung vorliegt.
Nutzen Sie Stories aktiv, die zeigen, wie man ein Problem lösen kann, die ahnen lassen, welche Möglichkeiten in einem bestimmten Vorgehen oder einer bestimmten Idee stecken.

Tipp 5: Wählen Sie Geschichten, die nicht zu fremd, aber auch nicht zu alltäglich sind.
Wählen Sie eine Geschichte, die an die konkreten Umstände anschlussfähig, aber auch nicht zu alltäglich und gewöhnlich ist.

Tipp 6: Wählen Sie glaubwürdige, wahre Geschichten aus.
Ihre Geschichte sollte Möglichkeiten aufzeigen, die tatsächlich bereits einmal realisiert worden sind, Prinzipien, die jemand bereits umgesetzt hat, Optionen, die tatsächlich schon einmal ergriffen worden sind.

Tipp 7: Testen Sie Ihre Geschichten im Vorfeld.
Bevor Sie eine Geschichte für Ihre Präsentation auswählen, sammeln Sie im Vorfeld Reaktionen und Ideen dazu: Erzählen Sie die Geschichte Menschen, denen Sie vertrauen, und achten Sie darauf, was die Geschichte bei ihnen auslöst.

Tipp 8: Erzählen Sie nicht mit erhobenem Zeigefinger, lassen Sie Ihre Zuhörer mitdenken.
Gute Geschichten sind »offen«. Sie lassen die großen Zusammenhänge aufscheinen, ohne sie im Einzelnen darzulegen und auszubuchstabieren. Also: Nicht predigen, sondern tatsächlich erzählen! Ihre Geschichte ist ein Angebot zum Mitdenken.

Tipp 9: Arbeiten Sie gegebenenfalls mit mehreren kurzen Geschichten.
Sie können selbstverständlich mit einer zweiten oder dritten Geschichte arbeiten. Und in vielen Situationen wird es sich auch anbieten, mit einer Geschichte und ihrer »Gegen-Geschichte« den entscheidenden Unterschied zu demonstrieren und deutlich zu machen, worauf es ankommt.

→ Kapitel »Power ohne Point«, S. 173

Storycoaching

Durch Erzählen neue Perspektiven gewinnen

Storycoaching nutzt die Veränderungskraft von Geschichten, die ein hervorragendes Hilfsmittel für das Finden von Lösungen und Entscheidungen im Berufsalltag sein können. Denn mit Geschichten kann man Varianten erzeugen, experimentieren und Szenarien erstellen, neue Konstellationen und Gedanken erproben.

Erzählend zur Problemlösung

Schritt 1: Erzählen Sie die Geschichte des Problems.
Beginnen Sie bei dem Zeitpunkt, an dem das Problem zum ersten Mal aufgetreten ist, und erzählen Sie einfach weiter, was bis heute geschehen ist. Machen Sie sich keine Gedanken darüber, dass Sie etwas vergessen könnten – erzählen Sie nur, was Ihnen spontan einfällt.

Schritt 2: Beantworten Sie die Fragen der »Erzählmatrix«.
Eine Kopiervorlage für Ihre Erzählmatrix zum Ausfüllen finden Sie auf der übernächsten Seite.

Schritt 3: Wechseln Sie die Perspektive.
Versuchen Sie, ein Stück »in den Schuhen des anderen zu gehen«: Nehmen Sie die Perspektive eines anderen Beteiligten ein und erzählen Sie die Geschichte wieder in Ich-Form.

Schritt 4: Erstellen Sie eine Erzählmatrix für die neue Geschichte.
Beantworten Sie die Fragen der Erzählmatrix für die Geschichte, die Sie aus einer neuen Perspektive erzählt haben.

Schritt 5: Vergleichen Sie die beiden Erzählmatrices und suchen Sie nach Handlungsansätzen.
Wo gibt es Abweichungen? In der Identifizierung des Ereignisses? Im Beziehungsraum? Ziehen Sie Folgerungen aus diesen Abweichungen für Ihre künftige Kommunikation und Ihr Handeln.

Storycoaching zur Entscheidungsfindung

Schritt 1: Erzählen Sie für jede Variante des Dilemmas, was geschehen würde, wenn Sie sich für sie entscheiden würden.
Fordern Sie Ihre eigene Fantasie heraus, um auf Ideen und Sichtweisen zu stoßen, die in Ihrem bewussten Nachdenken bisher keinen Platz hatten.

Schritt 2: Erstellen Sie eine Liste der Konsequenzen aus den jeweiligen Entscheidungen, die in Ihren Geschichten deutlich geworden sind.
Markieren Sie diejenigen Konsequenzen, die neu für Sie sind, an die Sie vor dem Erzählen nicht oder nur sehr beiläufig gedacht haben. Überlegen Sie, ob sich durch diese »neuen« Konsequenzen die Argumente zugunsten einer der Entscheidungsvarianten verschieben.

→ Kapitel »Storycoaching«, S. 186

Kopiervorlage

Erzählmatrix

1 Wer ist die Hauptfigur?	
2 Die drei für die Geschichte wichtigsten Eigenschaften/Gefühle/ Rollen der Hauptfigur:	
3 Wer ist der Gegenspieler?	
4 Die drei für die Geschichte wichtigsten Eigenschaften/Gefühle/ Rollen des Gegenspielers:	
5 Erzählte Zeit: Wenn Sie die Zeit, bevor das Problem auftrat (»früher«) betrachten – mit welchem Ereignis begann das Problem beziehungsweise die aktuelle schwierige Situation?	»früher« Ereignis »jetzt«
6 Erzählter Beziehungsraum: Für welchen Kontext/welche Kontexte ist das Problem relevant? In welcher Hinsicht?	

Geschichten als Frühwarnsystem

Was negative Geschichten zeigen

Negative Geschichten können gute Indikatoren für »Lücken« in der Unternehmenskultur sein. Wenn thematisch ähnliche Geschichten sich häufen, sollte man ihre Ursachen bearbeiten.

Was Geschichten zeigen: Über einen Veränderungsprozess herrschen im Unternehmen unterschiedliche Zeit- und Zielvorstellungen.
Tipp: Für schnellen Austausch sorgen. Ein Begleitteam, in dem alle beteiligten Parteien vertreten sind, sorgt dafür, dass Informationen über den jeweiligen Stand des Prozesses schnell fließen und klärt Vorbehalte und Einwände zwischen den verschiedenen Fach- und Hierarchieebenen.

Was Geschichten zeigen: Imagekampagnen werden unternehmensintern nicht beachtet oder nicht genügend mitgetragen.
Tipp: Dissonanzen zwischen Innen- und Außenbild können Sie vorbeugen, wenn Sie Image-Kampagnen, Werbung und Marketingargumente auch intern vor unterschiedlichen Gruppen im Unternehmen vorstellen und die Möglichkeit für Austausch und Diskussion schaffen.

Was Geschichten zeigen: Das Leitbild der Firma hat zu wenig Einfluss auf die tägliche Arbeit und die Haltung der Mitarbeiter.
Tipp: Um zu testen, welche Leitsätze praktikabel sind, können Sie bei Erzählworkshops Beispielgeschichten sammeln, die die Leitsätze illustrieren. Punkte, zu denen die Mitarbeiter keine Erlebnisse beisteuern können, sollten auf ihre Umsetzbarkeit geprüft werden.

Was Geschichten zeigen: Führungskräfte kritisieren die Umsetzungsschwäche ihrer Mitarbeiter, Motivationsprobleme häufen sich.
Tipp: Sammeln Sie in einem Erzählworkshop Geschichten aus allen Hierarchieebenen zum Thema »Kooperation«. Sie erfahren, was die Mitarbeiter als gelungene Zusammenarbeit erleben.

Der Workshop kann aufzeigen, welche »hidden rules« sich als Hindernisse der Zusammenarbeit im Unternehmen etabliert haben und welche positiven Erfahrungen als Modell für eine gelungene Zusammenarbeit dienen können.

Was Geschichten zeigen: Im Unternehmen kursieren Gerüchte.
Tipp: Halten Sie bei geplanten Veränderungen die Zeitlücke zwischen Ereignis und Information möglichst klein. Denn je weniger die »offiziellen« Informationsquellen zu einem brisanten Thema hergeben, desto üppiger sprießen die informellen Quellen. Frühzeitige Information gibt den Mitarbeitern außerdem die nötige Zeit für Gewöhnungs- und Akzeptanzprozesse bei geplanten Veränderungen.

→ Kapitel »Geschichten als Frühwarnsystem«, S. 202

Zukunft braucht Geschichte(n)

Einsatzfelder für Erzählworkshops

Erzählen überbrückt den Abstand, der Menschen mit unterschiedlichen Erfahrungen normalerweise trennt und bringt oft neues Wissen zutage, das man noch gar nicht gesucht hat. Insofern ist das Erzählen und natürlich auch das Zuhören an jeder Stelle im Unternehmen sinnvoll, wo Menschen miteinander und füreinander arbeiten:

An Schnittstellen der Kooperation: Bringen Sie die richtigen Leute zusammen!
Kooperation heißt auch, die gleiche Geschichte von verschiedenen Seiten zu erleben. Da bringt ein Austausch darüber, was sich an Erlebnissen angesammelt hat, mehr Klärung und Verständnis auf beiden Seiten.

Zum Erfahrungsaustausch: Bringen Sie die »falschen« Leute zusammen!
Gerade an den Schnittstellen zu anderen Welten und Sichtweisen ist das Erzählen produktiv und kann neues Wissen hervorbringen. Schaffen Sie im Unternehmen Anlässe zum Austausch zwischen heterogenen Gruppen.

Für den Wissenstransfer: Lassen Sie wertvolle Erfahrungen nicht ungenutzt!
Wenn Projekte enden, haben die beteiligten Mitarbeiter viel zu erzählen: Andere Projektleiter können durch ihre Geschichten vielleicht Fehler vermeiden und außerdem die Herangehensweise anderer Teams kennen lernen.

Zur Integration: Der erste Eindruck (er)zählt!
Zwei Abteilungen werden zusammengelegt, ein Zukauf soll ins Unternehmen integriert werden: Meist gibt es auf beiden Seiten Vorbehalte und Misstrauen. Ermöglichen Sie den Menschen, sich selbst ein Bild zu machen und ihre Kollegen als Erzähler und Zuhörer erstmal kennen zu lernen. Nicht nur die »Neuen« lernen dann etwas über das Unternehmen, auch die »angestammten«

Mitarbeiter werden sehen, dass ihre neuen Kollegen vieles mitbringen, was für die gemeinsame Zukunft wertvoll sein kann.

Als Begleitinstrument des Wandels: Veränderungen ins Erleben integrieren!

Veränderungen rufen oft Widerstände hervor, weil sie langjährige Gewohnheiten und Einstellungen in Frage stellen. Wenn man am Erleben der Menschen ansetzt und sie ihre Erfahrungen mit den Veränderungen erzählend austauschen lässt, kann nicht nur aufgestauter Unmut entschärft werden: Das Erzählen ist auch eine Möglichkeit, sich selbst in der veränderten Welt zu verorten. Welche positiven Geschichten sind entstanden? Welche Erlebnisse zeigen, dass es einen Wandel gibt? Vielleicht findet sich eine Springboard Story, die beispielhaft sein kann für andere, mit dem Wandel umzugehen?

→ Kapitel »Zukunft braucht Geschichte(n)«, S. 220

Zukunft erzählend gestalten

Die Arbeit mit dem Storyboard

Das Storyboard kann ohne viel Aufwand in Teams und Gruppen angewendet werden, die in gemeinsamen Projekten zusammenarbeiten.
Nehmen Sie sich mit Ihrem Team oder Ihrer Abteilung etwa drei Stunden Zeit, die Sie sonst auch für Projektbesprechungen nutzen würden. Ihr »Storyboard« ist einfach einzurichten: Hängen Sie dazu an einer Moderationswand oder einfach an der Wand des Besprechungsraums eine etwa drei Meter lange Bahn Packpapier auf, auf der Sie in der Mitte eine horizontale Linie ziehen, die den Zeitstrahl repräsentiert. Schreiben Sie ganz links das Datum des Projektbeginns hin; das letzte Drittel des Zeitstrahls teilen Sie in zwei Felder für die Gegenwart und die Zukunft.

Erstens: Der Einstieg
Erklären Sie Ihrem Team, dass es um die Reflexion der Projektgeschichte geht, mit dem Ziel, die bisherigen Erfahrungen auszuwerten, die Zusammenarbeit zu optimieren und neue Handlungsmöglichkeiten für die Zukunft zu entwickeln.

Zweitens: Die Erzählphase
Ermutigen Sie die Teilnehmer, Episoden und Geschichten aus dieser Zeit wiederzugeben: »Was war damals wichtig?«, »An was aus dieser Zeit können Sie sich noch lebhaft erinnern?« Schreiben Sie Stichworte dazu auf Moderationskarten und heften Sie die Karten an die entsprechende Stelle *über* den Zeitstrahl.

Drittens: Die Reflexionsphase
Wie verhält sich das, was da an der Wand stichwortartig als Story erscheint, zu den Plänen und Vorstellungen, die man ursprünglich hatte? Gibt es Phasen, Zeitpunkte, zu denen offenkundig sehr viel passiert ist?

Viertens: Handlungsspielräume ausloten

Bewerten Sie gemeinsam alle Ereignisse am Storyboard danach, welche davon für das Team beeinflussbar/steuerbar waren (grüne Klebepunkte) und welche nicht (rote Klebepunkte).

Fünftens: Alternativen entwickeln

Sind alle Ereignisse markiert, dann sammeln Sie die Handlungsalternativen zu den »grünen« Ereignissen: Welche Alternativen hätten uns damals zur Verfügung gestanden? Sammeln Sie diese Alternativen *unter* dem Zeitstrahl.

Sechstens: Storychanging

Jede Alternativen-Karte wird daraufhin geprüft, ob die vorgeschlagene Option jetzt noch eine tatsächliche Verbesserung bringen kann. Diejenigen Karten, auf die sich die Gruppe einigt, werden in das Gegenwartsfeld des Storyboards gepinnt.

Siebtens: Das Zukunftsfenster

Hier kommen Wünsche, Ideen, Vorstellungen, Befürchtungen, Ziele zum Ausdruck, die sonst ausgeblendet bleiben.

→ Kapitel »Den Raum der Möglichkeiten erweitern«, S. 237

Das Unternehmen auf Abenteuerreise

Die Checkliste zum Change-Prozess

Ein Veränderungsprozess ist wie eine Geschichte, wie eine Reise ins Abenteuer. Am Ende dieser Geschichte wird vieles anders sein, man wird viele »Abenteuer« bestanden haben, Hindernisse und Gefahren überwunden und Neuland betreten haben. Schreiben Sie ein Drehbuch zu Ihrem Change-Prozess. Grundlage für das Drehbuch ist ein Modell, das nicht nur vielen Mythen, sondern auch den meisten Drehbüchern der Hollywood-Erfolgsfilme des letzten Jahrzehnts zugrunde liegt: das Modell der Abenteuerreise des Helden.

Entwickelt wurde dieses Modell von dem amerikanischen Mythenforscher Joseph Campbell, der die Sagen und Mythen so unterschiedlicher Kulturen wie der Eskimos und der australischen Aborigines, der Indianer Nordamerikas und der Tibeter miteinander verglich. Dabei fiel ihm auf, dass viele dieser Mythen eine ähnliche Struktur hatten: die Struktur der Heldenreise. Diese Struktur stellt gewissermaßen ein universelles Grundmodell dar, nach dem Menschen quer durch alle Kulturen Veränderungs- und Wandelprozesse denken und strukturieren. Daher ist die Abenteuerreise auch eine hervorragende Grundlage für die Planung von Change-Prozessen in Unternehmen.

Die wichtigsten Stufen der Abenteuerreise des Helden:

1. **Der Ruf des Abenteuers**
   Der Held wird zur Reise ins Abenteuer gerufen.

2. **Die Weigerung**
   Der Held weigert sich, auf Abenteuer auszuziehen.

3. **Übernatürliche Hilfe/Begegnung mit dem Helfer**
   Eine Helferfigur tritt dem Helden zur Seite.

4. **Überschreiten der ersten Schwelle**
   Der Held überschreitet die Grenze zum Abenteuerland und überwindet die »Schwellenhüter«.

5. **Der Weg der Prüfungen**
   Der Held muss unzählige Gefahren bestehen und Gegner besiegen.

6. **Die entscheidende Prüfung**
   Der Held stellt sich dem entscheidenden Kampf.

7. **Die Belohnung**
   Der Held hat sein Ziel erreicht.

8. **Der Weg zurück**
   Mit dem Schatz reist der Held Richtung Heimat zurück.

9. **Die Rückkehr über die Schwelle**
   Der Held bringt den Schatz sicher nach Hause.

Checkliste: Die Phasen der Abenteuerreise des Unternehmens

1. Der Ruf des Abenteuers

Das Unternehmen ist mit der Notwendigkeit der Veränderung konfrontiert.

- Wie ist der Ruf zur Veränderung entstanden? Durch eine Veränderung des Markts? Durch interne Schwierigkeiten und Reibungen? Durch eine Fusion? Durch den Veränderungswillen einer neuen Geschäftsleitung?
- Erscheint das Ziel des Abenteuers lohnend? Worin besteht genau der »Schatz«?
- Wie wird sich die »normale Welt« nach der Abenteuerreise verändert haben?

2. Die Weigerung

Im Unternehmen zeigen sich Widerstände gegen die Veränderung.

- Gibt es wichtige Teile (Abteilungen, Führungskräfte, Standorte etc.) die sich gegen den anstehenden Veränderungsprozess wehren? Haben sie gute Gründe dafür? Welche?
- Ist jetzt der optimale Zeitpunkt für den Wandel? Schiebt das Unternehmen den anstehenden Veränderungsprozess schon eine Weile vor sich her? Warum?
- Gab es bereits Versuche, den Prozess anzustoßen? Woran ist man gescheitert?

3. Begegnung mit dem Helfer

Das Unternehmen holt sich externe oder interne Hilfe für den Prozess.

- Wer kann dem Unternehmen beim Change-Prozess helfen?
- Genügen interne Helfer oder wäre eine Außensicht sinnvoll?
- Welche Kompetenzen, welches Wissen haben wir nicht zur Verfügung? Wer kann es uns zur Verfügung stellen?
- Brauchen wir einen Begleiter auf unserer Abenteuerreise? Für welche Etappe? Wie sollte er sein? Was sollte er können?

4. Überschreiten der ersten Schwelle
»Schwellenhüter« werden integriert und die ersten Maßnahmen durchgeführt.

- Worin besteht die erste Schwelle?
- Mit welcher Aktion/Maßnahme/Handlung beginnt der Veränderungsprozess wirklich?
- Wie wird den Mitarbeitern kommuniziert, dass sich das Unternehmen auf die Reise gemacht hat?
- Wer wird voraussichtlich die Rolle des Schwellenhüters/der Schwellenhüter übernehmen? Wie kann man sie überzeugen? Worauf sollte man sich einstellen?
- Mit welcher Kommunikationsstrategie wird man von nun an die Reise durch das Abenteuerland begleiten?

5. Der Weg der Prüfungen
Es sind eine Menge vorhersehbarer und unvorhergesehener Schwierigkeiten zu überwinden.

- Was werden wir auf unserer Reise zum Schatz der Veränderung alles tun müssen?
- Mit welchen Schwierigkeiten und Problemen müssen wir rechnen? Wie können wir uns auf sie vorbereiten?
- Wie können wir jetzt noch unbekannte Schwierigkeiten frühzeitig erkennen und bewältigen?
- Woher können wir Kraft schöpfen, um den Prozess nicht frühzeitig abzubrechen?

6. Die entscheidende Prüfung
Ein Ereignis entscheidet über den Erfolg oder Misserfolg des Prozesses.

- Ist schon jetzt eine Handlung/Aktion/Ereignis vorhersehbar oder sogar planbar, an dem sich der Erfolg der Veränderung den Mitarbeitern deutlich zeigt?
- Mit welchem dramaturgischen Höhepunkt können wir die Veränderung im Unternehmen verankern?
- Ab wann können wir einen solchen Höhepunkt vorbereiten?

7. Die Belohnung
Das Ziel des Change-Prozesses ist erreicht.

- Wie wird die Belohnung, der Schatz, die Prinzessin, das Goldene Vlies, der Heilige Gral, genau aussehen?
- Wie wird das Unternehmen aussehen, wenn die Belohnung errungen ist?
- Wie können wir möglichst viele Mitarbeiter an der »Feier der Zielerreichung« beteiligen?

8. Der Weg zurück
Die erreichte Veränderung wird nachhaltig im Unternehmen verankert.

- Durch welche Maßnahmen kann man das Erreichte sicher im Unternehmen verankern?
- Welche Feinde oder Schwierigkeiten werden uns dabei begegnen?
- Was könnte in dieser Phase den Erfolg noch zunichte machen?
- Wie können wir es schaffen, schrittweise von der Projekt-Euphorie wieder zur »normalen Welt« zurückzukehren?

9. Die Rückkehr über die Schwelle
Die Veränderung ist endgültig im Unternehmen implementiert.

- Woran können wir erkennen, dass das Unternehmen den Schatz zurück in die »normale Welt« gebracht hat?
- Was geschieht im Unternehmen, wenn die neue Kultur zum »Alltag« geworden ist?

→ Kapitel »Das Unternehmen auf Abenteuerreise«, S. 251

Literaturverzeichnis

Baginski, Rainer: Wir trinken, so viel wir können, den Rest verkaufen wir. Über Werbung und Werber. München: Hanser 2000

Barsoux, Jean-Louis/Manzoni, Jean-François: Das Versager-Syndrom. Wie Chefs ihre Mitarbeiter ausbremsen und wie es besser geht. München: Hanser 2003

Bateson, Gregory: Ökologie des Geistes. Anthropologische, psychologische, biologische und epistemologische Perspektiven. Frankfurt/Main: Suhrkamp 1981

Campbell, Joseph: Der Heros in tausend Gestalten. Frankfurt/Main: Suhrkamp 1999

Denning, Stephen: The Springboard. How Storytelling Ignites Action in Knowledge-Era Organizations. Boston: Butterworth-Heinemann 2001

Douglas, Mary: Wie Institutionen denken. Frankfurt/Main: Suhrkamp 1991

Dürr, Hans-Peter: Das Netz des Physikers. Naturwissenschaftliche Erkenntnis in der Verantwortung. München: dtv 1990

Die Erzählungen aus den Tausendundein Nächten. Vollständige deutsche Ausgabe. Nach dem arabischen Urtext übertragen von Enno Littmann. 6 Bde. Frankfurt/Main: Insel 1953

Frenzel, Karolina/Müller, Michael/Sottong, Hermann: Das Unternehmen im Kopf. Schlüssel zum erfolgreichen Change-Management. München: Hanser 2000

Grossmann, Konrad Peter: Der Fluss des Erzählens. Narrative Formen der Therapie. Heidelberg: Carl Auer 2000

Karmasin, Helene: Produkte als Botschaften. Wien: Ueberreuter 1993

Kleiner, Art/Roth, George: »Wie sich Erfahrungen in der Firma besser nutzen lassen.« In: Harvard Business manager 5/1998

Lévi-Strauss, Claude: Rasse und Geschichte. Frankfurt/Main: Suhrkamp 1972

Loebbert, Michael: Storymanagement. Der narrative Ansatz für Management und Beratung. Stuttgart: Klett-Cotta 2003

McKee, Robert: Story. Die Prinzipien des Drehbuchschreibens. Berlin: Alexander 2000

McKee, Robert: Mit Worten fesseln. Interview in: Harvard Business manager Oktober 2003

Priddat, Birger P.: »Menschen in Kooperation – Organisationen als Identitätslandschaften.« In: Hentschel, Beate/Müller, Michael/Sottong, Hermann (Hrsg.): Verborgene Potenziale. Was Unternehmen wirklich wert sind. München: Hanser 2000

Schulze, Gerhard: »Im Wandel gleich bleiben – Sinnroutinen und soziales Kapital.« In: Hentschel, Beate/Müller, Michael/Sottong, Hermann (Hrsg.): Verborgene Potenziale. Was Unternehmen wirklich wert sind. München: Hanser 2000

Senge, Peter M.: Die fünfte Disziplin. Kunst und Praxis der lernenden Organisation. Stuttgart: Klett-Cotta 1996

Sottong, Hermann/Müller Michael: Zwischen Sender und Empfänger. Eine Einführung in die Semiotik der Kommunikationsgesellschaft. Berlin: Erich Schmidt 1998

Stoll, Clifford: Die Wüste Internet. Geisterfahrten auf der Datenautobahn. Frankfurt/Main: Fischer 1996

Titzmann, Michael: Strukturale Textanalyse. Theorie und Praxis der Interpretation. München: Fink (UTB 582) 1977

Truffaut, François: Mr. Hitchcock, wie haben Sie das gemacht? München: Heyne 1984

Vogler, Christopher: Die Odyssee des Drehbuchschreibers. Über die mythologischen Grundmuster des amerikanischen Erfolgskinos. Frankfurt/Main: Zweitausendeins 1997

Zernisch, Peter: Markenglauben managen. Eine Markenstrategie für Unternehmer. Weinheim: Wiley-VCH 2003

Die Autoren und ihre Geschichte

Unser Weg zum Storytelling führte über das Zuhören. Anfang der 90er Jahre waren wir in der klassischen Kommunikationsberatung tätig. Dass wir im Arbeitsalltag ein offenes Ohr für das hatten, was uns am Rande erzählt wurde, liegt sicher auch daran, dass wir als Literaturwissenschaftler eine besondere Beziehung zu Geschichten haben. Im Laufe der Zeit wurde uns immer klarer, welcher Schatz an Informationen in den Geschichten, die uns Menschen in Unternehmen erzählten, verborgen lag. Langsam kristallisierte sich die Idee heraus, unser textanalytisches und semiotisches Handwerkszeug systematisch auf diese Geschichten anzuwenden, um für unsere Kunden diese verborgenen Potenziale zu erschließen. Wir gründeten 1997 SYSTEM + KOMMUNIKATION, um gemeinsam diese »Storytelling-Analyse« als Produkt anzubieten.

Die erste Reaktion bei einer Kundenpräsentation war niederschmetternd: Die Idee schien einfach zu neu zu sein. Die Skepsis war groß, ob Mitarbeiter überhaupt etwas Verwert-

bares erzählen würden. Wir schlugen vor, den praktischen Beweis anzutreten. Auf eigene Faust baten wir fünf Mitarbeiter des Unternehmens, uns ihre persönliche Geschichte mit der Firma zu erzählen. Als wir drei Wochen später unsere Analyseergebnisse präsentierten, war die Reaktion überwältigend: Im anschließenden Gespräch ging es überhaupt nicht mehr um die Frage, ob eine Storytelling-Analyse tatsächlich funktionieren und helfen könnte, sondern nur noch darum, an welchem Punkt des Unternehmens man sie zuerst einsetzen sollte. So fiel der Startschuss für die erste größere Storytelling-Analyse.

Schon bald entstanden aus dem Erzählen und Zuhören weitere Ideen: Die Arbeit mit dem Storyboard, Erzählworkshops, die Idee des Storycoachings nahmen Gestalt an.

Parallel zu unseren eigenen Erfahrungen mit dem Erzählen stießen wir immer häufiger auf Berichte von anderen, die mit Geschichten arbeiten. Offensichtlich nahm zur gleichen Zeit an verschiedenen Orten ein und dieselbe Einsicht Gestalt an: Organisationen können die Kraft des Erzählens wiederentdecken und bewusst nutzen.

Wir haben in diesem Buch unsere eigenen Erfahrungen und die anderer Wegbereiter des Storytellings zusammengefasst. Schon jetzt ist das Spektrum der Möglichkeiten, das Erzählen für Unternehmen zu nutzen, breit gefächert. Aber wir sind überzeugt, dass diese Geschichte erst am Anfang steht: Vielleicht entdecken Sie beim Lesen neue Möglichkeiten und Anwendungsfelder, an die noch niemand gedacht hat. Erzählen Sie es uns. Storytelling heißt auch: Die Geschichte geht immer weiter.

storytelling@sys-kom.de www.sys-kom.de

dtv zum Thema Wirtschaft: kompetent und aktuell

Olaf Baale
Die Verwaltungsarmee
Wie Beamte den Staat ruinieren
ISBN 3-423-**24412**-7

Olaf Baale, Werner Bergholz
Das deutsche Führungsproblem
Kompendium der Arbeitsfreude in Staat und Wirtschaft
ISBN 3-423-**24480**-1

Hanno Beck
Der Alltagsökonom
Warum Warteschlangen effizient sind. Und wie man das Beste aus seinem Leben macht
ISBN 3-423-**34267**-6

Jim Collins, Jerry I. Porras
Immer erfolgreich
Die Strategien der Top-Unternehmen
Übers. v. T. Schmidt und F. Böhler
ISBN 3-423-**34209**-9

Paul Kirchhof
Der Weg zu einem neuen Steuerrecht – klar, verständlich, gerecht
ISBN 3-423-**34216**-1

Frank Lehmann
Wirtschaft
Worauf es wirklich ankommt
ISBN 3-423-**34096**-7

Nikolaus Piper
Willkommen in der Wirklichkeit
Wie Deutschland den Abstieg vermeiden kann
ISBN 3-423-**24442**-9

Amartya Sen
Ökonomie für den Menschen
Wege zur Gerechtigkeit und Solidarität in der Marktwirtschaft
Übers. v. C. Goldmann
ISBN 3-423-**36264**-2

Bernd Senf
Die blinden Flecken der Ökonomie
Wirtschaftstheorien in der Krise
ISBN 3-423-**36240**-5

Matthias Schranner
Der Verhandlungsführer
Strategien und Taktiken, die zum Erfolg führen
ISBN 3-423-**34319**-2

Bitte besuchen Sie uns im Internet: www.dtv.de

Bodo Schäfer im dtv

»Money-Coach Bodo Schäfer rüttelt auf und vermittelt sofort umsetzbares Wissen.«
Süddeutsche Zeitung

Der Weg zur finanziellen Freiheit
Die erste Million

ISBN 3-423-34000-2

Ist Geld Ihr Sorgen-Thema? Der Autor verrät Ihnen 11 überraschende Methoden, mit denen Sie sofort Ihr Einkommen erhöhen. Insiderwissen über Geldanlagen, das Ihnen keine Bank verrät. »Mit Sachkenntnis und Schreibwitz … nimmt er den Leser an die Hand.« (Focus)
»Unter der Vielzahl von Büchern, die sich mit dem besten Weg zu Wohlstand und Reichtum beschäftigen, ragt dieses weit heraus.« (Die Welt)

Endlich mehr verdienen
Anerkennung und Zufriedenheit im Beruf

ISBN 3-423-34115-7

Bestseller-Autor Bodo Schäfer verrät, wie Sie Ihren Verdienst jetzt sofort steigern können und wie Sie Zufriedenheit und Erfüllung in Ihrem Beruf erlangen.

Die Gesetze der Gewinner
Erfolg und ein erfülltes Leben

ISBN 3-423-34048-7

Bodo Schäfer hat 30 leicht nachvollziehbare Strategien entwickelt, die beruflichen und persönlichen Erfolg befördern. Jedes Gesetz wird ausführlich erklärt und enthält einen Praxisteil mit Übungen, die der Leser gleich ausprobieren kann. »Ermutigend in seinen Lebensweisheiten. Ein inspirierendes Vademecum nicht nur für Gewinner.« (Prof. Dr. Hans Küng)

Bodo Schäfer
Bernd Reintgen
Wohlstand ohne Stress

ISBN 3-423-34167-X

Mit Hilfe dieses Buches sind Sie in der Lage, Ihre Geldanlagen zu überprüfen, zu verstehen und zu optimieren. Lernen Sie Bodo Schäfers bewährte Gewinnformel kennen: Höchstmögliche Rendite – ohne Risiko – bei geringstmöglichem Zeitaufwand.

Daniel Goleman im dtv

Dialog mit dem Dalai Lama
Wie wir destruktive Emotionen überwinden können
Übers. v. F. Griese

ISBN 3-423-**34207**-2

»Eine höchst anspruchsvolle, intellektuelle und zugleich ungemein fesselnde Lektüre.« (Stuttgarter Nachrichten)

EQ. Emotionale Intelligenz
Übers. v. F. Griese

ISBN 3-423-**36020**-8

»EQ statt IQ« heißt die neue, griffige Erfolgsformel, mit der Daniel Golemans internationaler Bestseller einen Nerv unserer Zeit trifft.

EQ^2
Der Erfolgsquotient
Übers. v. F. Griese und T. Schmidt

ISBN 3-423-**36211**-1

Mit EQ^2, dem Erfolgsquotienten, hat Daniel Goleman den Schritt in die Arbeitswelt getan.

Kreativität entdecken
mit Paul Kaufman und Michael Ray
Übers. v. H. Kober

ISBN 3-423-**36136**-0

Originelle Denker sind gefragt wie nie zuvor. Und wo sie auftauchen, machen sie von sich reden. Kreativität fällt nicht vom Himmel. Aber wir alle können lernen, die schlummernden Ideen in uns zu wecken.

Die heilende Kraft der Gefühle
Gespräche mit dem Dalai Lama über Achtsamkeit, Emotion und Gesundheit
Übers. v. F. R. Glunk

ISBN 3-423-**36178**-6

In einem spannenden Dialog zwischen westlichen Wissenschaftlern und dem Dalai Lama erfahren wir, wie die introspektiven Geisteswissenschaften des Ostens von bahnbrechenden Ergebnissen der experimentellen Naturwissenschaften des Westens bestätigt werden.

Klug mit Gefühlen umgehen

Daniel Goleman
EQ. Emotionale Intelligenz
Übers. v. F. Griese

ISBN 3-423-**36020**-8

EQ²
Der Erfolgsquotient
Übers. v. F. Griese und T. Schmidt

ISBN 3-423-**36211**-1

Dialog mit dem Dalai Lama
Wie wir destruktive Emotionen überwinden können
Übers. v. F. Griese

ISBN 3-423-**34207**-2

Die heilende Kraft der Gefühle
Hg. v. Daniel Goleman
Übers. v. F. R. Glunk

ISBN 3-423-**36178**-6

Verena Kast
Neid und Eifersucht
Die Herausforderung durch unangenehme Gefühle

ISBN 3-423-**35152**-7

Der Schatten in uns
Die subversive Lebenskraft

ISBN 3-423-**35160**-8

Ute Lauterbach
LiebesErklärungen
Sterne und Stürme der Liebe
200 Ansichten und 1000 Fragen

ISBN 3-423-**34199**-8

Eva Jaeggi
Liebe lieber ungewöhnlich

ISBN 3-423-**34165**-3

Joseph LeDoux
Das Netz der Gefühle
Wie Emotionen entstehen
Übers. v. F. Griese

ISBN 3-423-**36253**-7

Peter Schmidt
Die Kraft der positiven Gefühle
Mit neuen Mentaltechniken innerlich frei werden

ISBN 3-423-**36256**-1

Peter Uffelmann
Verzeih dir selbst
Die sieben Schritte zum Selbstwertgefühl

ISBN 3-423-**34086**-X

Bärbel Wardetzki
Ohrfeige für die Seele
Wie wir mit Kränkung und Zurückweisung besser umgehen können

ISBN 3-423-**34057**-6

Mich kränkt so schnell keiner!
Wie wir lernen, nicht alles persönlich zu nehmen

ISBN 3-423-**34173**-4

Aktuelle Themen im dtv

Stefan Aust
Cordt Schnibben
Irak
Geschichte eines modernen Krieges
ISBN 3-423-**34137**-8

Olaf Baale
Die Verwaltungsarmee
Wie der Staat ruiniert wird
ISBN 3-423-**24412**-7

Olaf Baale, Werner Bergholz
Das deutsche Führungsproblem
Kompendium der Arbeitsfreude in Staat und Wirtschaft
ISBN 3-423-**24480**-1

Galina Breitkreuz
Erst kommt die Angst
Afghanistans mutige Frauen
ISBN 3-423-**24487**-9

Colin J. Campbell
Ölwechsel!
Das Ende des Erdölzeitalters und die Weichenstellung für die Zukunft
Übers. v. H. Roth
ISBN 3-423-**24321**-X

Jim Collins
Der Weg zu den Besten
Die sieben Management-Prinzipien für dauerhaften Unternehmenserfolg
Übers. v. M. Baltes u. F. Böhler
ISBN 3-423-**34039**-8

Thomas Darnstädt
Konsens ist Nonsens
Wie die Republik regierbar wird
Ein SPIEGEL-Buch
ISBN 3-423-**34278**-1

Die demografische Lage der Nation
Wie zukunftsfähig sind Deutschlands Regionen?
Daten, Fakten, Analysen
Von Nienke van Olst und Reiner Klingholz
ISBN 3-423-**34296**-X

Francis Fukuyama
Der große Aufbruch
Wie unsere Gesellschaft eine neue Ordnung erfindet
Übers. v. K. Dürr und U. Schäfer
ISBN 3-423-**36271**-5

Das Ende des Menschen
Übers. v. K. Kochmann
ISBN 3-423-**34070**-3

Günter Grass, Daniela Dahn, Johano Strasser
In einem reichen Land
Zeugnisse alltäglichen Leidens an der Gesellschaft
ISBN 3-423-**34131**-9

Amira Hass
Gaza
Tage und Nächte in einem besetzten Land
Übers. v. S. Langhaeuser
ISBN 3-423-**34138**-6

Aktuelle Themen im dtv

Robert Greene
Power
Die 48 Gesetze der Macht
Übers. v. H. Schickert und B. Brandau
ISBN 3-423-**36248**-0

Die 24 Gesetze der Verführung
Ein Joost-Elffers-Buch
Übers. v. H. Schickert
ISBN 3-423-**34081**-9

Mark Hertsgaard
Im Schatten des Sternenbanners
Amerika und der Rest der Welt
Übers. v. F. Griese
ISBN 3-423-**34157**-2

Marie-France Hirigoyen
Die Masken der Niedertracht
Seelische Gewalt im Alltag und wie man sich dagegen wehren kann
Übers. v. M. Marx
ISBN 3-423-**36288**-X

Mobbing: Wenn der Job zur Hölle wird
Seelische Gewalt am Arbeitsplatz und wie man sich dagegen wehrt
Übers. v. I. M. Gabler
ISBN 3-423-**34123**-8

Harald Klimenta
Was Börsen-Gurus verschweigen
12 Illusionen über die Finanzwelt
ISBN 3-423-**36282**-0

Frank Lehmann
Wirtschaft
Worauf es wirklich ankommt
ISBN 3-423-**34096**-7

Irshad Manji
Der Aufbruch
Plädoyer für einen aufgeklärten Islam
ISBN 3-423-**34193**-9

Christian Nürnberger
Kirche, wo bist du?
Warum läuft die Kirche dem Zeitgeist hinterher, statt ihm wesentliche Impulse zu vermitteln?
ISBN 3-423-**24232**-9

Nikolaus Piper
Willkommen in der Wirklichkeit
Wie Deutschland den Abstieg vermeiden kann
ISBN 3-423-**24442**-9

Umgang mit Flüchtlingen
Ein humanitäres Problem
Hg. v. Wolfgang Benz u. a.
ISBN 3-423-**34287**-0

Frederic Vester
Phänomen Streß
Wo liegt sein Ursprung, warum ist er lebenswichtig, wodurch ist er entartet?
ISBN 3-423-**33044**-9

Wolf Wagner
Wie Politik funktioniert
3-423-**34163**-7